ALTERNATIV HEILEN

Herausgegeben von Gerhard Riemann

Dr. med. Anne Maguire erhielt ihre Fachausbildung als Dermatologin an bekannten Kliniken in London und Paris. Das Zusatzstudium der analytischen Psychologie schloß sie am C. G. Jung Institut in Zürich ab und führt nun eine therapeutische Praxis in London. Vorlesungstätigkeit über analytische Psychologie und psychosomatische Leiden in Europa und USA.

Von Anne Maguire ist außerdem erschienen:

Hauterkrankungen als Botschaften der Seele (TB 76039)

Dieses Buch wurde auf chlor- und säurefreiem Papier gedruckt.

Vollständige Taschenbuchausgabe April 1996
Droemersche Verlagsanstalt Th. Knaur Nachf., München
Copyright © Walter-Verlag AG, 1993
Titel der Originalausgabe: «Gateways to the Underworld»
Umschlagillustration: Susannah zu Knyphausen
Druck und Bindung: Ebner Ulm
Printed in Germany
ISBN 3-426-76102-5

5 4 3 2 1

Anne Maguire

Vom Sinn
der kranken Sinne

Aus dem Englischen von
Dieter Kuhaupt

*Ich widme dieses Buch
dem Andenken
meiner Eltern Ruth und Richard.*

«Unser endgültiges Geheimnis besteht darin, daß man die ‹medicina› bekommt, welche fließt, bevor sich der Mercurius verflüchtigt ...Es hat keinen Körper gegeben, würdiger und reiner als die Sonne und ihr Schatten, der Mond, ohne den kein färbendes argentum vivum erzeugt wird ...Wer es also versteht, dieses mit Sonne oder Mond zu verbinden, gelangt zum ‹Archanum› (Geheimnissubstanz), welches der Schwefel der Kunst genannt wird.»

Aus: Albertus Magnus, Liber octo capitulorum de lapide philosophorum, in: Theatr. Chem. IV, 1613, S. 952, zit. nach C. G. Jung, GW 14/II, § 371

Inhalt

Einführung 11
Prolog 13

Das Auge 15

Das Phänomen Licht 20
Organische Erkrankungen des menschlichen Auges 22
Das psychosomatische Auge 24
   Die Frau mit Haarausfall 26
Das Auge als Spiegel der Seele 27
Etymologie des Wortes Auge 29
Das Auge in der ägyptischen Mythologie 32
   Der Melancholiker 37
   Die Frau und das Auge des Selbst 41
   Der eifersüchtige Diplomat 45
   Der Techniker 47
   Das Wadjet-Auge 52
Der böse Blick 53
   Die Haushälterin des Priesters 55
Fallstudien 63
   Vorbemerkung 63
   Der Drucker 65
   Das Schulmädchen 69
   Die Schauspielerin 72

Das Ohr 75

Anatomischer Bau 77
Etymologie des Wortes Ohr 79
Mythologie des Ohres 80

Das Phänomen Schall	85
Kundalini-Yoga	87
Das Mantra OM (AUM)	90
Symbolik des Innenohrs	91
Symbolik des Labyrinths	91
Der Mann mit Vertigo	93
Symbolik der Spirale	96
Symbolik der Schnecke	98
Tinnitus	100
Taubheit	103
Der stocktaube Einsiedler	103
Zusammenfassung	107
Die Nase	109
Die Nase in der Mythologie	113
Der Mann mit Rhynophym	116
Nasenbluten	119
Der Hypertoniker	119
Die Frau mit dem Tumor	121
Anosmie	123
Der Geschiedene	124
Geruchssinnestäuschungen	125
Der Geruch der Heiligkeit	129
Parfüm	130
Nasenbohren	132
Nasenentzündungen	135
Die Zunge	141
Die Zunge in der Bibel und in der Mythologie	144
Der Geschmackssinn	147
Die Frau mit dem Kupfergeschmack	149
Zungenatrophie	154
Die Frau mit Lichen ruber planus	154
Die Mutter mit Erythrodermie	158
Das Clownsgesicht	161
Die Frau mit den Aphthen	163

Die Haut 165

Eigenschaften der Haut 167
Wesen der Haut 169
   Psoriasis – Blockierte Wandlung 172
Das Haar als Anhangsgebilde der Haut 174
Etymologie des Wortes Haut 177
Die Haut als Manaträger 178
Mythologie der Haut 180
Das Abhäutungsmotiv 183
   Zwei Frauen mit Exkoriation 184
Der Schlangenarchetyp 188
   Die Lehrerin mit Nesselsucht 189
Der Feuerarchetyp 195
Die Berührungsempfindung 200
   Das Mädchen mit dem Angioödem 205
Fallstudien 207
   Vorbemerkung 207
   Ekzem 208
      Das Baby mit Neurodermitis (atopischem Ekzem) 209
      Der Mann mit der Pflanzenallergie 211
      Der Witwer mit Erythrodermie 212
      Die Frau mit Prurigo 215
   Malignes Melanom 217
      Die Achillesferse 218
      Die Hebamme 221

Epilog: La Dame à la Licorne 227

Anhang 235
   Glossar 237
   Anmerkungen 240
   Literaturverzeichnis 244
   Index 246

Einführung

Die Schulmedizin, in der die somatischen Aspekte der körperlichen Leiden im Vordergrund stehen, sucht die Krankheiten mittels des kausal-linearen Denkens zu erfassen, einer Denkweise, die das Verstehen zahlreicher physikalischer Erscheinungen ermöglicht. Dabei werden physische Ereignisse in Ursache-Wirkung-Ketten miteinander verknüpft. Dieses Denken ist zeitlich streng linear, immer bestimmt ein Vorher das Nachher; ein solches Denken trennt physische und psychische Vorgänge naturgemäß und sucht ursächliche Einflüsse zu ergründen, die physische Ereignisse aufeinander (und auf psychische) ausüben.

C. G. Jung mußte im Verlauf seiner Arbeit mit dem Unbewußten feststellen, daß kausales Denken nicht ausreiche, alle Phänomene, die er beobachtete, befriedigend zu erklären. Gewisse Ereigniskombinationen – so erkannte er – versteht man nur, wenn man nicht nach der Ursache, sondern nach dem Sinn fragt. Er hat dafür den Begriff Synchronizität geprägt.

Darunter versteht er das sinnvolle Zusammentreffen eines psychischen Ereignisses (z. B. Traum, Vorahnung) mit einem äußeren, materiellen, wobei beide etwa gleichzeitig stattfinden. In solchen Synchronizitäten äußert sich nach ihm ein allgemeines Naturprinzip, das er «Prinzip akausaler Zusammenhänge» oder «ursacheloses Angeordnetsein»[1] nennt.

Dieses Denken findet sich in verschiedenen Kulturen, besonders ausgeprägt aber in China. Im Land der Mitte wurde es über Jahrtausende hinweg verfeinert.

Hier geht es nicht mehr, wie im kausal-linearen Denken, um die Frage, «warum sich etwas zugetragen hat oder welcher Faktor welche Wirkung erzeugt hat, sondern was sich im selben

Augenblick auf sinnvolle Weise gemeinsam ereignet».[2] Im Mittelpunkt dieses synchronistischen Denkens – auch Felddenken genannt – steht das Zeitmoment, in dem sich die Ereignisse bündeln. «Solche Synchronizitätsphänomene treten besonders in gewissen Situationen auf, in welchen im Unbewußten des betreffenden Individuums ein Archetypus besonders aktiviert ist... Es sieht dann so aus, als ob der konstellierte Archetypus auch außerhalb der Psyche erschiene.»[3]

Es kommt also darauf an, beide Realitätsbereiche, den physischen und den psychischen, im Auge zu behalten und unter dem Gesichtspunkt der Gleichzeitigkeit zu verbinden.

Man kann gar nicht genug betonen, wie wichtig es ist, die äußeren Ereignisketten eines Menschenlebens mit den inneren – den Träumen, Ahnungen, psychischen Störungen – gemeinsam aufzugreifen und zu einer Gesamtheit zu verknüpfen, wobei das Zeitmoment Brennpunkt und Schnittstelle der psychischen und physischen Vorgänge darstellt.

Mein vorliegendes Buch beleuchtet von der Warte des synchronistischen Denkens aus psychosomatische Erkrankungen der Sinnesorgane, der Organe, die uns mit der äußeren Realität verbinden, aber auch Pforten sind zur Innenwelt.

Prolog

Im Mittelalter bürgerte es sich ein, die fünf Sinne – Sehen, Hören, Riechen, Schmecken und Tasten – in der bildenden Kunst in Form von Allegorien darzustellen. Zentralfigur dieser Sinn-Bilder war stets eine schöne Frau in ruhender Pose. In ihrer Beziehung zu einem Gegenstand verdeutlichte sich das Charakteristische der einzelnen Sinne.

Das Augenlicht etwa veranschaulichte sich dadurch, daß die Frau in einen Spiegel blickte; ein Sinnfälligmachen des Sehvermögens, das im Organ Auge steckt und von Licht abhängt, ohne welches das Auge trüb oder blind ist.

Das Hören wurde dadurch dargestellt, daß die Frau mit gesenktem Kopf einer Flötenmelodie lauschte. Beim Hören wird Schall aufgenommen, Luftvibrationen, für die das Ohr sensibel ist.

Der Geruchssinn symbolisierte sich in einer an die Nase der Frau gehaltenen Rose. Als das Geruchsorgan ist die Nase empfänglich für die unsichtbaren Duftausstrahlungen belebter und unbelebter Objekte. Nur ein kleiner Teil des ganzen Geruchsspektrums ist für den Menschen wahrnehmbar.

Auf den Geschmackssinn spielten die mittelalterlichen Bilder meist durch honigsüße Speisen und den Saft der Traube an. Dieser Sinn ist dem Riechen verwandt; seine Sensoren sind die hauptsächlich auf der Zunge sitzenden Geschmacksknospen.

Fünftens schließlich der Tast- oder Berührungssinn: verbildlicht durch einen Pfeil des Liebesgottes Amor, der die Frau traf. Der Tastsinn ist das Vermögen, Gegenstände zu erfühlen, Berührungen zu empfinden. Für den Tastsinn gibt es kein punktförmig lokalisiertes Organ; die gesamte Haut ist flächenhaft sensibel.

Gesteigert berührungsempfindlich sind beim Menschen die Fingerspitzen und Lippen. Die Bandbreite der entstehenden Empfindungen, von Lust bis Schmerz, symbolisiert sich «treffend» im Liebespfeil, dem *telum passionis*. Darin eingeschlossen ist die ganze erotische Welt des Liebenden, die auch andere Sinnesempfindungen umfassen muß.

Die Wahrnehmungsbereiche der einzelnen Sinne sind deutlich unterschieden, doch gibt es eine komplexe Wechselbeziehung zwischen ihnen allen; sie soll am Schluß des Buches zur Sprache kommen.

Das Auge

Das Auge ist das Kronjuwel der Physis. Es empfängt und reflektiert Licht. Unablässig strahlt die glänzende Hornhaut (Cornea) des offenen Auges Licht zurück; die zentrale Regenbogenhaut (Iris) schillert in komplexen Farben vom blassesten Grau bis zum tiefsten Schwarz. Die die Iris umgebende Lederhaut (Sclera) ist von perlweißer Opaleszenz und wird von einem seidenweichen Wimpernvorhang gesäumt. Beschirmt von den Augenbrauen, ruht das Ganze in der knöchernen Augenhöhle (Orbita). Das runde Lichteinfallsfenster, die Pupille, erweitert und verengt sich immerfort je nach Scharfeinstellung des Auges und der wechselnden Lichtstärke. Das Auge ist ein staunenswertes Mirakel, zugleich ist es ein Fenster ins Innere, das Einblicke ins geheimnisvolle Leben der Seele gestattet. Es gilt universal als Seelenspiegel.

Vor einigen Jahren, in Afrika, weckte mich einmal kurz vor Morgengrauen ein merkwürdig mahlendes Geräusch aus dem Schlaf, das sich in regelmäßigem Rhythmus wiederholte; sonst herrschte Stille. Es war noch finster, und ich konnte in meinem Schlafraum nichts erkennen, spürte aber einen schwachen Tiergeruch. Ich erhob mich, ging zum Fenster und spähte durch das Insektengitter auf die weite, in Dunkelheit gehüllte Savanne hinaus. Der Mond ging unter, hell funkelten die Sterne am Himmelsdom. Vor dem Fenster zeichnete sich der riesige Schädel eines Büffels ab, der graste. Seine rupfenden Zähne und seine Zunge hatten das ungewöhnliche Geräusch verursacht. Es war ein Anblick, mit dem ich nicht gerechnet hatte. Im selben Moment, als ich ihn sah, hob er den Kopf und schaute mich festen Blickes an, ganz ruhig und lange. Ich konnte ihm direkt in die Augen sehen. Unsere Gesichter waren nicht mehr als einen halben Meter auseinander. Was mich überraschte, war, daß seine Augen in der Finsternis leuchteten und daß das Licht aus einer unauslotbaren Tiefe zu kommen schien. Zwei Wesen, einander taxierend, messend. Mir schien sein Blick – anders kann man es nicht bezeichnen – ausgesprochen neugierig. Dann, ohne einen Laut und ohne die Position zu wechseln, nahm er die rhythmische Zerstörung des Grases zu seinen Füßen wieder auf. Ich verhielt mich ruhig und beobachtete ihn, bis er sich entschloß weiterzuziehen.

Es war ein Erlebnis von seltener Eindringlichkeit: Statt eines wilden Tieres im Zoo (Büffel sind berüchtigt für ihre Neigung, ohne Warnung wütend anzugreifen) hatte ich hier einen Wildbüffel in seinem natürlichen Habitat zu Gesicht bekommen. Und er hatte mich als Mit-Kreatur akzeptiert. In Umkehr der üblichen Blickwinkel stand ich im «Käfig» zur Schau, er blickte als Zuschauer hinein. Es blieb bei mir der unauslöschliche Eindruck haften, daß aus den Tiefen des Büffelauges ein Licht geleuchtet hatte. In der dichten Dunkelheit vor Morgengrauen, im gewaltig hingebreiteten Panorama der Savanne unter dem Baldachin des afrikanischen Himmels, leuchtete das Licht der Tierseele. Mein enges, isoliertes Ichbewußtsein erkannte in diesem Augenblick, daß hier mit dem äußeren Ereignis ein inneres einherging, daß eine Illumination aus der objektiven Psyche, ein Widerschein des zentralen Lichts des Selbst, zu sehen war.

Das Auge des Büffels ließ «tief blicken». Es ließ mich seine Seele schauen und spiegelte zugleich meine eigene, mir fremde Natur. Es war ein synchronistisches Ereignis, und mein vorliegendes Buch ist ein Versuch, auf ähnliche Weise – anhand von Synchronizitäten – die innere Welt der objektiven Psyche in Verbindung mit der äußerlich-realen Welt zu betrachten.

Das Auge gibt dem Menschen Augenlicht. Dazu muß eine intakte Überträger- und Interpretationskette vorhanden sein: Einfallendes Licht wird durch die Photorezeptoren der Netzhaut in Nervenimpulse verwandelt, über die Nervenbahnen in die Sehfelder der Hirnrinde weitergeleitet und dort zum Bild zusammengesetzt und gedeutet. Ein Brückenschlag, bewirkt durch das Licht, das vom Sehorgan aufgenommen und weitergegeben wird. Erreicht – aus welchem Grund auch immer – kein Licht die Netzhaut, ist das Auge blind, es sieht nichts. Ist die Hornhaut beschädigt, die Augenkammer deformiert, die Linse verhärtet, die Netzhaut beschädigt oder abgelöst oder die Netzhautzellen arm an Photopigmenten, kann Licht nicht in Sehen umgesetzt werden. Manchmal ist der organische Defekt nur eine von zwei Seiten der Medaille.

Eine junge Frau von äußerst hoher Intelligenz erlitt ab Mitte zwanzig eine Serie beidseitiger Netzhautablösungen, die schließlich ihre Sehkraft stark schmälerten. Ihr seelisches Leben war ein Desaster, nicht wegen ihres Augenleidens, sondern wegen ihrer kalten unbezogenen Natur, die immer wieder zu unbefriedigenden Männerbeziehungen führte. Der «Sinn» ihrer Krankheit: Das Unbewußte drängte sie dazu, nach innen zu schauen, auf das ausgedörrte Feld ihrer Weiblichkeit, und Eros zu suchen und ihn in ihr Leben zu integrieren. Hier saß ihre psychische Blindheit, und die äußere physische Blindheit war ein äquivalentes Symptom, in dem die psychische sich spiegelte.

Eine andere Frau – sie war über sechzig und hatte nie an irgendeiner Form von Blindheit gelitten – erlitt ebenfalls plötzlich eine Reihe aufeinanderfolgender Netzhautablösungen, und zwar in einem Zeitraum von sechs Monaten, der zusammenfiel mit einer Zeit erhöhter seelischer Belastung durch die tödliche Krankheit ihrer Schwester. Hier gab es ein verbindendes Hintergrundelement – einen Tag vor der ersten Netzhautablösung war die Nichte der Frau in einem fernöstlichen Land wegen eines Schwerverbrechens lebenslänglich eingekerkert worden. Der Prozeß hatte mehrere Wochen gedauert, und während dieser Zeit hatte die tödliche Krankheit der Mutter eingesetzt. Weder die Mutter der Strafgefangenen noch die Patientin (ihre Tante) vermochten das Urteil nachzuvollziehen und hielten es für äußerst ungerecht. Die Patientin, die wußte, daß die Nichte ein gewissenloser Mensch war, «verblendete» sich gegen dieses Wissen und wollte nicht wahrhaben, daß die Nichte eine echte, abscheuliche Straftat begangen hatte. In beiden angeführten Fällen war das «Licht» – die bewußte Erkenntnis – blockiert, und der innere Wandel, der Linderung oder Genesung gebracht hätte, fand nicht statt.

Das Phänomen Licht

Licht füllt das Universum; überall, in der Finsternis der Nacht, in den Tiefen des Meeres, im fernsten Weltraum, ist Licht. Dieser Lichtfülle sind wir uns nicht bewußt – ein bemerkenswertes Faktum. Sobell[4] glaubt: «Weil Licht derart im Mittelpunkt unserer Wahrnehmung steht, ist die Natur gezwungen, es aus unserem Bewußtsein teilweise auszublenden. Auswertung der Lichtstrahlen aus allen Richtungen zu allen Zeiten würde das menschliche Hirn vollkommen überfordern.»

Sobell unterscheidet im Leben des Lichtstrahls drei Phasen: seine Entstehung, seine Reise durch den Raum und seine Vernichtung.

«Die Theorie der Elektrizität und des Magnetismus, der Höhepunkt der Physik des neunzehnten Jahrhunderts, erklärte, wie Licht sich durch den Raum fortpflanzt. Diese Theorie konnte zunächst ohne Rücksicht auf die Eigenschaften der Materie formuliert werden, denn Licht pflanzt sich ja auch im Vakuum fort. Doch geschaffen und vernichtet wird Licht nur durch seine Interaktion mit Materie, von den glühenden Gasen der Sonne bis zum Rhodopsin[5] des Auges. So mußte die Theorie des Lichts letztlich unvollkommen bleiben ohne ein Verständnis der grundlegenden Natur der Materie.»[6]

Zu diesem Verständnis gelangte man am Ende des ersten Viertels unseres Jahrhunderts durch die Quantentheorie; sie «bot erstmals eine befriedigende Erklärung für den Feinbau der Materie aus Atomen und Molekülen, für den Bau der Atome aus Kernen und Elektronen und für die Interaktion der Atome mit Licht»[7]. Der dänische Theoretiker Niels Bohr wies nach, daß «das Elektron nur auf bestimmten gequantelten Energiestufen existieren kann; solange es auf einer Stufe verharrt, gibt es kein Licht ab, seine Energie ändert sich nicht». Springt es jedoch spontan auf eine niedrigere Stufe, «verliert es einen Teil seiner Energie... Diese Energie geht dem Atom verloren und erzeugt ein Lichtquant. So ist Licht einerseits das Kind des Atoms, da das Atom es durch Veränderung gebiert, andererseits ist Licht der Mechanismus des atomaren Prozesses, denn gäbe es kein Licht, hätte das Atom keine Möglichkeit, von einer Stufe zur anderen zu gelangen.»[8]

So löste die Quantentheorie von 1925 weitgehend das Dilemma der Lichtforschung, indem sie Berührungsflächen zwischen Ureigenschaften von Materie und Licht aufzeigte und postulierte, daß der Wellen-Teilchen-Dualismus für beide gilt.

Die große Schnittstelle beim menschlichen Sehvermögen sind die Photorezeptoren in der Netzhaut; hier endet das optische System, das Auge heißt. Hier wird Licht in ein Nervensignal umgewandelt, das weitergeschickt und gedeutet wird. Die moderne Strukturbiologie hat die Schritte dieses Umwandlungsvorgangs auf molekularer Ebene entschlüsselt. Das Rhodopsinmolekül enthält ein Eiweißmolekül (Opsin) und ein einfaches organisches Molekül (Retinal). Rhodopsin (Sehpurpur) scheint das Schlüsselelement in den Stäbchen des menschlichen Auges und in den Sehzellen der Tiere zu sein.

Sobell: «Die sogenannte geometrische Isomerisation, bei der die räumliche Lagerung der Atome umgebaut wird, bildet den Kern der Rhodopsinfunktion. Im dunkeladaptierten Auge enthält Rhodopsin cis-Retinal mit teilweise gebogenem Molekülbau, gebunden an die Eiweißkomponente Opsin; diese beiden Bestandteile bilden das Photopigment Sehpurpur. Bei Lichteinfall wandelt sich das cis-Retinal in gerades trans-Retinal um. Die trans-Form trennt sich in einer Reihe von Schritten vom Eiweißbestandteil und wird zu Sehweiß reduziert. Im Dunkeln verbindet sich Retinal dann spontan wieder mit Opsin, so daß sich die Augenstäbchen rasch wieder regenerieren.»[9] Retinal (Vitamin-

A-Aldehyd) ist eng mit Vitamin A verwandt; Vitamin-A-Mangel führt zu Nachtblindheit.

Dies als kurzer Abriß des außerordentlichen Phänomens, das sich in der Netzhaut abspielt: der Umwandlung von Lichtpartikeln bzw. -wellen in Nervensignale und letztlich in Bilder.

Organische Erkrankungen des menschlichen Auges

Das Auge ist ein hochkompliziertes Bauwerk aus verschiedenartigen Zellgruppen und kann naturgemäß von mancherlei Krankheiten befallen werden. Diese sollen hier nur in einer kleinen Überschau angesprochen werden; wer sich über den Detailbau des Auges und über die Myriaden möglicher Krankheitsprozesse erschöpfend informieren will, sei auf augenheilkundliche Lehrbücher verwiesen.

Die häufigsten Augenleiden sind Refraktions-(Lichtbrechungs-)störungen. *Kurzsichtigkeit* (Myopie) tritt auf, wenn sich die Länge des Augapfels so ändert, daß der Vereinigungspunkt der Lichtstrahlen bereits vor, nicht auf der Netzhaut liegt. Man sieht dann ein unscharfes Bild; zur Korrektur des Brechungsfehlers ist eine Brille notwendig. Bei *Weitsichtigkeit* (Übersichtigkeit, Hypermetropie) ist der Augapfel «zu kurz», die Lichtstrahlen vereinigen sich erst hinter der Netzhaut. *Alterssichtigkeit* (Altersweitsichtigkeit, Presbyopie, abgeleitet von griech. alter Mensch und Auge) kommt durch die abnehmende Akkomodationsfähigkeit des Auges zustande. Nur noch ferne Gegenstände werden dann scharf gesehen.

Die enorme Zunahme an Brechungsfehlern in der modernen Gesellschaft mag durch unbewußte Trends (mit)bedingt sein und eine Entfremdung von der Welt der Natur und den Machtzuwachs des gedruckten Wortes widerspiegeln. Der moderne Mensch braucht in der äußeren Welt das Augenlicht nicht mehr in dem Maße zum Überleben wie früher.

Alle Arten von *Infektionen* – durch Bakterien, Viren und

Pilze – können das Auge befallen. Wegen potentieller Gefährdung des Augenlichts gehören alle Infektionen sofort in Behandlung. Ein «rotes» Auge kann etwa durch Bindehaut-, Aderhaut- oder Regenbogenhaut*entzündung* entstehen.

Die kristallklare Linse ist ein durchsichtiger, bikonvexer Körper, umhüllt von einer transparenten Haut, der Linsenkapsel. Vorn steht sie in Berührung mit der Regenbogenhaut, mit ihrer Rückseite ruht sie in einer Einbuchtung des Glaskörpers. Im Alter verliert die Linse an Elastizität und neigt zu Trübungen (*Katarakt*, grauer Star, Altersstar). Junge Menschen, die an Zuckerkrankheit oder atopischem Ekzem leiden, können schon relativ früh an grauem Star erkranken.

Die Netzhaut kann durch Kopftraumen verschiener Art indirekt mitgeschädigt werden. Ein schwerer Schlag auf den Kopf kann zum Beispiel zu einer *Netzhautablösung* führen; sie kann auch nach schwerem seelischem Schock («Erschütterung») auftreten. In Mitleidenschaft gezogen werden kann die Netzhaut auch durch andere Krankheiten (Bluthochdruck und sonstige Kreislauferkrankungen). Im zweiten Weltkrieg sind in Fernost viele Soldaten durch Vitaminmangel, verursacht durch Hunger, teilweise oder ganz erblindet. Als *Glaukom* (von griech. «blaugrün» oder «grau») oder grünen Star bezeichnet man eine Krankheit, die durch Erhöhung des Augeninnendrucks gekennzeichnet ist und zum allmählichen Verfall oder Verlust des Sehvermögens führt. Sie entsteht durch Verschluß des Abflusses von Kammerwasser.

Der Sehnerv kann befallen werden von *Infekten*, von *degenerativen Prozessen*, von *Tumoren*. Letztere können im Auge und außen am Auge entstehen. All diese Krankheiten bergen in sich das Potential des Verlustes der Sehkraft – nebst allem Schrecken, den das mit sich bringt – und sind manchmal sogar tödlich.

Jedes der beiden Augen nimmt ein Sehfeld wahr. Beide Sehfelder überlappen sich bei gesunden Augen in der Mitte und bewirken ein Sehen, das ganzheitlich – räumlich – ist. Bei Beschädigung oder Verlust eines Auges wird das Sehen monokular (einäugig); das verlorene räumliche Sehen muß in diesem Falle durch komplexe Hals- und Körperbewegungen ausgeglichen werden.

Vielleicht ist es angebracht, schon hier zu betonen: Wird der seelische Aspekt der körperlichen Erkrankung mituntersucht und akzeptiert und der psychische «blinde Fleck» aufgedeckt, bessert sich oft das körperliche Leiden.

Das psychosomatische Auge

Wenn ein Auge erkrankt, beispielsweise durch Infektion, Verletzung, degenerative Veränderungen, Kreislaufleiden, auch durch Tumoren, fällt dem Fachmann meist ohne weiteres eine organische Ursache «ins Auge». Manchmal jedoch bleibt die Fahndung nach einer Ursache ergebnislos, etwa bei rätselhaften chronischen «Allergien» ohne feststellbare Ätiologie und bei Teil- und Ganzerblindung eines gesunden Auges. Diese Erkrankungen lassen sich nur verstehen, wenn die seelische Persönlichkeit in die Gesamtbeurteilung des Kranken mit einbezogen wird.

Andererseits bleibt auch bei erkennbar organisch bedingten Leiden – etwa den verbreiteten Refraktionsstörungen in der Pubertät und bei plötzlich auftretendem Glaukom im mittleren Alter – die Frage nach dem «Warum», und diese Frage läßt der Diagnostiker leider oft unberücksichtigt. Bei kritisch geschärftem Blick läßt sich feststellen, daß das Seelische nicht nur bei den Krankheiten ohne greifbare organische Ursache, sondern auch bei solchen mit fraglos organischer Pathogenese eine weit größere Rolle spielt als vielfach vermutet.

Das Sehen ist ein subjektives Phänomen; über das Meßbare hinaus (Sehschärfe, physiologischer Augenbefund) weiß man nie, wie ein anderer «sieht» und was von ihm «gesehen» wird. Jeder Besuch in einem Malkursus bestätigt das. Eine Störung am Auge, und sei sie noch so geringfügig, ist sofort eine potentielle Bedrohung für das Augenlicht des Kranken. In ihrem Gefolge kommt die Emotion «Blindheitsangst», die eine größere Rolle spielt als gemeinhin zugegeben. In der modernen Medizin herrscht die berechtigte Meinung, daß die meisten Augenkrankheiten auf Behandlung ansprechen; manche jedoch sind leider schwierig zu behandeln. Diese sind es, bei denen die Gefahr des Sehverlustes und die resultierende Angst angesprochen und bewußtgemacht werden sollte, sonst kann sie im Unbewußten weiterschwelen und schließlich anderswo ausbrechen, in Gestalt verschiedenartiger organischer Symptome und manchmal auch in latentem Widerstand gegen die Behandlung selbst.

Wenn eine so starke negative Emotion wie die eben beschriebene verdrängt wird, dann leuchtet ein, daß andere und potentiell destruktive unbewußte Inhalte der Ausbildung der organischen Augenkrankheit vorangegangen sein können. Wird die Psyche in die Untersuchung einbezogen, stellt man meist fest, daß der körperlichen Erkrankung eine Störung im Verhältnis Psyche/Soma zugrunde liegt.

Greift ein Krankheitsprozeß ins austarierte Gefüge eines gesunden Auges ein, so wird das Sehen, das natürliche Funktionsziel des Auges, mehr oder weniger beeinträchtigt und die innere Balance des Auges gestört. Im Augenleiden spiegelt sich eine Behinderung des normalen sehprozeß-eigenen Energieflusses. Die Krankheit läßt sich verstehen als Summe aus dem sichtbaren physischen Defekt und der unbewußten psychischen Störung, ein Endresultat, hervorgerufen durch die Aktivierung des Archetyps des Auges. Diese Betrachtungsweise bezieht die a priori unbewußten Faktoren mit ein und sieht die Krankheit als Störung der Psyche-Soma-Ganzheit.

Die organische Sehstörung kann Ausdruck und Spiegelbild der Unfähigkeit des Ichbewußtseins sein, unbewußte Inhalte zu «sehen».

Die Kernfrage, die zum Krankheitsausbruch immer zu stellen ist, gilt dem Zeitpunkt. Es ist wesentlich zu wissen, wann die Beschwerde begann und was der Kranke damals tat, fühlte und dachte. Dieses sogenannte «Felddenken», das heißt, das synchronistische Denken, ist bei psychosomatischen Erkrankungen ein äußerst wertvolles Werkzeug. Man muß, wie die Chinesen, fragen: «Was neigt dazu, zur gleichen Zeit zu geschehen?»[10]

Die Frau mit Haarausfall

Dazu das Fallbeispiel einer Frau, die mit Alopezie (Haarausfall) zu mir kam. Der Haarverlust hatte sich drei Monate zuvor ereignet und sie in große seelische Not gestürzt. Eines Morgens war sie aufgewacht, und auf dem Kopfkissen lag etwas, das wie ein braunes Pelztier aussah; mit tiefem Schrecken merkte sie, daß es sich um ihr Haupthaar handelte. Befragt, ob sie in den drei Monaten vor der Katastrophe irgend etwas Ungewöhnliches erlebt habe, verneinte sie. Es war wichtig zu wissen, ob eine Krankheit oder ein Schock in ihr Leben eingegriffen hatte.

Steif und fest behauptete sie, nichts erlebt zu haben. Eine Woche später erzählte sie dann, ihr Mann habe sie an etwas erinnert: Vor genau sechs Monaten – drei Monate vor dem Einsetzen der Alopezie – hatte sie ihren im Ausland lebenden Bruder besucht. Eines Abends, beim Abendessen, war die Frau des Bruders aufgestanden und in die Küche gegangen, war mit einem Küchenmesser zurückgekommen und hatte es dem Bruder in den Rücken gestoßen. Tagelang hatte das Opfer in Lebensgefahr geschwebt, hatte sich dann aber erholt. Nach der brutalen Tat hatte bei der Schwägerin eine längere psychotische Episode eingesetzt, sie war in die Psychiatrie eingewiesen worden.

Leicht vorstellbar der immense psychische Schock, hier Augenzeugin sein zu müssen. Das Erlebnis war für die Patientin zu belastend, um es in Erinnerung behalten zu können; um es von sich zu schieben, hatte sie es «vergessen». Das Selbst jedoch vergaß es nicht, und drei Monate später wurde sie in Gestalt des ausgefallenen Haars an die «verlorenen Gedanken» erinnert, die sich um die Attacke ballten. Auf diese schonungslose Art wurde sie wieder hingestoßen auf die Roheit der Tat, die sie zu verdrängen suchte. Es wurde ihr nicht gestattet, den seelischen Sturm, der noch in ihrem Unbewußten tobte, «aus dem Auge» zu verlieren. In die Erinnerung zurückgeholt, wurde das schmerzhafte Ereignis verarbeitet, worauf das Haar wieder nachwuchs.

Der Fall veranschaulicht die Bedeutung des Zeitmoments in der Evolution der Krankheit, deren äußerlich-physische Erscheinungsform sinnfällig den «Bewußtseinsausfall» in bezug auf die zugrunde liegende zerstörerische unbewußte Emotion widerspiegelte.

Das Auge als Spiegel der Seele

Das Unbewußte spricht in Symbolen. Es kann sinnvoll sein, die weite Welt zu erforschen, die im «symbolischen Auge» steckt, und zu untersuchen, was der Mensch zu diesem Organ in früheren Zeiten gefühlt, intuitiv geschaut, empfunden und gedacht hat. Ich denke dabei an Böhmes *40 Fragen von der Seele*. Jung besaß eine englische Ausgabe dieses Buches von 1647 und schreibt dazu, es enthalte «ein Mandala or ‹Eye of the wonders of Eternity or Looking Glass of Wisdom›, das Mensch, Gott, Himmel, Welt und Hölle in sich faßt».[11]

Zwei Augen hat der Mensch, mehr und weniger gelten als anomal; der Blick richtet sich nach vorn, auf einen Brennpunkt, in dem die Blickachsen zusammenlaufen. Manche Tiere haben einen eigentümlich starren, fixierenden Blick, eine (trügerische) Unbeweglichkeit des Auges. Echsen und Krokodile blicken so. Ihr Auge fesselt, hypnotisiert. Ein Effekt, der den Betrachter kurz und flüchtig oder auch quälend lange in seinen Bann schlagen, geradezu versteinern lassen kann. Als «schlangenäugig» bezeichnet man manchmal Helden oder Führergestalten, deren Auge bezwingendes Charisma ausstrahlt. Es ist die Reptilsnatur, die den numinosen, packenden Effekt erzeugt.

Man spricht vom klaren und leuchtenden, vom trüben und verdunkelten Auge. Ein blitzender, brennender Blick hat Feuerqualität und ist faszinierend. Das kalte, frostige Auge dagegen stößt ab. Wieder anders der lockende, verführende («Schlafzimmer»-)Blick. Alle nur denkbaren Gegensätze vereinen sich im Auge.

Das Auge ist ein Fenster zur Realität. Schließt man beide Augen, wird die Realität komplett ausgeblendet und hört für den Beobachter momentan auf zu existieren. Beim Öffnen der Augen ist sie sofort wieder da. Das Auge ist Behältnis, ist Vehikel der sichtbaren Welt, der Lichtwelt. In Träumen symbolisiert das rechte Auge gemeinhin das Bewußte, das linke Auge alles Unbewußte; es ist eine Art Schaufenster nach innen. Bei Verlust eines Auges muß (wie gesagt) der Körper kompensierend eingreifen, um die Sehfunktion einigermaßen wiederherzustellen. Bei Vorhandensein eines Bruchs in der Psyche, einer Diskontinuität zwischen Bewußtem und Unbewußtem, bleibt die Behinderung für den einzelnen, obwohl nicht minder verheerend, meist unbewußt. In dieser abgerissenen Verbindung zur Instinktwelt sehe ich die Zivilisationskrankheit unserer Zeit, das große, gravierende Problem des modernen Menschen.

Aufgrund der Vorherrschaft des Intellekts in der modernen Gesellschaft wird die innere Welt der Psyche seit langem vernachlässigt, entwertet, hintangestellt. Um dem entgegenzuwirken und auf den Übelstand aufmerksam zu machen, den dieser unbewußte und somit irreparable Verlust hervorgerufen hat, muß die Psyche sich auf irgendeine Weise Gehör verschaffen. Um den Verlust der inneren Schau anzuzeigen, muß sie auf die Physis einwirken, das einzige unmittelbare Ausdrucksmittel, das ihr zur Verfügung steht. Durch eine Entstellung, eine Behinderung, ein triviales Wehwehchen, einen Unfall oder eine schwere Krankheit vermag sie den Verlust auf symbolische Weise darzustellen und widerzuspiegeln. Die Krankheit ist ein «Versuch» der Psyche, den Grad an «Seelenverlust» sinnfällig zu machen. «Versuch» wird hier aus der bewußten Warte gesehen; das Unbewußte spricht in einer eigenen Symbolsprache, die vom Ichbewußtsein oft nicht beherrscht und falsch gedeutet wird.

Der Schock, die Not einer Krankheit oder eines Unfalls kann ein Anstoß sein, den psychischen Verlust rückgängig zu machen und den Bruch zwischen dem Bewußten und dem Unbewußten zu heilen. Leider weiß das Ichbewußtsein den Sinn des «Sinnbilds» meist nicht zu deuten, es sieht hier sehr rational-einäugig; eine Monokularität, die als psychisches Gegenstück zur physischen Einäugigkeit bei Verlust eines Auges verstanden werden kann.

Unter den physischen Organen ist das Auge einer der beredtsten Spiegel für seelische Störungen. Es ist nicht schwierig, sofort den Lügner zu entdecken; den Hinterhältigen; die Frau, die zu verführen trachtet; die Frau, die von Eifersucht verzehrt wird; den von Zorn besessenen Mann. Man braucht ihnen nur ins Auge zu sehen. Die Krankheiten, die diesen Spiegel befallen, lohnen das nähere Hinschauen – sie geben Ein-Blick in den Zustand der unbewußten Psyche.

Wenn man jemanden kennenlernt, der von seinem inneren Selbst abgeschnitten ist, hat man bei der ersten Begegnung, in der noch alles offen ist, manchmal das leise Gefühl einer Unvollständigkeit. Ein kurzer Augenkontakt vielleicht, der einem einen winzigen Augenblick lang das Gefühl des «Nicht-ganz-da-Seins» des anderen vermittelt. Bei schweren Psychoneurotikern und latenten Psychotikern sprechen die Augen Bände; stumpf, dunkel, trüb ist ihr Ausdruck. Oft schweifen sie ausweichend umher – nicht zu verwechseln mit dem Augenschweifen des Intuitiven, der mit seiner «inneren Schau» beschäftigt ist und neuen Möglichkeiten in seiner Seele nachspürt.

Etymologie des Wortes Auge

Mit dem Auge als Sehorgan sind zahlreiche Verben verbunden: beäugen, schauen, blicken, spähen, sichten, starren, stieren, glotzen, peilen, gucken, mustern, beobachten, lugen, luchsen, fixieren, gaffen, um nur die häufigsten zu nennen.

Das deutsche Wort Auge kommt her von althochdeutsch *ouga* und mittelhochdeutsch *ouge*. Mit ihm verwandt sind altnordisch *auga*, gotisch *augo*, krimgotisch *oeghene* (Plural), altsächsisch *oga*, altfranzösisch *age*, dies wiederum mit altenglisch *eage* und anglisch *ege* zusammenhängend, von denen sich neuenglisch *eye* ableitet. Eine Verwandtschaft besteht zur indogermanischen (indoeuropäischen) Wortwurzel *og*, wobei allerdings unklar ist, wie aus dem *o* in den nordischen Sprachen *au* statt *a* wurde. *Og* steckt modifiziert in vielen Synonymen: im vedischen Sanskritwort *a'kshi*, das Auge, die Zahl zwei und die Zweiheit Sonne/Mond bedeutet; im altslawischen *o'ka* (pl. *o'ki*); im tocharischen *ak*. Im Griechischen wurde *omma* über *opma* zu *ophtalmos*. Lateinisch heißt Auge *oculus*. Der Buchstabe O als Kreis oder Oval schließlich entspricht im Semitischen dem Namen *'ajin* = Auge.

Interessant ist die Beobachtung, daß in den englischen Wörtern atro*c*ious (abscheulich) und fero*c*ious (wild, grausam) ebenfalls die Wurzel *oc* im Sinne eines schlimmen Anblicks steckt. Das altenglische *eage* überlebt im Norden Großbritanniens noch in den Dialektwörtern *een* und *eyn* für Auge.

Im Französischen heißt Auge *oeil*, Plural *yeux*. *Oeil* leitet sich aus lateinisch *oculus* ab, *yeux* dagegen hat sich über die Stufen *uels, ueus, yeus* entwickelt. Das italienische *occhio* und das spanische *ojo* sind eng mit dem provenzalischen *uelh* verwandt. *Oeillet*, das im dreizehnten Jahrhundert in der französischen Sprache auftauchte, heißt Öse, Schnürloch (wie *eyelet* im Englischen), ferner (rote) Nelke. Einen ähnlichen Sinn hat *oeilleton* (Schößling): Es assoziiert Öffnung, Aufgehen. *Oeillade* bedeutet verstohlener oder zärtlicher Blick; es ist erstmals im späten fünfzehnten Jahrhundert belegt. *Oeillière* schließlich heißt Augenzahn (Eckzahn), Scheuklappe (beim Pferd) und Augenbadschälchen.

Unzählige bildhafte Redewendungen gewinnen durch die Verbindung mit dem Auge an «schau» liche Kraft: Argusaugen haben; ein Auge auf jemanden werfen; ein Auge riskieren; die

Augen zudrücken; jemandem wie aus dem Auge geschnitten sein; sich die Augen ausweinen; jemandem gehen die Augen auf; es fällt ihm wie Schuppen von den Augen; es wird Nacht vor Augen. Der «Augenblick» bezeichnet einen Moment von sehr kurzer Dauer, etwas Blitzartiges, in einem Sekundenbruchteil Geschautes oder sich Ereignendes.

Auch im übertragenen Sinne dient «Auge» als Bezeichnung für vieles, was augenähnliche Gestalt oder Funktion hat. So werden zum Beispiel «schlummernde» unentfaltete Seitenknospen einer Pflanze Auge genannt, desgleichen der dunkle Fleck auf Fisch-, Insekten- und Schlangeneiern, der erscheint, bevor die Eihülle aufreißt und ein neues Lebewesen schlüpft. Augen heißen die Flecken auf den Flügeln bestimmter Schmetterlinge und auf dem Schwanzgefieder des Pfaus. Das Pfauenauge wird mit Wiedergeburt assoziiert. In der Alchemie versinnbildlichte der Pfau den Frühling, mithin ebenfalls Erneuerung, Wiedergeburt.

In der Bibel ist «Auge» eine häufige Metapher für Gott selbst. «Die Augen des HERRN sind an allen Orten...» (Sprüche 15, 3). Wie das Menschenauge symbolisiert das Gottesauge Betrachtung (Reflexion!), Mitgefühl, Zorn, Güte, Vergebung. Wenn es heißt «Die Augen des HERRN merken auf die Gerechten...» (Psalm 34, 16), so bezeichnet das Auge Zuwendung, Mitempfinden; «...mein Auge soll ohne Mitleid auf dich blicken, und ich will nicht gnädig sein...» (Hesekiel 5,11) hat den gegenteiligen Sinn, Gottes Strafgericht. Wenn Salomo sagt, der Weise habe «seine Augen im Kopf» (Prediger 2,14), so meint er: Weisheit *weiß* (sieht), was sie tut, sie handelt nicht ohne Bedacht.

Insgesamt, so bleibt festzuhalten, repräsentiert das Auge Mittelpunkthaftes. Die Öffnung im Scheitelpunkt einer Kuppe, durch die Licht einfällt, und die Lichtsäule innerhalb einer Wendeltreppe heißt Auge. Auge nennt man die hellste Stelle in diffusem Licht und den Mittelpunkt einer Masse. Sprichwörtlich ist auch das Auge des Sturms, das Zentrum, in dem Windstille herrscht.

In der Mitte des Auges, in der Pupille, erscheint wie beim Blick durch ein Schlüsselloch ein kleines gespiegeltes Bildchen des Betrachters (*pupilla* = «Püppchen»). Im Museum von Heraklion auf Kreta steht eine herrliche Plastik eines großen schwarzen Stierkopfes; in der Pupille des rechten Auges sieht man ein solches «Püppchen», eine kleine Frauenfigur. Rudyard Kipling erzählt in einer Kurzgeschichte[12] von einem Ermordeten, der das Konterfei seines Mörders als eingebranntes Bild in seinen toten Augen bewahrt.

Schließlich bedeutet Auge die Selbst- und Weltschau eines Menschen und spiegelt sein inneres Leben. Das Auge ist ein Verbindungskanal zwischen dem Äußeren, der uns umgebenden Welt, und dem Inneren, dem Unbewußten.

Das Auge in der ägyptischen Mythologie

Als Organ der visuellen Wahrnehmung ist das Auge, wie gesagt, eng mit Licht verbunden. In allen alten Kulturen wird das Auge mit der Sonne verglichen. Plotin sagt, das Auge könnte nicht sehen, wenn es nicht selbst eine Sonne wäre. Die lichtspendende Sonne ist Symbol für Geist, Intelligenz; der Sehvorgang stellt einen geistigen Akt dar und symbolisiert Erkenntnis.

Seit Jahrtausenden gilt das Auge als Attribut des Göttlichen. Am Tell Brak in Syrien existierte zweieinhalbtausend Jahre vor Christus der Tempel einer Augengöttin. Augenbedeckte Statuetten bezeugen, daß die Göttin als all-sehend und allgegenwärtig galt.

Als Ausstrahler und Reflektor von Licht wurde das Auge im alten Ägypten zum Gottessymbol; es steht in der ägyptischen Überlieferung symbolisch für göttliches Bewußtsein und vertrat die Eigenschaften und Attribute mehrerer Gottheiten, die jeweils bestimmte latente Aspekte dieses Bewußtseins verkörperten. Das Auge wurde aber auch zum Symbol des Individuums und der unsterblichen Seele.

Im Denken der alten Ägypter gab es viele anschauliche Vorstellungen vom Kosmos. Der Himmel, der riesige Lichtdom, wurde als Kuh gesehen (Hathor), deren Füße auf der Erde ruhten. Manchmal dachte man ihn sich auch als Wasserfläche, über die die Sterne als Boote fuhren. Die Sonne wurde als das rechte, der Mond als das linke Auge eines gigantischen Gottes betrachtet. Jeden Morgen erlebte die Sonne eine Wiedergeburt als Kalb der Himmelskuh, als Kind der Himmelsgöttin. Das Auge spielte im Lauf der Zeit eine sehr bedeutende Rolle in der ägyptischen Religion, und das göttliche Auge bildete für die Ägypter ein äußerst manaträchtiges Symbol. Es konnte viele Formen annehmen, Edjo, Tefnut und Hathor, und jede dieser Formen war als das «Auge des Re» bekannt; das Wadjet-Auge (siehe S. 52 f.) des Horus hatte religiöse wie auch schützende Konnotationen.

Das göttliche Auge wurde bei den Ägyptern stets als Mischung aus Menschen- und Falkenauge dargestellt: ein stilisiertes Menschenauge mit heller Pupille in Frontalansicht, darunter ein charakteristischer langgezogener, tränenähnlicher Streifen, wie er beim Wanderfalken unter dem Auge sitzt. Dies ist der sogenannte «Bartstreif» oder «Backenbart», der beim Wanderfalken als schwarzer Fleck vom weißen Hals- und Wangengefieder absticht.[13]

Wie erwähnt, stellten sich die Ägypter das Göttliche zweiäugig vor, mit einem Sonnen- und einem Mondauge; sie nannten es das Auge des Horus (= Licht) und des Seth (= Finsternis). Sie glaubten, daß nach dem Tod auch der wiedergeborene Mensch von den Göttern mit diesem doppelten Sehvermögen ausgestattet würde. Sprich: mit «Sinn» für Licht und Dunkel, für die Gegensätze gut und böse, für das Bewußte und das Unbewußte.

Die herrlich strahlende Sonne Ägyptens ließ einen intensiven Sonnenkult entstehen, der in Unterägypten bis weit in vordynastische Zeiten zurückreicht.

Der wichtigste Gott war Re. Bevor er als Sonnengott in Erscheinung trat, wurde er Atum genannt und war eine Urschöpfergottheit (andere Berichte sehen in Atum eine frühe Gottheit, die später mit Re zu Re-Atum verschmolz). Das Symbol des

Atum war der «Heilige Ichneumon», ein Raubtier aus der Familie der Schleichkatzen, das Schlangen und Krokodilseier frißt. Als Schöpfergott ließ Atum aus sich selbst heraus das ganze Universum entstehen. Aus seinem Mund gingen seine «Augenkinder» oder «Augenzwillinge», das Götterpaar Tefnut und Schu, hervor. Der Sage nach wurden sie gleich nach ihrer Erschaffung im Urwasser von ihrem Vater getrennt; sie entglitten ihm, wie ein Traum dem Träumer beim Aufwachen entgleitet. Um seine Kinder zurückzuholen, sandte Atum sein Auge aus. Zu dieser Zeit gab er ihnen auch ihre Namen: Sein Sohn Schu wurde zum Gott des Lebens und seine Tochter Tefnut, die «Ordnerin», zur Repräsentantin der Kräfte der Natur. Als Zeuger und Erschaffer des Lebens und der Natur «sah», das heißt begriff, Atum sein Wesen durch sein Auge. Psychologisch symbolisiert sich im Auge des Atum also ein *Gewahrwerden der autonomen Schöpferkraft des Unbewußten*.

Ein anderer Mythos berichtet von Re als Schöpfergott. Er erschuf sich selbst, die Welt, die Götter und die Menschen, aber er erschuf sie durch die Magie des Wortes. Er sprach das Wort, und indem er den Namen der Dinge aussprach, erschuf er sie. Dieses Schöpferwort wurde als Auge dargestellt. Die Ägypter nannten den Kreis der Iris mit der Pupille in der Mitte «Sonne im Mund», sprich «Schöpferwort».

Die Morgensonne am östlichen Horizont wurde als Khepri verehrt, im Bild des heiligen Skarabäus (Scarabaeus sacer). Dieser schob, wie der irdische Käfer sein Mistkügelchen, den Sonnenball bis zum Mittag über den Himmelsdom. Die Zeit des Khepri ist die Zeit, in der das Bewußtsein erwacht.

Dazu ein modernes Beispiel: Eine Frau stand vor einer weittragenden Entscheidung über eine Wende in ihrem Leben; am Abend, als sie zu Bett ging, hatte sie die Entscheidung getroffen. In der Nacht träumte sie, die Sonne steige über den Horizont und klettere am Himmel empor. – Das ist Khepri, Symbol der Erkenntnis oder Bewußtwerdung.

Jung schildert, wie in der großen Vision, die er bei seiner Konfrontation mit dem Unbewußten hatte, ein riesiger schwarzer Skarabäus erschien, gefolgt von einer roten, aus dem Wasser auftauchenden neugeborenen Sonne; Erscheinungen, die ihm ungeheure Einsichten ankündigten.[14]

Hatte die Sonne zur Mittagsstunde den Zenit erreicht, wurde sie zu Re, der Mittagssonne; die untergehende Sonne schließlich wurde Atum – ein alter Gott –, der als Greis mit Gehstock dargestellt wurde.

In seinem überwältigenden Traum vom Phallus, dem «unterirdischen» und «nicht zu erwähnenden Gott» seiner Kindheit[15], fiel Jung in der Traumgruft ein Leuchten auf. Eine Aura der Helligkeit schwebte über dem Phallus, obwohl der Raum keine Fenster und kein Licht hatte. Jungs Deutung des orificium urethrae als Auge, und darüber anscheinend eine Lichtquelle, «weist auf die Etymologie des Phallus hin (φαλός = leuchtend, glänzend)».[16] Diese mysteriöse bildhafte Erscheinung war für Jung ein Initiationserlebnis, so eindringlich, daß er sagen konnte: «Damals hat mein geistiges Leben seinen unbewußten Anfang genommen.»[17] Marie-Louise von Franz schreibt, im altrömischen Denken stelle der Phallus «den geheimen ‹genius› eines Mannes dar, die Quelle seiner physischen und geistigen Schöpferkraft, den Spender aller ‹genialen› Einfälle und heiterer Lebensfreude...».[18]

Kenntnis und Erkenntnis dieses kreativen Genius sind es, die sich im göttlichen Auge des Re symbolisieren.

Tefnut und Hathor – wie erwähnt, zwei der vielen Formen des Auges des Re – wurden weiterhin verehrt und tauchen in vielen Mythen auf. Tefnut als Verkörperung der Naturkräfte war für die Aufrechterhaltung der großen Ordnung aller Dinge in ihrem Bereich verantwortlich. Dazu gehörte das Gesetz, das Leben müsse sowohl dem Leben dienen als auch im Leben «leben». Beobachten läßt sich dieses ordnende Lebensprinzip heute etwa an der Wiederbegrünung der versengten, toten Erde ein, zwei Jahre nach einer Vulkankatastrophe; oder am wunderbar geordneten Vogelzug und den Wanderungen der Seetiere, die mit perfektem Timing und größter Exaktheit über immense Distanzen ihren Zielort anstreben.

Ein uralter Mythos[19] aus der Zeit, da Re auf Erden als König in Ägypten lebte, erzählt, daß Tefnut sich ihrem Vater entfremdete und nach Nubien floh. Dort verwandelte sie sich in eine Löwin und zog als reißendes Untier durchs Land, mit feuerspeienden Augen, hungrig nach Fleisch. Re wollte, daß sie zurückkehrte, und beauftragte Thot, den Götterboten, berühmt für seine Eloquenz, nach Nubien zu gehen und Tefnut heimzuholen. Zunächst sträubte sie sich, weil sie an der Jagd in der Wüste Gefallen gefunden hatte; doch Thot fand beredte Worte und versicherte ihr, wenn sie heimkehrte, würden sich auf den Dankaltären, welche die Ägypter ihr bauen würden, die Tiere häufen, nach denen sie hier mühsam jagen müsse. So willigte sie schließlich ein und kehrte im Triumphzug von Stadt zu Stadt nach Hause zurück, von Re selbst begrüßt, der ihr ihren angestammten Platz zurückgab – als sein Auge.

In einigen Versionen dieser Legende tritt eine andere Göttin an Tefnuts Stelle: Hathor, die zornig in die Wüste flieht, weil sie nicht die ganze Menschheit vernichten darf.

Durch ihre Flucht und Wiederkehr verbildlichte Tefnut – als Auge des Re, als Auge der Sonne – die herbstliche «Flucht» der Sommersonne und ihre Wiederkehr nach der Winterzeit, der Zeit der Stagnation und Wachstumspause (ähnlich dem griechischen Demeter-Mythos).

Psychologisch stellt Re im Mythos das dominante Prinzip dar. Der Streit zwischen ihm und seiner Tochter – Auflehnung der Tochter gegen das Maskulin-Dominante – läßt darauf schließen, daß Re ein kaltes Machtregime führte, mit verarmter Gefühlsseite, verarmtem Eros. Die wilde Natur der Tefnut (beziehungsweise der Blutdurst der Hathor) würde demnach Re's unterentwickelte Gefühlsseite, in gesetzlose Emotionalität übersteigert, darstellen. Ohne Eros ist es, als fehle dem Land der Regen, der alles befruchtet, und die Wärme, die alles keimen läßt; Sterilität tritt ein. Auch das menschliche Leben wird steril, wenn das Bewußtsein vom Unbewußten abgespalten ist. Das Launenhafte der Tefnut und der Zorn der Hathor entsprechen emotionalen Ausbrüchen bei einem Menschen, der von seiner Anima besessen ist.

Der Melancholiker

Ein Mann, um die fünfzig, stellte sich bei mir vor mit einer Depression, an der er seit vier Jahren litt. Er beschrieb sie als «Melancholie» und bezeichnete sein Leben als «farblos». Er war schon bei mehreren Ärzten gewesen, lehnte aber Chemotherapie für sein seelisches Leiden ab. Schließlich wurde er zur Analyse überwiesen. Geradlinig und «eindimensional» hatte er sein Lebensziel, den beruflichen Erfolg, angestrebt und erreicht. Seine Schwermutsanfälle versuchte er mit Reisen und mit diversen Ablenkungen zu kurieren, ohne Erfolg.

Seine Ehe, die schon viele Jahre bestand, war nicht unglücklich, aber doch eintönig und langweilig für ihn. Es wurde klar, daß seine Hauptfunktion das extravertierte Denken war und daß er eine gutentwickelte praktische Seite besaß. Nachdem er seine Traumarbeit begonnen hatte, vermochte er dank seiner hohen Intelligenz bald die symbolische Natur der Träume zu erfassen und zu verstehen.

Kurze Zeit nach Beginn der Analyse bekam er Schmerzen im linken Auge. Eine Untersuchung beim Augenarzt blieb ohne Befund; trotzdem litt er weiter Schmerzen, und nach zwei Monaten bildete sich am Oberlid über der Pupille eine Schwellung. Das Auge schwoll schließlich so an, daß es sich nicht mehr öffnen ließ. Das linke Auge symbolisiert die «Mond»-Seite, das Unbewußte im Menschen, und wird mit dem Eros-Prinzip in Verbindung gebracht.[20] Das Gesichtsfeld meines Patienten war links eingeengt, was symbolisch auf einen blinden Fleck auf dieser Seite verwies; er war genötigt, mit dem rechten Auge, vom Bewußtsein her, sein inneres Problem unter die Lupe zu nehmen. Zum Glück schickte ihm das Unbewußte einen vielsagenden

Traum: Er stand auf einem hohen Sprungbrett im Schwimmbad und führte vor einer bewundernden Zuschauerschar hochakrobatische Kunststücke vor. Dieser Traum als erhellendes Selbstbild zeigte ihm, daß er die Tendenz hatte, zu prahlen, und daß sein Schatten ihm heimtückische Streiche spielte und mit dem Werkzeug seines Intellekts die unbewußten Inhalte zu manipulieren suchte. Er hatte nämlich – nachdem er die Traumarbeit aufgenommen und Jung gelesen hatte – begonnen, das Unbewußte «auszubeuten» und zu «bemogeln». Er wollte es in den Griff bekommen, für eigene Zwecke ausnutzen, und das Unbewußte reflektierte diese Situation. Er war in einer Macht-Attitüde befangen. Die Trickster-Haltung seines Ichbewußtseins hatte in seinem Unbewußten den Trickster konstelliert. Dies war es, was das rechte Auge sehen mußte. Er mußte quasi erst den Sprung ins kalte Wasser tun, von seinem Sprungbrett herunterkommen; erst dann würde sich die Möglichkeit der Erneuerung bieten, nicht durch Tricks.

Eine Zyste, die sich im Auge gebildet hatte, wurde entfernt, bildete sich aber binnen eines Monats wieder neu; bei der folgenden Ausschälung der Zyste fand man im Inneren einen perlfarbigen Einschluß, der wie ein winziges Ei aussah.

In der Zeit nach der Operation bekam der Patient eine parallel auftretende nichtspezifische Urethritis (Harnröhrenentzündung). Die Harnröhrenmündung ist das «Auge» des Phallus (wie bereits bei Jungs Traum vom unterirdischen Gott dargestellt). Als Symbol genommen, deutete die organische Harnröhrenerkrankung darauf hin, daß unbewußte negative Aktivität gegen seine kreative Seite gerichtet war. Der Phallus ist ja *das* Symbol des Schöpferischen.

Zur Zeit seiner Augenerkrankung war nämlich seine Ehe in eine schwere Krise geraten, und zwar durch heftige Wutausbrüche von seiner Seite. Sein Verhalten war dem der Tefnut aus dem ägyptischen Mythos nicht unähnlich und deutete auf Schwierigkeiten mit seiner Anima. Zu diesem Zeitpunkt nun hatte er einen Traum, der ihm große Angst einjagte.

Er träumte, er fahre mit seinem Auto durch eine große fremde Stadt. Trübes Zwielicht herrschte, und Regen peitschte gegen die Windschutzscheibe. Die Scheibenwischer konnten kaum das Sehfeld freihalten, obwohl sie im Schnellgang arbeiteten. Plötzlich sah er eine rote Ampel auf sich zukommen. Er bremste, und in diesem Augenblick fegte ein grauer Schatten vor dem Wagen vorbei; noch während der Schrecksekunde, in der er sich der Erscheinung bewußt wurde, verschwand die Gestalt. Voll Angst fuhr er weiter, und das gleiche Phänomen wiederholte sich noch dreimal. Jedesmal vermochte er durch Bremsen den Aufprall zu verhüten, und jedesmal verschwand die Gestalt sofort.

Der Analysand glaubte sicher zu wissen, daß es sich um eine Frau handelte, konnte aber den Traum sonst nicht weiter deuten und kannte auch die Stadt nicht. Die Gestalt, der Regen, die Nacht, alles war dunkelgrau. Das einzige, das er dazu sagen konnte: Der Traum sei wie sein Leben. Grau, bis auf das rote Warnlicht. Er bemerkte, in den Monaten zuvor habe er manchmal ein banges Vorgefühl gehabt, als ob etwas Einschneidendes bevorstünde.

Aufschlußreich, daß gerade das Augenleiden und die Phallusentzündung als äußere Ereignisse mit dem inneren Drama zusammenfielen. Hier lag eine Synchronizität vor. Der eiähnliche Einschluß in der Zyste weckte Anklänge an Geburt und Werden. Das linke Auge mit seinen das Weibliche betreffenden Assoziationen Mond, Dunkelheit, Feuchtigkeit und Kälte signalisierte, daß es einen unbewußten Inhalt – das weibliche Unbewußte des Mannes betreffend – gab, der nach Wiedergeburt drängte. Der Traum zeigte, daß die grau-schemenhafte weibliche Gestalt, in den Schatten verbannt, angefangen hatte, in sein Leben einzugreifen, um auf sich aufmerksam zu machen. Der Traum versinnbildlichte den Allgemeinzustand seines Lebens und warnte vor einer realen drohenden Gefahr: einer Kollision zwischen dem Traum-Ich und der inneren Figur, die für beide riskant, wenn nicht tödlich werden konnte.

Er wurde auf den Ernst der Traumbotschaft hingewiesen und

auf die Notwendigkeit, jetzt hart zu arbeiten, ohne Tricks. In erster Linie war es jedoch die Atmosphäre des Traums, die ihn zur objektiven Realität des Unbewußten hinführte, denn er hielt den Traum für Realität, als er aufwachte. Er glaubte, wirklich in der Stadt zu sein.

Die einzige Farbe in dem Traum war das Rotlicht der Verkehrsampel. Rot ist die Farbe des Sehpurpurs Rhodopsin, der im Auge Licht in Nervensignale umwandelt. Rot bezeichnet Emotion, Feuer, Zorn. In der Gefahr, in der Konfrontation mit der Anima, lag gleichzeitig auch die Möglichkeit der Erlösung.

Die Stadt symbolisierte das Selbst, und im Regen deutete sich eine Lösung der Spannung an. Sein Blickfeld war getrübt, weil er nicht wußte, «wohin es ging». Der Traum brachte *de facto* die Heilung seiner Seele.

Psychologisch wird die Anima, die in der inneren Welt beheimatet ist, destruktiv, wenn sie nach außen projiziert wird. Wenn das Bewußtsein sich auf das Unbewußte (das Nächtige, Dunkle) richtet, wird es kreativ. Eine Erneuerung des Bewußtseins war vonnöten, und dies konnte im Fall dieses Mannes nur geschehen durch Anerkennung des Eros-Prinzips, durch Realisieren seiner inneren weiblichen Natur.

Die Depression stellte einen Rückzug von Energien aus seinem äußeren Leben und seinem Bewußtsein dar, die ihn zwang, nach innen zu blicken und seine Seele zu suchen. Wegweiser war das linke Auge; sinnfällig auch die Erkrankung des Phallus, des schöpferisch zeugenden Organs. Der ägyptische Mythos – hier war er lebendig in der Seele eines modernen Menschen.

Zurück zum göttlichen Auge der Ägypter. Horus erschien als Falke; er trug den Beinamen «der Ferne». Am Anfang war er ein Himmelsgott, unendlich wie der Himmel war sein Wirkungskreis, und seine durchdringenden überscharfen Augen sahen alles, nichts entging seinem Blick. Sein ägyptischer Name «Hor» kann «Antlitz» wie auch «fern» bedeuten. Leicht zu «Hover» abgeändert, bedeutet er Himmel.[21] So ist der Falke das Auge am

Himmel, er ist das Auge, das Antlitz und der Himmel selbst. «Der Ferne» ist ein herrlicher Name für einen Falken, kann er sich doch unsichtbar machen, aus dem Blick entschwinden wie Gott. (Auch der moderne «Tarnkappen-Bomber», der sich angeblich unsichtbar machen kann, ist ein «Auge am Himmel».)

Der Falke konnte auch eine mondlose Nacht symbolisieren. Das ist interessant angesichts dessen, was über Licht zur Sprache kam. Als Hor-Khenty-en-Irty (Horus-Vornehmster-ohne-Augen)[22] wurde er als Antlitz des Himmels verehrt, wenn weder Sonne noch Mond zu sehen waren. So repräsentierte er «Licht» in dessen göttlicher Form, als Licht schlechthin, das, wie wir gesehen haben, Bewußtsein symbolisiert. Wenn Sonne und Mond nicht am Himmel standen, standen immerhin noch die Sterne dort; strenggenommen war er also der Gott des Sternenlichts. Als solcher stand er sinnbildlich für die Leuchtkraft des Unbewußten, welches – wie die Alchemisten beobachteten – nie völlig schwarz ist.

Die Frau und das Auge des Selbst

Eine Frau, mittleren Alters, schloß während einer Eisenbahnreise einmal kurz die Augen. Dabei sah sie plötzlich ein regloses, sie anstarrendes Auge. Erschrocken riß sie die Augen wieder auf. Draußen der beruhigende Anblick der normalen Realität, vorbeiziehende Felder, vorbeifliegende Telegraphenmasten. Versuchsweise machte sie die Lider wieder zu, und sofort stand ihr wieder das große graue regungslose Auge gegenüber, von Wimpern umgeben, sie anstarrend. Sie öffnete die Augen und fing an, aufgeregt ein Buch zu lesen. Langsam legte sich ihre Angst, und sie fuhr weiter bis zu ihrem Reiseziel, wo sie den Vorfall dann rasch vergaß. Ein tiefer Schock, als mehrere Tage später das Phänomen zurückkehrte. Es suchte sie in den nächsten Wochen immer häufiger heim, bis schließlich jedesmal, wenn sie die Augen schloß, bei Tag und bei Nacht, das Auge da war und auf ihr ruhte. Sie merkte, daß sich die Einzel- zu einer Dauererscheinung verfestigt hatte, einer Vision; daß sie womöglich ernsthaft erkrankt war und verrückt zu werden drohte. Eines Nachts schließlich, als sie mit ihrem Geliebten im Bett lag, wurde sie sich bewußt, daß das Auge an der gegenüberliegenden Wand aufgetaucht war und daß sie selbst es mit aufgerissenen Augen anstarrte. Im Licht der Straßenlampen war es deutlich erkennbar.

Das Auge schien ruhig und hart auf sie gerichtet. Plötzlich trat an seine Stelle ein anderes «Gesicht», eine sezierte, auseinandergespannte Rattenleiche, wie man sie in zoologischen Anatomie-Labors findet. Die Frau war entsetzt und beschloß, nun sofort in Behandlung zu gehen. Über ihre Angst sprach sie bis zum Beginn der Analyse mit niemandem.

Bei der Patientin handelte es sich um eine in der Forschung tätige Naturwissenschaftlerin. Sie hatte bereits Tausende von Versuchstieren seziert und war an den Anblick derartiger Präparate gewöhnt. Allerdings hatte sie große Skrupel betreffs des Tötens der Tiere und konnte es selbst nicht tun. Körperlich war ihr Gesundheitszustand gut, seelisch anscheinend auch, abgesehen von den Angstzuständen, die die Visionen hervorriefen. Solche Erscheinungen werden «hypnagogisch» genannt, weil sie üblicherweise beim Einschlafen auftreten, wenn die Bewußtseinskontrolle sich lockert und die Phantasie frei schweifen und plastische Bilder erzeugen kann.

Sie war eine sehr verstandesbetonte Frau und brauchte immer eine genaue Erklärung, um ihre wissenschaftliche Neugier zufriedenzustellen. Sie war unverheiratet, lebte aber seit langem in einer Beziehung zu einem verheirateten Mann. Dieser behandelte sie allem Anschein nach sehr roh und gefühllos, was sie ohne Zorn, mit leichter Resignation, akzeptierte, weil sie im Grunde Angst vor ihm hatte. Jahrelang hatte sie ihm bei seiner Arbeit assistiert, ohne daß er sich je dankbar gezeigt hätte.

In der ersten Stunde der Analyse erklärte sie, am Nachmittag vor der folgenschweren Bahnreise habe sie ein Haus besucht, wo sie einen balzenden Pfau gesehen habe und von der Schönheit seiner Schleppe mit den Myriaden «Augen» sehr beeindruckt gewesen sei. Das habe sie tief bewegt; am nächsten Tag trat dann zum erstenmal die Vision mit dem Auge auf.

Sie glaubte, es sei Gottes Auge, das da auf sie blicke, konnte sich aber nicht erklären, welche Sünde sie begangen hatte, die ihn veranlassen konnte, so bedrohlich auf sie zu schauen. Als sie die Vision mit der sezierten Ratte hatte, ließ sie sich die Situation ihrer Liebesaffäre durch den Kopf gehen und kam zu dem Schluß, ihr Liebhaber sei eine Ratte: Sie schlief nie wieder mit ihm. Beruflich arbeitete sie mit Ratten, an denen Arzneimittel getestet wurden. Nun mußte sie ihren scharfen analytischen Verstand einsetzen, um ihre Liebesbeziehung zu «sezieren», die, wie die Ratte, Züge des Nächtlichen, Heimlichen, Verstohlenen trug und sie der Selbstachtung beraubt hatte. Die Vision führte zum heilsamen Bruch dieser langdauernden Bindung.

Im Lauf der Zeit begriff sie dann, daß die Visionen des «göttlichen Auges» aus dem Selbst kamen, das ihr Selbst-Erkenntnis, das heißt Wissen über sich selbst, vermittelte und eine nachhaltige Lebensänderung bewirkte.

Sie vermochte zu verstehen, daß sie selbst in dem «Auge», das sie anschaute, als gespiegeltes Miniaturbild erschien. Das Wort Pupille für die zentrale Öffnung der Iris leitet sich her von altfranzösisch *pupille* und lateinische *pupilla*: Püppchen, Mädchen. Auch das einschlägige griechische Wort (kore) bedeutet zugleich Mädchen und Augenöffnung. Jung sagt: «Im Auge ist die ‹pupilla›, das heißt das kleine Spiegelbild, ein Kind. Der große Gott wird wieder ein Kind, er tritt in den Mutterleib ein, um sich zu erneuern.»[23] Der Mutterschoß vertritt symbolisch das Unbewußte; so machte die Frau, indem sie die Symbolbedeutung des «Auges» für sich entschlüsselte, eine Erneuerung durch und trat in eine neue Lebensphase ein. Es war der Beginn ihres Individuationsprozesses.

Abschließend muß zum Thema *pupilla* noch ein weiterer Aspekt des Auges des Atum erwähnt werden. Nachdem Atum sein Auge ausgesandt hatte, um seine verlorenen Kinder zurückzuholen, setzte er an die Stelle des suchenden Auges ein neues, helleres, worauf sich das ursprüngliche Auge zornentbrannt in eine aufgerichtete, beißbereite Kobra verwandelte. Um sie zu besänftigen, heftete Atum sie an seine Stirn, wo sie fortan als Herrschaftssymbol thronen durfte. Im eifersüchtigen Zorn dieses ursprünglichen Auges erscheint in den Schöpfungsmythen wahrscheinlich die erste Andeutung des Gegensatzes als Kraft des Bösen.

Ich denke dabei an einen Zweijährigen, der von seiner Mutter mit Lob überhäuft wurde, weil er sein neu angekommenes Schwesterchen so liebte. Als die Mutter sich jedoch einen Augenblick abwandte, zog er sein Taschentuch heraus, legte es über die Augen des Säuglings und sagte mit engelsüßem Lächeln: «Alles weg!»

Das Auge des Atum wurde zur Uräusschlange; diese war das «älteste weibliche Wesen der Welt», war Begleiterin und Führerin Gottes. Das griechische Wort für Auge, *uraios,* kommt her vom ägyptischen *jaret,* das «die sich Aufbäumende» (die Kobra) bedeutet, daneben aber gleichzeitig auch Auge und Pupille heißt. Als Verb bedeutet *jaret* «machen» oder «tun», was Schöpfertätigkeit einschließt. In der Kette dieser Zusammenhänge steht das griechische «Iris», der Name für die Göttin des Regenbogens (daher Iris, Regenbogenhaut des Auges), hergeleitet von einer Wurzel mit der Bedeutung «sich krümmen» oder «biegen»: beides Eigenarten der Schlange.

Stellt man sich die hoch aufgebäumte, beißbereite Kobra, Halsschild gespreizt, Auge grünglitzernd, in ihrer kalten Unbezogenheit vor, dann versteht man, was Eifersucht heißt. Von allen Todsünden ist diese die scheußlichste. Doch Eifersucht gehört zur menschlichen Natur, und es ist die Pflicht des Individuums zu wissen, daß sie – gerichtet auf andere Menschen – existiert. Leugnet man sie und läßt sie in der Schattenpersönlichkeit ungezügelt ihr Unwesen treiben, dann wird man Schaden dadurch nehmen. Sie beginnt «im Auge», und deshalb wird der neidisch-eifersüchtige Blick der «grüne Blick» genannt (grün vor Neid, Eifersucht). Es ist nicht viel Phantasie nötig, ein eifersüchtiges Auge wirklich grün leuchten zu sehen.

Der eifersüchtige Diplomat

Vor vielen Jahren, gegen Ende des Zweiten Weltkriegs, als ich Medizin studierte, hörte ich Gerichtsmedizin bei einem der führenden Experten der damaligen Zeit. Er war ein brillanter Forscher, dem die Kriminologie manchen Fortschritt verdankt.

Eines Tages brachte er einen Drillichsack in die Vorlesung mit und legte ihn auf den Tisch. Nach einer Weile zog er daraus einen Menschenkopf hervor. Es war der Kopf eines jungen, hübschen, blonden Mannes. Ein Schock ging durch die Reihen der Studenten. Ein abgeschnittener Kopf hat immer etwas unendlich Erschreckendes.

Wir bekamen die Spur einer Kugel gezeigt, die auf der linken Gesichtsseite die Haut durchpflügt hatte. Die Kugelspur war ganz blutlos, grau, und erinnerte an die Spur einer Gartenschnecke. Die Blutleere war durch die eigenartigen Umstände des Todes zustande gekommen. Es handelte sich um einen Mord; ein Zeuge hatte gehört, wie drei Schüsse kurz nacheinander ungefähr im Sekundenabstand gefallen waren. Die erste Kugel hatte die linke Schulter durchdrungen, die zweite die Aorta – die große Körperschlagader – in Herznähe zerrissen, die dritte dann die Gesichtshaut vom Kinn bis zur linken Schläfe aufgesägt, als der Körper nach hinten umfiel. Zwischen dem zweiten und dritten Schuß war alles Blut aus dem oberen Körper entwichen: blitzartig hatte die Aorta den oberen Körperteil drainiert. Der Kopf war während der Autopsie vom Körper abgetrennt worden und sollte zur wissenschaftlichen Demonstration des Sachverhalts dienen, daß der Körper bei Aortenriß in einer einzigen Sekunde so ausbluten kann, daß der Tod eintritt. – Ist es nicht überraschend, daß ich nach all den Jahren noch alle Einzelheiten weiß? Der Grund ist der schwere seelische Schock, den ich beim Anblick des Leichenkopfes erlitt. Die Intensität der Emotion bewirkte, daß sich die Einzelheiten dieses längst toten Gesichts unauslöschlich in meine Erinnerung gruben. Man lernt immer sehr gut, wenn die Gefühlswelt auf irgendeine Weise mitberührt wird – sei es durch Zuneigung, Angst, Schrecken, Zorn.

Warum war dieser Mann erschossen worden?

Er, ein Attaché in einer diplomatischen Vertretung in London, hatte mit der Frau eines höheren Diplomaten in dessen Dienstwohnung eine heimliche Liebesaffäre gehabt. Der Ehemann, ein hochrangiger Diplomat, hatte einige Tage zuvor in seinem Schlafzimmer nach etwas gesucht, und dabei war ihm in einer Schublade ein Bündel Briefe, mit einem blauen Band umschnürt, in die Hände gefallen. (Möglicherweise hat er auch von Anfang an nach den Briefen gesucht.) Sie waren an seine Frau adressiert und stammten von dem jungen Attaché.

Im Augenblick der Entdeckung der Briefe war der Tod des jungen Mannes besiegelt. In diesem Augenblick faßte der Ehemann den Entschluß, ihn umzubringen; in diesem Augenblick wurde der böse Vorsatz geboren. Der Diplomat holte seinen Revolver und machte sich zur Botschaft auf, wo er nach wenigen Minuten eintraf. Er ging geradewegs zum Zimmer des jungen Mannes, betrat es wortlos und feuerte die drei Schüsse ab. Dies war drei Tage, bevor ich den Kopf zu sehen bekam, geschehen. Unter Berufung auf diplomatische Immunität war eine gerichtliche Anklage unterblieben. Im damaligen Europa galt (und gilt vielleicht heute noch) eine solche Tat als Affekthandlung, als Verbrechen aus Leidenschaft. Der Diplomat war im Bett seiner Frau betrogen worden, was ihm die Briefe sofort verrieten. Übermächtige, blinde Wut packte ihn, das Bewußtsein quasi löschend, Folgeerscheinung krankhafter Eifersucht. Denn diese Eifersucht war in der Tat anomal, nicht einfach eine eifersüchtige Anwandlung oder ein Neidkomplex, sondern pathologisch.

Man kann verstehen, daß die Uräusschlange ein solches Auge symbolisieren konnte: ein Auge, das durch seine Faszination, seine bezwingende Aura, seine Ausstrahlung tötet.

Es gibt einen Text aus dem Ägyptischen Totenbuch (Mittleres Reich), das von einem Tag erzählt, an dem Re in Gesellschaft des Horus auf die Welt hinabblickte. Ein schwarzes Schwein, Finsternis und Böses symbolisierend, erschien, und Horus verspürte einen stechenden Schmerz im Auge. Daß gerade der Anblick des Schweins den Schmerz auslöste, ließ Horus erkennen, daß das Schwein Seth in Tiergestalt war. Seth als Gott der Dunkelheit symbolisiert unkontrollierten Affekt, der zu Mord führen kann und das Bewußtsein «überrollt», das Urteilsvermögen umwölkt, den Blick trübt oder ganz ausschaltet (Überreaktion). Man sollte aber nicht vergessen, daß eine «unterkühlte», zu rationale Haltung ebenso schädlich sein kann, weil sie den Menschen in einer solchen Situation kraft- und hilflos macht. Mit einem rasenden Bullen – dies sollte man im Gedächtnis behalten – kann man nicht reden.

Den darauffolgenden Kampf zwischen den Göttern Horus und Seth, zwischen Licht und Finsternis, Bewußtsein und Unbewußtem, schlichtete Thot, der Gott der Weisheit, und heilte beide. In einer anderen Fassung des Mythos – nach einem im neunzehnten Jahrhundert in Theben gefundenen Papyrus, der wahrscheinlich aus der Zeit Ramses' II. stammt[24] – wird Horus von Seth geblendet, doch seine Augen werden später geheilt von der Göttin Hathor, deren Wahrzeichen der Spiegel ist (= Reflexion). Der geblendete Gott, wie Hathor ihn vorfindet, weint vor Schmerz, Wut und Verzweiflung.

Der Techniker

Ein Mann aus Skandinavien, der bei uns in England arbeitete, stellte sich mir mit einem ungewöhnlichen Augenleiden vor. Seit zehn Jahren schwollen regelmäßig im Sommer seine Augen an, röteten sich und tränten. Es begann immer im April und hörte irgendwann im Herbst so plötzlich auf, wie es angefangen hatte. Zunächst unternahm er nichts Ernsthaftes gegen die Krankheit, da sie ihn zwar störte, aber nicht weiter behinderte (es handelte sich am Anfang lediglich um ein Augenjucken). Er wurde untersucht, und die üblichen Allergien gegen Gras, Heu, Pollen, Kosmetika usw. wurden diagnostisch ausgeschlossen.

Dann begannen seine Augen eines Sommers, statt nur zu jukken, heftig zu tränen. An diesem Punkt kam er dann zu uns in Behandlung.

Er war ein ungewöhnlich gutaussehender junger Mann, groß, hellblond, mit Sommersprossen im Gesicht und auf den bloßliegenden Hals- und Armpartien. Seine Augen waren hellblau und zeigten starke entzündliche Veränderungen und ständigen Tränenfluß. Eine Untersuchung auf sonstige Anomalien blieb ohne Befund. Die Diagnose «Lichtempfindlichkeit» wurde gestellt und bestätigt. Ihm wurde geraten, starkes Sonnenlicht zu meiden, breitkrempige Hüte zu tragen und so weiter, und nach einem Jahr trat eine gewisse Besserung ein.

Im folgenden Frühsommer, gegen Mai, fuhr er auf Besuch in seine Heimat Skandinavien. Das Sommerwetter in jenem Jahr war herrlich, und er verlebte einen wunderbaren Urlaub. Nach seiner Rückkehr setzte das Augenleiden verstärkt wieder ein, doch in Skandinavien, wie er berichtete, hatte er nicht die mindesten Beschwerden gehabt, seine Augen waren trotz strahlender Sonne vollkommen in Ordnung gewesen. Zudem war er viel gewandert und geklettert, hatte gefischt und war Boot gefahren, wie er es als Junge getan hatte. Im Gespräch stellte sich heraus, daß er allein gefahren war – Frau und Kinder hatten ihn nicht begleitet.

Zu seiner allgemeinen Situation: Er arbeitete als Techniker in einem Sägewerk in einer Kleinstadt. Diese Stelle hatte er seit zehn Jahren, seit seiner Heirat. Seine Arbeit gefiel ihm, und mit seiner Ehe hatte er vorgeblich keine Probleme, obwohl er gestand, seine Frau sei etwas herrschsüchtig und halte ihn ständig dazu an, ordentlich und pünktlich zu sein.

Er erwähnte bei unserer Unterhaltung öfter den allgegenwärtigen Holzstaub, der ihn bei der Arbeit irritiere. In der Sägemühle wurden offenbar viele verschiedene Hölzer verarbeitet; wenn er dort mit den Maschinen zu tun hatte, war er stets mit Holzstaub bedeckt, und er hielt dies für den Auslöser seiner Krankheit. Tests gegen alle Arten von Sägemehl hatten bei ihm jedoch keinerlei Anzeichen auf Allergien erkennen lassen.

Nach dem Urlaub befragt, erzählte er, es sei das erstemal seit zehn Jahren gewesen, daß er ohne seine Frau in die Ferien gefahren sei. Er hatte sein Elternhaus besucht, einen Bauernhof in der Nähe großer Wälder. Seine Frau mochte Skandinavien nicht und hatte sich nicht die Mühe gemacht, die Muttersprache des Mannes zu erlernen. In bescheidenem Ton sagte er, dies sei ja auch gar nicht nötig; da sie nicht in seine Heimat mitfuhr, hatte er sachlich recht.

Nach nur zwei bis drei Stunden Analyse wurde klar, daß dieser Mann eine Ehe eingegangen war, die ihn seiner physischen Wurzeln und seinem inneren Instinktleben entfremdet hatte. Das Unbewußte hatte ihn frühzeitig gewarnt: «Pünktlich» im ersten Ehejahr hatte die Lichtempfindlichkeit eingesetzt.

Lichtscheu heißt medizinisch Photophobie (Angst vor Licht). Bei Lichtspiegelungen auf Schnee oder Wasser oder bei blendender Sonne im Hochsommer neigen die Augen dazu, sich schirmend zu schließen. England ist nicht gerade für sonniges Klima berühmt, und daher deutete die Schwere der Augenreaktion bei meinem Patienten auf eine recht heftige Überempfindlichkeit gegen ultraviolettes Licht. Sie bestätigte sich durch Tests und auch dadurch, daß die Symptome nach der Frühjahrs-Tagundnachtgleiche begannen und bei der Herbst-Tagundnachtgleiche restlos wieder verschwunden waren. Gleichwohl mußte die Tatsache, daß er das Sägemehl für einen Auslöser hielt, mitbedacht werden. Er arbeitete sommers wie winters, kam also das ganze Jahr über mit Holzstaub in Berührung; doch im Winter blieben die Augen symptomfrei. Dies allein sprach schon gegen eine organische Holzstaub-Reizwirkung. (Echte Allergie gegen alle denkbaren Holzbestandteile war ja auch bereits durch spezifische Hauttests ausgeschlossen worden.)

Angesichts seiner äußeren Lebensumstände – Skandinavier, verheiratet mit zwanghafter Frau – gewann sein Zwangsgedanke über das Sägemehl eine neue, tiefere Bedeutung.

Zweifellos hatte er eine echte Lichtempfindlichkeit, doch die Photophobie verschwand, als er ohne seine Frau Ferien machte, und kam wieder, als er ins häusliche Milieu zurückkehrte. Seinen Urlaub hatte er in der Freiheit der Natur, die zehn Jahre zuvor dagegen in der Enge eines Industriestädtchens verbracht, wo er seine Muttersprache nicht mehr sprach.

Auffallend an diesen zehn Jahren war, daß er keine Träume mehr hatte. Nicht, daß ihn das beunruhigte; aus seiner rationalen Sicht heraus betrachtete er es als unwichtig.

Doch das Unbewußte «dachte» anders und hatte ihm ein unangenehmes, mit Weinen verbundenes Augenleiden geschickt. Man braucht nicht viel Phantasie, um darin das Leiden seiner Seele zu erkennen; die Tränen galten seiner verlorenen naturhaften Freiheit, seiner Einkerkerung durch eine Animus-dominierte Frau mit boshafter Zunge und einem Desinteresse an seiner Heimatkultur.

Weinen ist eine übermäßige Ausschüttung von Tränenflüssigkeit. Beim Weinen kommt es zu einem Absinken des Bewußtseins, einem *abaissement du niveau mental*: ein unbewußter Inhalt drängt «nach oben» an die Bewußtseinsgrenze, etwa wie ein aus der Tiefe auftauchender Fisch, der ans Licht strebt. Erreicht er das Bewußtsein, so kann er sich offenbaren, kann erkannt und verarbeitet werden. Der Tränenfluß des Weinens hat Verwandtschaft zum Speichelfluß vor dem Essen, zu den Sekretionen der Gebärmutter vor der Menstruation, zu dem Ausfließen des Fruchtwassers vor der Kindesgeburt. Wie diese bereitet es ein schöpferisches Ereignis vor. Im ägyptischen Khepri-(Morgensonnen-)Schöpfungsmythos beginnt das Auge des Khepri zu weinen, und aus den Tränen gehen Männer und Frauen hervor: die Feuchtigkeit der Tränen als Medium der Erschaffung des Menschen.

Holzmehl besteht aus kleinen, durch die Säge zerrissenen Holzstückchen. Aufgabe des Patienten war es, die Sägemaschinen, die gefräßig Bäume zerteilten, funktionstüchtig zu halten. Als Rückstand, als Abfallprodukt, sammelte sich auf dem Fußboden das Sägemehl.

Holz ist Natur, Materie par excellence; in Indien ist es Symbol des Urstoffes, der *prima materia*. Als solche ist es weiblicher Natur. In China zählt Holz zu den fünf Elementen und versinnbildlicht den Osten, den Frühling, die Kraft der aufblühenden Natur, das Erwachen des Yang. In der katholischen Liturgie wird «das Holz» oft synonym für Kreuz und Baum gebraucht. Bei den Griechen galt alles Holz und Gehölz, aller Wald als heilig, als symbolische geheimnisvolle Götterwohnstatt. Die großen Bäume repräsentierten die Kraft und das Mysterium des Waldes selbst und hüteten als Wächter den ewigen Himmel.

In der nordischen Tradition jedoch – und mein Patient war Skandinavier, mit einem nordischen Unbewußten – hatte Holz Anteil am «Wissen», war Träger und Vermittler von Erkenntnis. Die altirische Ogham-Schrift wurde meist in Holz geschnitten; in Stein geschnitten wurde sie nur zu Begräbniszwecken. In allen keltischen Sprachen herrscht völlige Homonomie (Gleichwertigkeit) zwischen den Wörtern «Holz» und «Wissen». Wald oder Hain hieß altenglisch *wudu* und ist eine spätere Form von *widu*, das wiederum vom keltischen *vidu* herkommt. Im Althochdeutschen hieß Wald *wiodu*, im Altnordischen *witu;* im Altirischen hieß Baum *fid*. Das gälische Wort lautete *fiodh,* und im Walisischen bedeutete *gwydd* Baum. Im Bretonischen hieß Baum *gwez* wie auch *gouez* (die Wurzel von *gouzout* = *savoir* = wissen). (Viele Bäume und Nüsse versinnbildlichen essentielle Weisheit und Gelehrsamkeit.) Insgesamt: Holz symbolisiert Weisheit und übermenschliches Wissen.

Man konnte also zu der Deutung kommen, daß in dem Sägemehl, dem der Skandinavier die sommerliche Reizung seiner Augen zuschrieb, sich untergründig die ganze Naturwelt und ihre Bewohner, die Naturwesen, verkörperten. Eine Welt, die als toter Rohstoff betrachtet wurde, als Abfall auf dem Fußboden. (Zweifellos die Einstellung des modernen Menschen zur Natur insgesamt.) Er hatte diese Welt und die mit ihr verbundene Freiheit verloren. Zur Demonstration dieses Verlustes wählte das Unbewußte gerade die hellsten Monate und schlug ihn mit einer Trübung seines Blicks auf die Außenwelt – durch Tränen. Seine trauernde Seele heischte Anerkennung ihrer Not, in dem sie seinen Blick auf die traurigen Holzreste am Boden lenkte. (Dies, wohlgemerkt, war *seine* Erklärung.)

Psychologisch deutete die Lichtscheu auf die Notwendigkeit einer Bewußtseinserneuerung. Er hätte sich seiner Dissoziation von seinem Instinkt-Selbst bewußt werden und dabei seine Entfremdung von der Anima erkennen müssen.

Das Problem freilich war: Hier mußte ein rationaler, nichtträumender Mensch, dessen Hauptfunktion das Empfinden war, dazu gebracht werden, sein Bewußtsein zu erweitern, indem er die objektive Psyche (an)erkannte. Damit war er zur damaligen Zeit überfordert; er akzeptierte die obige Deutung und ging dann auf Nimmerwiedersehen. Zweifellos, um wieder einen neuen Arzt wegen seiner Krankheit aufzusuchen.

Das Wadjet-Auge

Nachdem Horus' Augen durch den Weisheitsgott Thot – in der zweiten Fassung des Mythos durch die Kuhgöttin Hathor – geheilt worden waren, wurden sie «Wadjet-Augen» (geheilte Augen) genannt. Wadjet, so hieß die Göttin der Stadt Buto im Nildelta; der Name bedeutet «die Papyrusfarbene» oder die Grüne. Als allgemeine Bezeichnung trug diesen Namen auch die Kobra, die als Uräusschlange das heilige Tier der Göttin war. Die Uräusschlange («die sich Aufbäumende») war Herrschersymbol des Horus wie auch des Seth, der königlichen Götter. Als flammenspeiende Schlange, die alles Übel abwendete, galt sie als Feuerauge des Sonnengottes Re. Als «die Grüne» verkörperte das

Wadjet die Kräfte des Wachstums und wurde am Ende identisch mit dem Auge des Re, als dieser den Atum als Hauptgott entthronte. Das Wadjet bezeichnet ein Bewußtsein, das sich erweitert hat und nunmehr des Guten wie des Bösen gewahr ist.

Das Wadjet wurde zum potentesten aller ägyptischen Zeichen und dient noch heute als verbreiteter Abwehrzauber. Als schützendes Amulett wickelte man es bei Bestattungen in die Binden von Mumien. In Kem-Wer[25] wurde Horus-Khentykhai in Gestalt eines falkenköpfigen Mannes verehrt, der zwei Wadjet-Augen, Symbol für Sonne und Mond, in der Hand trug. Sein abgekürzter Name ist Hor-Merty[26], wobei der zweite Namensteil «merty» in Hieroglyphenform «lieben» bedeutet. Kurz: Horus ist das göttliche oder kosmische Auge, das alles sieht und das Maß aller Dinge ist. Psychologisch repräsentiert es die kosmische Intelligenz des Selbst.

Der böse Blick

Das Wadjet, wie wir gesehen haben, ist das geheilte, das heile Auge; das Horusauge wie auch das Auge des Thot wurden so genannt. Es steht für das unsichtbare Auge der Weisheit und Klugheit und hieß bei Horus manchmal auch das «schwarze Auge».

In den Auseinandersetzungen zwischen Horus und Seth, dem Prinzip des Bösen, trat ein Bewußtsein vom Bösen in die Welt. Der Konflikt begann, als Seth sich in ein schwarzes Schwein verwandelte, dessen Anblick dem Auge des Horus weh tat. Von da an wurde das schwarze Schwein zu einem Symbol des Abscheulichen; nach Herodot pflegten die Ägypter, wenn ihr Gewand mit einem Schwein in Berührung gekommen war, sofort zum Nil zu laufen und hineinzuspringen, um die Verunreinigung abzuwaschen.

Eine verheiratete Patientin von mir hatte eine langdauernde außereheliche Liebesbeziehung. Sie hatte einen eifersüchtigen Schatten, dem es am Ende gelang, die Affäre scheitern zu lassen:

Ihr Liebhaber verließ sie. Fortan richtete sich ihr verzehrender Haß und Rachedurst gegen den einstigen Geliebten und seine neue Partnerin, derentwegen er die Patientin verlassen hatte. Die Patientin war eine zutiefst unbewußte Frau und vermochte das Wesen ihres Schattens nicht zu erfassen. Ihre Träume begannen nun ein Symbol hervorzubringen: ein schwarzes Schwein. Zunächst schenkte sie diesen Träumen keine Beachtung, doch das Unbewußte «bohrte» immer heftiger und suchte sie regelrecht heim mit Träumen. In den meisten Träumen war das schwarze Schwein einfach da, es tat nichts. Dies spiegelte treffend ihre eigene Haltung zu dem Problem. Schließlich begann sie die Schweine zu zeichnen, und dadurch gewann sie endlich ein klares Bild von ihrer Situation. In Wirklichkeit hatte sie nämlich den Liebhaber fortgetrieben durch übermäßige Ansprüche an ihn und durch ihre bohrende Eifersucht. In dem schwarzen Schwein symbolisierte sich ihr Unbewußtes und ihre unsichtbare (= schwarze) animalische Natur. Das Schwein ist auch das Tier der Demeter und war mit dem Mutterkomplex der Patientin verbunden. Im tiefsten Grunde entsprang die wilde Eifersucht dieser Frau einem Mangel an Liebe. Die Visualisierung des Tieres in den Zeichnungen half, das bewußt zu machen.

Als «bösen Blick» bezeichnet man das zauberkräftige Auge eines Neidischen, Bösartigen oder Eifersüchtigen, der jemanden in Bann schlagen, töten, in Stein verwandeln kann. Er kann Menschen und Tieren, die er anblickt, schweren Schaden tun. Häufig haben Gottheiten und übernatürliche Kreaturen ein drittes, böses Auge. Der Glaube an den bösen Blick ist uralt und universal und ist in verallgemeinerter, indirekterer Form auch heute noch weit verbreitet.

Auf lateinisch hieß er *fascinatio,* daher unser modernes Wort *Faszination.* Im Englischen spricht man vom *evil eye.* In Italien gibt es mehrere Wörter, das ältere *fascino* und das neuere *jettatore. Fascino* bezeichnet den bösen Blick selbst wie auch seine Auswirkungen. Des weiteren gebraucht man in Italien, Spanien und

Portugal das Wort *mal'occhio*. In Frankreich heißt der böse Blick *mauvais oeil*.

Francis Bacon sagt in seinem Essay «Über den Neid»:

> «Es ist bekannt, daß unter den Leidenschaften keine dermaßen fesselt oder bezaubert wie Liebe und Neid. Beiden ist heftiges Verlangen eigen; sie geben sich leicht phantastischen Vorstellungen hin; sie fallen sofort ins Auge [!], namentlich in Anwesenheit ihres Gegenstandes, der die Verzauberung hervorruft, wenn anders es eine gibt. Wir lesen auch, wie die Heilige Schrift den Neid ein ‹Schalksauge› nennt... von allen Affekten [ist er] der heftigste und anhaltendste... Daher heißt es mit Recht: ‹Invidia festos dies non agit.› Er findet nämlich immer einen Grund... Neid ist auch der verwerflichste und niedrigste Affekt, weshalb er auch als persönliche Eigenschaft des Teufels gilt, welcher ‹der Neidhart, der zur Nachtzeit Unkraut unter den Weizen sät›[27] genannt wird.»[28]

Eine treffende Beschreibung des Neides und seines Bettgenossen, des bösen Blicks. Dahinter steht, wie gesagt, der Gedanke, daß durch bloßes übelwollendes Anschauen ein böser Effekt auf belebte und unbelebte Dinge ausgeübt werden kann, und zwar besonders auf solche, die man haßt oder auf die man neidisch ist.

«Neid» ist ein mißgönnendes, feindseliges Gefühl. Im klassischen *invideo*, das im englischen *invidious* (übelwollend, neidisch, gehässig) steckt, kommt die Natur des bösen Blicks sehr gut zum Ausdruck.

Die Haushälterin des Priesters

Ein älterer Priester suchte mich einmal mit einer Augeninfektion auf, genauer: mit Iritis (Entzündung der Regenbogenhaut). Eine Krankheit dieser Art hatte er noch nie gehabt, und der Schmerz quälte und beunruhigte ihn. Zugleich litt er an Rosazea (Acne rosacea), die früher eingesetzt hatte als die Augenentzündung. Iritis und Rosazea treten oft zusammen auf. Langsam heilte das

Hautleiden, doch der Schmerz im linken Auge blieb. Als sein allgemeiner Gesundheitszustand sich allmählich besserte, gingen wir ernsthaft die Iritis an, für die er bereits die seinerzeit übliche Therapie erhalten hatte. Die psychologische Seite wurde unter die Lupe genommen, die Ereigniskette rekonstruiert, die ihn dazu gebracht hatte, den Arzt aufzusuchen. Es kam ans Licht, daß er bis etwa sechs Monate vor Einsetzen der Krankheit kerngesund gewesen war. Drei Jahre zuvor hatte er seine treue alte Haushälterin verloren. In seiner abgelegenen Provinzgemeinde vermochte er keine neue zu finden. Auch Stellenanzeigen, zuerst in der örtlichen, dann in der überregionalen Presse, blieben vergeblich. So mußte er sich schließlich damit zufriedengeben, Kochen und Haushalten in Eigenarbeit zu erledigen, was er mit Hilfe einiger Gemeindemitglieder dann auch recht gut schaffte.

Eines Nachts – rund zwei Jahre, nachdem er die Versuche aufgegeben hatte – erhielt er einen Telefonanruf von einer Frau, die mehrere Hundert Kilometer entfernt wohnte. Der Anruf kam kurz vor Mitternacht. Sie erzählte ihm, sie habe seine Anzeige in der Zeitung gesehen. Das wunderte den Priester, hatte er doch seit fast zweieinhalb Jahren keine Annonce mehr erscheinen lassen. Die Frau wußte überzeugend zu reden und verwies auf gute Zeugnisse.

Trotz der ungewöhnlichen Art des Anrufs und der späten Stunde vereinbarten sie, daß die Frau zu einem Vorstellungsgespräch anreisen sollte. Folgenden Tags stand sie mit einem Berg Gepäck, hauptsächlich Plastiktüten, vor der Tür und erklärte, nun bleibe sie gleich da. Schnell zeigte sich, daß sie das Vorstellungsgespräch führte, nicht der Pfarrer. Sie trat die Stelle an, richtete sich häuslich ein und errichtete flugs eine Alleinherrschaft im Pfarrhaus. Für den Priester begann ein Lebenskapitel, das seine Geduld bis aufs äußerste strapazierte. Diktatorisch und «drachen»haft begann die Frau das Leben des sanftmütigen Priesters zu zerrütten. Sie kochte am Ende nur noch, was ihr selbst schmeckte, und setzte ihm Konservengerichte vor. Bald wurde klar, daß sie das Haus ganz für sich zu übernehmen gedachte und den Priester als lästig hinauszudrängen suchte.

Nach einem Monat hielt er es nicht mehr aus und forderte sie auf zu gehen. Sie weigerte sich und geriet in Zorn. Da fiel es ihm erstmals auf: das kalte Auge, das unerbittliche Starren. Er erklärte, nun habe er Angst vor ihr bekommen. Eines Abends, erschöpft von ihrem Verhalten, drohte er, die Polizei zu rufen, worauf sie innehielt und auf ihr Zimmer ging. In der Nacht wachte der Pfarrer auf und fand seinen Schlafraum von Licht erfüllt – die Kirche, die an das Pfarrhaus grenzte, stand in Flammen. Er sprang aus dem Bett und suchte die Haushälterin, die sich jedoch nicht in ihrem Zimmer befand. Höchste Gefahr bestand für das Pfarrhaus: es war, wie die Kirche, sehr alt.

Die Feuerwehr rückte an und brachte den Brand mit viel Mühe unter Kontrolle. Es kam heraus, daß die Haushälterin sich spät nachts in die Kirche geschlichen und den Altar angezündet hatte; dann hatte sie sich auf den Friedhof zurückgezogen, um ihr Werk zu beobachten. Ohne ihr Zutun, rein zufällig, war der Priester zum rechten Zeitpunkt aufgewacht, das hatte ihm das Leben gerettet. Als sie später verhaftet und in den Streifenwagen verfrachtet wurde, ließ sie einen Strom von Verwünschungen auf den Priester los. Gift und Galle speiend, habe sie dabei «wie die Medusa» ausgesehen, so der Priester wörtlich.

Ich sagte ihm, bei dem starren Blick habe es sich vielleicht um ein mal'occhio gehandelt, was er sofort begriff. Dann fiel ihm ein, daß nach dem Brand jedesmal beim Betreten der Kirche sein linkes Auge zu tränen begonnen habe; dies sei immer schlimmer und schließlich zum Dauerzustand geworden. Wir sprachen dann über die Persönlichkeit der Haushälterin, und ich fragte den Pfarrer, ob die Kirche nach dem Wiederaufbau neu eingesegnet worden sei. Meine Frage überraschte ihn, und er sagte: Nein. Noch einmal ließen wir uns die Umstände des Falles durch den Kopf gehen, und er konnte schließlich akzeptieren, daß die – vielleicht psychisch kranke – Frau durch und durch böse gewesen sei. Diese simple Tatsache zu akzeptieren, fiel ihm sehr schwer. Fazit unseres Gesprächs: Er beschloß, die Kirche mit Hilfe des Bischofs neu einsegnen zu lassen.

Als er mich nach der Zeremonie wieder aufsuchte, war sein erstes Wort, daß sein Auge genesen sei – und es stimmte. Keine Spur von Iritis, keine Blicktrübung mehr. Einen Tag nach der Zeremonie hatte die Besserung eingesetzt. Mit staunendem Ausdruck in seinen milden blauen Augen fügte der Priester noch hinzu, daß er, seine Amtskollegen und der Bischof allesamt nach der Zeremonie einen stechenden Geruch von brennendem Schwefel wahrgenommen hätten! Schwefel hat nicht nur Assoziationen zum Mephistophelischen und zu heftigen Leidenschaften; Herakles als Sonnengott wurden Schwefelquellen geweiht, weil er erneuernde, heilende Kraft besaß.

Wir kamen beide zu der Meinung, daß hier der «böse Blick» mitgespielt hatte. Die hexenhafte Haushälterin hatte ein böses Auge auf seine Person und die Kirche geworfen. Der Priester war «zu christlich», sprich: hatte eine unrealistische Haltung zum Bösen. Darin lag der Sinn seiner Augenkrankheit, ihm dies bewußt zu machen.

Als schützend gegen den bösen Blick gelten Schleier, hell leuchtende Objekte, duftendes Räucherwerk (etwa Weihrauch und Duftkräuter) und geometrische Muster (die auf Teufel abschreckend wirken). Weitere Abwehrzauber: der Halbmond, rotes Eisen, Salz, Alaun, die Hand der Fatima; ferner das Hufeisen, einmal, weil es Eisen und Halbmondform vereint, zum anderen aufgrund seiner Funktion. Das Horn von Haustieren und heiligen Tieren wurde früher als besonders abwehrkräftig betrachtet.

Im achtzehnten und neunzehnten Jahrhundert galt die «Auszehrung» oder «Schwindsucht», wie man die Tuberkulose nannte, als vom bösen Blick verursacht. Lahmte ein Pferd, starb ein Schwein, gab eine Kuh keine Milch mehr – schuld war der böse Blick.

Geradezu die Verkörperung des bösen Blicks war im alten

Griechenland die Medusa, eine der Gorgonen, deren grauenhafter Anblick versteinern konnte. Ursprünglich war ihr Antlitz mit großen starren Augen, grinsendem Mund, wölfischen Reißzähnen und ausgestreckter gespaltener Zunge dargestellt. Im Lauf der Zeit verlor ihr Gesicht das Gräßliche und wurde schön. Die *fascinatio* lag nun in ihrer unvergleichlichen Schönheit. Sie konnte faszinieren, berücken, verzaubern, doch hinter der lächelnden Fassade lauerte der Haß, er sprach aber nur noch aus den Augen.

Eine Patientin von mir hatte eine schöne Mutter, die liebevoll und freundlich zu sein schien; doch die Patientin fühlte sich nie wirklich geborgen in der Liebe ihrer Mutter. Als Kind und als Heranwachsende hatte sie deren Liebe immer nur als bedingt empfunden, als gekoppelt an Gehorsam. Viele Jahre später, als Erwachsene in der Analyse, träumte sie, ihre Mutter habe ein Foto von sich aus jüngeren Jahren aufbewahrt. Im Traum bekam die Analysandin das Foto zu sehen: darauf ihre Mutter mit starren, weit offenen Augen, ihr Haar geringelt wie sich windende Schlangen. Die Träumerin erschrak so heftig, daß sie sofort erwachte. Der Traum hatte durchschlagende Wirkung, weil die Analysandin nun die unbewußte dunkle Seite ihrer Mutter akzeptieren konnte, eine Seite, die seit fast zwei Jahrzehnten das Leben der Tochter als Frau lähmte und deren sie sich nicht bewußt war.

Alles Unbewußte weckt Angst. Augen mit Anomalien oder Deformationen, schielende oder ungleichfarbige Augen wurden als *jettatore* betrachtet. Hermes, der griechische Gott, trug den *caduceus,* den Heroldsstab (heute als Äskulapstab Symbol der Heilkunst), umringelt von zwei Schlangen. Sie sollten ihm als Götterboten freien Flug verschaffen, unbehindert von den neidischen Augen rivalisierender Götter. (Auch in der Götterwelt gab es den bösen Blick!)

Avicenna, der große arabische Arzt aus dem 11. Jahrhundert, schreibt in seinem «Liber sextus naturalium»,

> «daß der menschlichen Seele eine gewisse Kraft (virtus), die Dinge zu verändern, innewohne und ihr die anderen Dinge untertan seien; und zwar dann, wenn sie in einem großen Exzeß von Liebe oder Haß oder etwas ähnlichem hingerissen ist (...). Wenn also die Seele eines Menschen in einen großen Exzeß von irgendeiner Leidenschaft gerät, so kann man experimentell feststellen, daß er die Dinge (magisch) bindet und sie in eben der Richtung hin verändert, wonach er strebt...»[29]

Der emotionale Zustand ist es, der solche Erscheinungen begünstigt; vor allem wohl großer Haß und heftige Eifersucht.

Eine polnische Ärztin geriet kurz nach ihrer Heirat im Zweiten Weltkrieg in russische Gefangenschaft. Sie kam nach Sibirien in ein schreckliches Lager, wo sie fast fünf Jahre blieb. Die Ärztin erzählte, in dem sibirischen Lager in Polarkreisnähe hätten unbeschreibliche, barbarische Verhältnisse geherrscht. Ihre dortigen Erlebnisse hätten ihr Bild von der Natur des Menschen ein für allemal umgestürzt. Eines Tages, während der Essenszeit, sah sie, wie ein Mann seinen Nachbarn fixierte. Jeder hatte ein Schälchen Reis bekommen. Auf dem Teller des Nachbarn lag noch ein einziges Reiskorn, das dieser sich bis zuletzt aufgespart hatte. Vor den Augen der Ärztin lehnte sich der Mann vor, den Blick auf das Reiskorn gerichtet, und schlug mit der Emailleschale, die er in der rechten Hand hielt, den Nachbarn mit aller Kraft auf den Kopf und tötete ihn. Dann aß er das Reiskorn.

Unter solchen Umständen regrediert der Mensch in eine gnadenlose, rohe Triebhaftigkeit, in ein Getriebensein von unbewußten Kräften. Man sieht das manchmal bei kleinen Kindern; wenn die Kultureinflüsse langsam die Oberhand gewinnen, treten die barbarischen Instinkte zurück und werden unsichtbar, doch sie verschwinden nicht. Sie liegen weiter auf der Lauer und brechen aus dem Unbewußten hervor, sobald äußere Umstände dies erlauben oder begünstigen: im häuslichen Rahmen etwa bei Reibereien und familiären Auseinandersetzungen, im gesellschaftlichen Rahmen bei Unruhen, Aufruhr und Krieg, wo das individuelle sittliche Gewissen erblinden, wo Wahnsinn und Mord wie eine fiebernde Seuche um sich greifen kann. Wenn von «menschlichem» Verhalten gesprochen wird, verschließt man vor dieser dunklen, schrecklichen Seite oft die Augen, als gäbe es sie nicht oder als handle es sich um eine fremde, unmenschliche Verirrung. Gleichwohl gehört auch dies Dunkle zur Menschennatur. Der böse Blick ist das stets gegenwärtige Schlüsselloch, durch das es allzeit beobachtet werden kann.

Jung sagt uns: «Die Primitiven fürchten die konvergierenden Blickachsen des Europäers, die ihnen als malocchio erscheinen.» Erklärend führt er weiter aus:

«Seit unvordenklichen Zeiten war die Natur immer beseelt gewesen. Jetzt leben wir zum erstenmal in einer entseelten und entgötterten Natur. Niemand wird die bedeutende Rolle, welche die als ‹Götter› bezeichneten Potenzen der menschlichen Seele in der Vergangenheit gespielt haben, leugnen. Mit einem bloßen Aufklärungsakt sind zwar die Naturgeister ungültig geworden, nicht aber die entsprechenden psychischen Faktoren, wie zum Beispiel die Suggestibilität, die Kritiklosigkeit, die Ängstlichkeit, die Neigung zu Aberglauben und Vorurteil, kurz alle jene bekannten Eigenschaften, welche die Besessenheit ermöglichen. Wenn schon die Natur entseelt ist, so sind die psychischen Bedingungen, welche Dämonen erzeugen, so aktiv wie nur je am Werke. Die Dämonen sind eben nicht wirklich verschwunden, sondern haben nur die Gestalt geändert. Sie sind jetzt unbewußte psychische Potenzen geworden. Mit diesem Resorptionsprozeß ging Hand in Hand eine zunehmende Inflation des Ichs, was sich etwa seit dem 16. Jahrhundert deutlich genug bemerkbar macht. Schließlich fing man sogar an, die Psyche wahrzunehmen, ja das Unbewußte zu entdecken, was, wie die Geschichte ausweist, eine besonders peinliche Angelegenheit war. Man glaubte ja mit allen Gespenstern aufgeräumt zu haben, da stellte es sich heraus, daß es zwar nicht mehr in der Rumpelkammer oder in alten Ruinen spukt, wohl aber in den Köpfen scheinbar normaler Europäer. Tyrannische, obsedierende, enthusiastische, verblendende Ideen machten sich breit, und die Menschen fingen an, die absurdesten Dinge zu glauben, wie das eben Besessene tun.»[30]

Sehr klar ist hier die Seelenlage des modernen Menschen und die schwere, davon ausgehende Gefahr angesprochen. Allerorten macht sich Besessenheit «breit», wie Jung es ausdrückt; wie eine riesige Pilzwolke durchwabert sie unser Jahrhundert. 1914 ging eine Ära zu Ende, ihre Werte walzte der Erste Weltkrieg nieder. Hitlerdeutschland verfiel einem Wahn schlimmster Art, der zum Zweiten Weltkrieg führte; Sowjetrußland mußte seit 1917 eine Sklaverei durchmachen, die wie ein Virus unnennbaren Schaden auf der Welt angerichtet hat.

Wird der Neid zum Credo erhoben, so sucht das eifersüchtiglüsterne, mißgönnende Auge den anderen zu überrollen und zu vernichten. Jedermann sollte sich prüfen, in welchem Maße er den eifersüchtigen «bösen Blick» besitzt, das erste Indiz des Schattens. Wer ihn besitzt – und wer ihn zu spüren bekommt –, fällt einer Verengung des seelischen Gesichtsfeldes zum Opfer. Das Bewußtsein ist verengt, ganz ähnlich der organischen Seheinschränkung bei partieller Erblindung.

Das Einzelauge symbolisiert einen nichtmenschlichen Zustand, eine Ein-Seitigkeit des Sehens, einen nicht blinden, aber «einäugigen» Trieb – eine mächtige untermenschliche Emotion von brutaler Stärke. Es ist ein Strom unkontrollierter bestialischer Energie, die in gebändigter Form wertvoll, in ungebändigter Form schädlich ist. Der einäugige Zyklop wird sichtbar im wogenden Chaos auf den Rängen von Fußballstadien, in vielerlei Art von Gruppenvandalismus, wie er heute in Europa um sich greift. Die Zyklopenmentalität bedeutet einen nichtmenschlichen Zustand, sei es bei einem Familienstreit, sei es bei einer Nation im Kriegsrausch: Primitive Emotionalität beherrscht die Beteiligten. Eine Vielzahl von Augen wie beim hundertäugigen Riesen Argos hat den gleichen Symbolsinn wie das zyklopische Einzelauge, das antagonistische Gegenstück zum Einzelauge Gottes.

Fallstudien

Vorbemerkung

Aus dem bisher Dargestellten zeichnet sich ab, daß die spezifische und weitgespannte Symbolik des Auges – vom alten Ägypten bis zum allgegenwärtigen und weithin unbewußten modernen Problem des neidischen «bösen Blicks» – zu einer Art Gleichung führt:

— Das sehende Auge symbolisiert Licht und damit Bewußtheit, wobei sehend mit erkennend gleichbedeutend ist; die Gorgo, die Person mit dem «bösen Blick», nimmt nur ihre Projektionen wahr, will nicht sehen, nicht erkennen.
— Das blinde Auge bedeutet Finsternis, das heißt Unbewußtheit, es sei denn, es handle sich um das Symbol des blinden Sehers, der die äußere Realität nicht mehr wahrnimmt, dafür aber seine innere Schau, die Wahrnehmung der inneren Welt, sehr hoch entwickelt hat.

Das Auge ist das Organ der Lichtwahrnehmung und ist in der äußeren materiellen Welt für das Sehen verantwortlich. In der inneren Welt der Seele ist es das Organ der Ein-Sicht. Es ist das Mittel, durch das wir unbewußte Inhalte wahrnehmen, verstehen, assimilieren können. «Sehen» heißt hier «erkennen».

In der modernen Augenheilkunde gibt es bereits den Begriff «psychopathisches Auge»: ein Auge, das schmerzt, aber organisch nicht krank ist. Ein Krankenhauspatient spielt auf der Station mit drei anderen Männern Karten, lehnt sich plötzlich vor, ruft nach der Schwester und reißt sich vor seinen Kumpanen seine beiden Augen aus. («Wenn dich also dein rechtes Auge ärgert...»[31]). Oder: Soldaten ziehen in die Schlacht, alle mit ungetrübtem Sehvermögen. Bei der Rückkehr ist bei manchen die Sicht so deutlich getrübt, daß sie auf augenärztlichen Testkarten nur noch die obersten, größten Buchstaben erkennen können. Oder: Das pubertierende Schulkind kann von einem Tag auf den anderen plötzlich die Tafel im Klassenzimmer nicht mehr sehen.

Nur selten kann der augenheilkundliche Spezialist hier handfeste Gründe ausfindig machen. Vielleicht sollte man die Frage stellen, welcher schreckliche äußere Anblick oder welche grauenerregende innere Vision zu diesen krankhaften Erscheinungen geführt hat.

Man trifft in der Praxis die Hausfrau, deren Augen zu schmerzen begonnen haben, als sie erfahren hat, daß der Mann ein hoffnungsloser Alkoholiker ist; die Sekretärin mit strengen moralischen Ansichten, deren Sicht durch *Mouches volantes*[32] gestört wird, als sie erfährt, daß ihr einziger Sohn das Mädchen heiraten muß, das er geschwängert hat. Solche Ereignisse kann man der Kategorie «psychopathisches Auge» zurechnen. Nicht das physische Auge ist hier geschädigt; das innere Auge ist sehbehindert, weil ein unbewußter Inhalt es bedrängt, eine Leidenschaft, ein Emotionssturm.

Es gibt eine «alte Anschauung, daß die Sonne dem rechten, der Mond aber dem linken Auge entspreche».[33] Das rechte Auge (sol) illuminiert das Bewußtsein, das linke (luna) das Unbewußte. Ersteres ist nach außen gerichtet, letzteres auf die innere Welt.

Der Taoismus kennt die beiden kosmologischen Prinzipien Yin und Yang als alles umschließendes Gegensatzpaar. Yang, das Prinzip des Männlichen, verkörpert das Feurige, das Tun, das Zukünftige; Yin das Weibliche, das Dunkle, das Passive, das Vergangene. Das rechte Auge fällt unter den Einfluß des Yang, das linke unter den des Yin. Diese Dualität verschmilzt beim zweiäugigen Sehen zu einer Einheit, zu einem synthetischen Bild. Das chinesische Schriftzeichen «Ming», das «Licht» bedeutet, ist eine Synthese der Piktogramme für Sonne und Mond.

«Wie die Sonne», schreibt Jung, «für die mittelalterlichen Naturphilosophen der Gott der physischen Welt war, so macht das Bewußtsein den ‹kleinen Gott der Welt› aus... Wie die Sonne, so ist auch das Bewußtsein ein ‹oculus mundi› [Weltauge].»[34]

Das Bewußtsein fordere «als unerläßliches Gegenstück ein dunkles, latentes, nichterscheinendes Seelisches, das Unbewußte, dessen Vorhandensein eben nur durch das Licht des Bewußtseins erkannt werden kann. Wie das Tagesgestirn sich aus dem nächtlichen Meere erhebt, so entsteht das Bewußtsein onto- wie phylogenetisch aus dem Unbewußtsein und versinkt allnächtlich wieder in diesen natürlichen Urzustand. Diese Doppelheit der psychischen Existenz ist Vor- und Urbild für die Sol-Luna-Symbolik. So sehr fühlt der Alchemist die Doppelheit seiner unbewußten Voraussetzung, daß er der Sonne einen Schatten andichtet gegen alle astronomische Evidenz...»[35]

Vielleicht erhellen die folgenden Fallstudien die Rolle des Unbewußten als verborgenes Licht hinter der Entstehung von Augenkrankheiten.

Der Drucker

Neurodermitis, auch endogenes Ekzem oder atopische Dermatitis genannt ist ein chronisches Ekzem, das Menschen befällt, die an allergischer Überempfindlichkeit leiden. Unter Atopie versteht man eine anlagebedingte Allergieneigung, die für bestimmte Krankheiten, namentlich Heuschnupfen, Asthma und Ekzem, anfällig macht. Die genaue Krankheitsentstehung ist bis heute unklar; die Kranken haben eine leicht reizbare Haut, meist schon seit sehr frühem Kindesalter. Psychologisch spielt häufig eine ausgeprägte unbewußte Ablehnung durch die Mutter mit, die im beobachteten Bild und Verlauf der Krankheit sichtbar wird: das Kind ist sich der Mutter unsicher, weil diese ihm gegenüber eine ambivalente Haltung hat. In späteren Jahren hat der Erwachsene das mütterliche Ablehnungsmuster dann verinnerlicht, und die negative Wirkung des Mutterarchetyps beherrscht all seine Lebensbereiche. Er steht sich selbst ambivalent gegenüber, akzeptiert sich und lehnt sich zugleich ab. Sehr zukunftsfreudig ist er nicht, er blickt lieber in die Vergangenheit zurück. Unbewußt sucht er Billigung, Unterstützung und Ermutigung durch die «Mutter». Dies erklärt einen gewissen unschlüssigen Grundzug, verbunden mit häufigem Wiederaufflammen der Krankheit, speziell bei größeren Lebensveränderungen.

Aufgrund des heftigen Juckreizes entstehen bei der Neurodermitis häufig noch Augenleiden als Komplikation. Wenn mit der allgemeinen Körperhaut auch die Haut der Augenlider affiziert ist, kann das «Juck-Kratz-Syndrom» zu einem schweren Problem werden. An Augenkomplikationen treten auf: Blepharitis (Lidentzündung), Konjunktivitis (Bindehautentzündung), Keratokonus (Vorbauchung der Hornhaut), Katarakt (Linsentrübung) und – wenn auch selten – Netzhautablösungen.

Ein Mann[36], Anfang der Vierzig, Drucker von Beruf, begab sich in Behandlung wegen einer chronischen, äußerst hartnäckigen atopischen Dermatitis, die ihn seit seinem sechsten Lebensmonat quälte. Seine gesamte Körperhaut war sehr stark befallen und exkoriiert (zerkratzt).

Etwa ein Jahr vor der Konsultation hatte der Patient im linken Auge eine Netzhautablösung erlitten, die eine Erblindung zur Folge hatte.

Er war unverheiratet, Einzelkind; vaterlos seit seiner Jugend, lebte er allein bei seiner Mutter. Er erklärte mir, er habe nie die richtige Frau zum Heiraten gefunden. Außerdem müsse er sowieso zu Hause bleiben und für seine Mutter sorgen (die im übrigen gesund und fit war).

Er entsann sich, daß etwa gleichzeitig mit der Netzhautablösung sich auch der Hautzustand stark verschlechtert und sein Leben tiefgreifend beeinträchtigt hatte. Bei der Konsultation, ein Jahr danach, hatte er den akuten Krankheitsschub noch immer nicht überwunden.

Auffallend an der Krankengeschichte des Druckers war die Emotionslosigkeit, mit der er sie erzählte; vor allem bei der Teilerblindung wurde das deutlich. Gewiß, sie lag schon ein Jahr zurück, aber er hatte sie offenbar vollkommen verdrängt.

Angaben des Patienten ließen erkennen, daß eine äußerst heikle, kritische Mutter-Sohn-Beziehung vorlag. Er gab zu, daß er einen schwachen Charakter besaß und eine Todesangst vor dem Zorn und den kalten Distanzierungen seiner Mutter hatte. Er fand sie selbstsüchtig und grausam, fand, daß sie nicht die leiseste Rücksicht auf ihn nahm. Zwar projizierte sich hier zweifellos ein negativer Mutterkomplex, doch andererseits bestätigten sich die Angaben des Patienten über den Charakter seiner Mutter später.

Gefragt, warum er nicht von ihr wegginge, sagte er, er könne die Schuld nicht ertragen, wenn sie stürbe. Schließlich vermochte er die Tatsache anzuerkennen, daß in ihm eine vulkanische unbewußte Wut gegen sie kochte. Es wurde ihm klargemacht, daß seine äußere, sehr ausgeprägte Gelassenheit im krassen Widerspruch zur Feuerröte und Wundheit seiner Haut stand. Hinter der ruhigen Fassade, so wurde ihm erklärt, brodelten heftige Gefühle. Nicht anzuerkennen vermochte er allerdings, daß er seiner Mutter insgeheim den Tod wünschte – obwohl sich dies in einem Traum angedeutet hatte. Sein Hautzustand war so besorgniserregend, daß eine Krankenhauseinweisung beschlossen wurde. Unter stationärer Behandlung wendete sich sein Zustand zum Besseren, und er schmiedete schon vorsichtig Pläne für einen langen Urlaub ohne seine Mutter.

Während des Krankenhausaufenthaltes fiel auf, daß sie ihn nie besuchte. Jedoch telefonierte er jeden Abend um sechs regelmäßig mit ihr. Er stand auf – auch wenn es ihm nicht gut ging –, pilgerte zur Telefonzelle und rief sie an. Und immer pünktlich. Nach diesen Anrufen zeigte er Temperatur-, Puls- und Blutdruckerhöhungen; am nächsten Morgen hatten sich die Werte jeweils wieder normalisiert. Er brachte es nicht fertig, diesem Telefonierzwang zu widerstehen. Nach seiner Entlassung war eine lange Psychotherapie vorgesehen, was er begrüßte.

Kurz nach seiner Heimkehr, noch ehe er den Psychotherapeuten aufsuchen konnte, traten Herzsymptome auf, und während der folgenden Untersuchungen im Krankenhaus ist er dann plötzlich gestorben.

Die Erblindung, die mit der Verschlimmerung des Hautleidens zusammenfiel, war für ihn eine ernste Warnung. Die archetypische Kraft gewann explosive Stärke. Seit Jahren offenbarte die Haut einen «furor dermaticus», eine innere Wut von immensen Ausmaßen.

Das Auge ist rund, ein Mandala, Ganzheit symbolisierend. Es ist ein fast universal verbreitetes Symbol für intellektuelle Erkenntnis. Wie wir gesehen haben, bedeutet das rechte Auge (als Sonne) Tag, Aktivität, Zukunft, das linke (als Mond) Finsternis, Passivität und Vergangenheit. Schamanen hatten sich bei Heilritualen die Augen verbunden und tun es zum Teil heute noch. Dies soll Blindheit für die äußere Welt und Konzentration auf ihre inneren Visionen symbolisieren. Die mit dem linken Auge verknüpften Aspekte – Innenwelt, Passivität, Vergangenheit – sollten mit der Objektivität des «rechten Auges» in Augen-Schein genommen werden, und er sollte handeln. «Sehen» und verstehen sollte er die Einkerkerung seines physischen Ichs durch seine Mutter, die Ausdörrung seiner Seele. Die schleppende Art seiner Lebensreaktionen, die Not, erzeugt im Gefängnis seiner Neurose, sollte bewußtgemacht und akzeptiert werden.

Im Krankenhaus eröffnete sich ihm eine Chance auf Freiheit, doch er konnte sich dem Mutterkomplex nicht entgegenstellen – unfähig, die Mutterbindung zu durchbrechen, wurde er von ihr erstickt. Vielleicht lockte ihn als *puer aeternus* wieder die Verheißung des «provisorischen Lebens», aber der Archetyp wartete nicht länger. Ehe er die Chance zur Flucht wahrnehmen konnte, versagte sein Herz. In Gestalt des Todes holte ihn die (Große) «Mutter» zu sich.

Schlußnote eines tragischen Lebens – der Psychotherapeut, der mit ihm arbeiten sollte, bekam von der Mutter einen Anruf mit dem Wortlaut: «Mein Sohn wird den Termin nicht wahrnehmen, er ist plötzlich gestorben. So ist es auch am besten.»

Das Schulmädchen

Bei Augenerkrankungen von Kindern lohnt es sich oft, den familiären Hintergrund zu untersuchen, speziell die elterliche Situation. Im somatischen Leiden des Kindes können sich Sachverhalte aus dem Unbewußten der Eltern, Adoptiveltern oder Erziehungsberechtigten spiegeln.

Ein Mädchen von zehn Jahren bekam Blepharitis, eine Infektion der Augenlider. Ihre Familie brachte sie sofort zum Facharzt, und sie wurde äußerlich mit Medikamenten behandelt. Die Infektion erwies sich jedoch als hartnäckig und wurde schließlich chronisch. Morgens beim Aufwachen bekam sie die Lider kaum mehr auseinander, da sie mit einem Sekret verklebt waren, das sich nachts bildete. Jeden Morgen also eine angstvoll gespannte Situation beim Aufwachen. Die Tochter begann zu befürchten, eines Tages zu erblinden. Diese Gefahr bestand nicht; trotzdem hatte sie eine zwanghafte Angst davor. An diesem Punkt wurde beschlossen, psychologische Hilfe hinzuzuziehen.

Das Mädchen – hübsch, attraktiv, hochintelligent – machte einen sehr sympathischen Eindruck. Auffallend war ihre Schweigsamkeit. Die Mutter schien die Befürchtung zu hegen, daß sie mit den anderen Mädchen nicht gut zurechtkam. In der Schule hatte sie keine Leistungsprobleme, mochte aber den Sport nicht, obwohl sie sich auch dort gut führte und an allen Mannschaftsspielen teilnahm. Sie las viel und war gern allein.

Die Familienanamnese ergab, daß die Eltern eine gute, sozial offene Ehe führten, doch der Vater hatte keine Beziehung zu dem Kind und empfand seine Tochter allem Anschein nach als lästig oder – schlimmer – als langweilig. In seiner Gegenwart hatte sie ihm kaum etwas zu sagen; wenn er nicht dabei war, äußerte sie jedoch, sie habe ihn sehr gern. Etwa sechs Monate vor der Augenentzündung war die Mutter des Vaters als Dauergast ins Haus aufgenommen worden. Sie war das, was man einen Drachen nennt; verwitwet seit vielen Jahren, hatte sie es geschafft, ihre Kinder ohne männliche Hilfe recht kompetent großzuziehen. Bisher hatte sie mit ihrem ältesten Sohn zusammengelebt, der nun zu ihrem Ärger beschlossen hatte, endlich zu heiraten. Nur ihr jüngerer Sohn konnte sich mit dem Gedanken anfreunden, sie ins Haus zu nehmen. Seine Frau – die Mutter des Mädchens – hatte große Vorbehalte dagegen, verbarg aber ihr Widerstreben, um des lieben Friedens in der Familie willen. Sprich: Sie wagte nicht, ihrem Mann den Wunsch abzuschlagen.

Die Großmutter traf ein und stellte den Haushalt buchstäblich auf den Kopf. Sie war tyrannisch und anmaßend, zudem teilweise blind. Sie bestand darauf, daß das Kind nachmittags nach der Schule mit ihr spazierenging und ihr abends vorlas. Diese Verhältnisse bekam der Vater kaum mit, da er meist außer Haus war, doch die Mutter akzeptierte alles (immerhin mit dem erklärenden Hinweis an die Tochter, daß die Großmutter schwierig sei). So war das Mädchen genötigt, der alten Dame Gesellschaft zu leisten, und es kam schließlich ans Licht, daß das nahezu einzige Gesprächsthema zwischen den beiden der Tod war. Anfangs fand die Tochter dieses – bislang unberührte – Thema interessant, bis sie eines Tages erfuhr, daß die Mutter ihrer besten Freundin im Wochenbett gestorben war. Binnen weniger Tage fiel auf, daß sie die Kreidebuchstaben an der Schultafel nicht mehr lesen konnte. Innerhalb weniger Wochen wurde sie kurzsichtig und bekam die chronische Augeninfektion.

Diese Krankengeschichte wurde erst ca. ein Jahr nach den beschriebenen Ereignissen erhoben. Inzwischen hatte die Blepharitis sich verschlimmert, und die Kurzsichtigkeit bestand in leichter Form fort. Zweifellos hatte das Mädchen in Gesellschaft der Großmutter Angst vor Blindheit und später auch Angst vor dem Tod bekommen. Eine Todesangst freilich von eigentümlichem Charakter: Die Patientin befürchtete, ihre Mutter könne, wie die Mutter der Freundin, sterben und sie schutzlos der Großmutter und dem Vater überlassen. Eine für das Kind in der Tat erschreckende Aussicht.

Kurzsichtig geworden war das Mädchen zweifellos schon einige Zeit vor der Lidinfektion. Die Lidinfektion dürfte durch das ständige Reiben der kurzsichtig-angestrengten Augen hinzugetreten sein.

Es war von vitaler Bedeutung, daß das Kind «sah», daß die Großmutter eine alte Dame war, die sich für den Tod interessierte, weil er ihr nahe bevorstand. Teilweise alterserblindet, hatte die Großmutter gewissermaßen die Augen des Kindes als Sehhilfe requiriert, hatte, im übertragenen Sinne, das Augenlicht des Kindes gestohlen. Der Akt war von der Mutter zugelassen worden, weil sie sich fürchtete, dem Vater zuwiderzuhandeln. Der Vater war, wie seine Mutter, recht herrisch, handelte aber, als er die Situation überblickte, mit großer Promptheit und organisierte eine separate Unterbringung für seine Mutter mit einer bezahlten Pflegehilfe.

Es blieb nun noch die Aufgabe, dem Kind glaubhaft zu machen, daß die Mutter gesund war und nicht in Lebensgefahr schwebte. Dies war schwierig, da das Mädchen ein hohes Quantum verdrängter Feindseligkeit gegen die Mutter hegte, weil diese es zugelassen hatte, daß die Großmutter sich in ihr Leben hineindrängte. Neben diesem an den Anlaß gebundenen Ärger gab es womöglich unbewußte negative Gedanken destruktiver Natur gegen die Mutter selbst; ein denkbarer Grund für die Schwere der Zwangsvorstellungen bezüglich des drohenden Todes der Mutter. Nach einfachen Erklärungen – und nach dem Wegzug der Großmutter – heilte die Augeninfektion in kürzester Zeit vollständig aus.

Die Kurzsichtigkeit, obwohl nicht schwer, blieb bestehen. Es war, als verfüge das Selbst, daß die Tochter sich in der Außenwelt nicht allzusehr «umschauen», daß sie mehr nach innen schauen, den Dingen mehr auf den Grund gehen solle. Im späteren Leben erwies es sich für sie jedenfalls als vorteilhaft. Sie konnte ihre einsamen intellektuellen Vorlieben pflegen, ohne Sport als ständiges «Pflichtfach». Ihre Introversion wurde von ihrer Mutter akzeptiert, und ihr blieb fortan deren dauerndes

Drängen erspart, ein Star auf dem Gesellschaftsparkett zu werden.

Die Schauspielerin

Diese Frau, Anfang Fünfzig, war in ihrem Metier als Tragödin sehr erfolgreich gewesen. Theaterkritiker sangen Lobeshymnen auf sie; bei Kollegen genoß sie hohe Achtung wegen ihres Könnens und ihrer fast besessenen Hingabe an ihre Arbeit. Leider neigte sie von Zeit zu Zeit zu Anfällen querulantischer Streitsucht – besonders, wenn sie meinte, übergangen oder geringschätzig behandelt worden zu sein.

Lange Jahre war sie mit einem Mann verheiratet gewesen, der die Welt des Theaters kannte und akzeptiert hatte. Die Ehe war kinderlos geblieben, weil, wie sie erklärte, für Kinder nie Zeit gewesen sei.

Plötzlich und unerwartet war sie dann Mitte Vierzig leidenschaftlich einem Mann verfallen, offenbar der Liebe ihres Lebens. Der Mann erwiderte ihre Leidenschaft und überredete sie bald, seine Geliebte zu werden. Verheiratet seit vielen Jahren, hatte er jedoch nicht die Absicht, sich von seiner Frau zu trennen oder scheiden zu lassen. Bei ihrer nun folgenden Lebensumstellung verstieß die Schauspielerin, anders kann man es nicht nennen, ihren Mann auf besonders brutale Weise. Gefragt, wieso sie eine langdauernde Beziehung so abrupt abschneide, antwortete sie: «Anders ging's ja nicht.»

Nach vollzogener Scheidung richteten sie und der neue Mann sich in einem Leben ein, das einzig um den Geliebten kreiste. Zweitrangig war nun ihr Schauspielerberuf; der alte Freundeskreis ging verloren, ein neuer wurde gewonnen. Später sagte sie, sie sei wie durch eine Tür in ein neues Leben getreten. Ein treffendes Bild: Eros, der während ihrer Ehe geschlummert hatte, war in ihr Leben getreten. Sie begann, ihren gefühllosen, selbst- und herrschsüchtigen Schatten zu leben, der schemenhaft schon in dieser und jener früheren Beziehung zutage getreten war. Die neue Welt oberflächlicher Freundschaften und erotischer Abenteuer erregte sie und nahm sie gefangen.

Nach einigen Jahren dieses egozentrischen und eigenwilligen Lebens, nachdem sie zum Mittelpunkt ihres Milieus geworden war, ließ ihr Liebhaber sie wissen, er werde sich von seiner Frau scheiden lassen. Dies tat er – und heiratete nach wenigen Wochen eine andere. Unbeschreiblich der Schock für die Schauspielerin; sie verlor sich in Anfällen blinder Wut, gefolgt von wochenlangem Weinen. Als sie endlich wieder Boden unter den Füßen fühlte, merkte sie, daß ihre Augen angegriffen waren; die Diagnose Glaukom wurde gestellt. Man riet ihr, ihre Arbeit wieder aufzunehmen und ihr früheres Ansehen im Theater zurückzugewinnen. Dazu wäre eine gewisse Anfängerbescheidenheit und Courage nötig gewesen. Das vermochte sie, die früher so Couragierte, nicht mehr aufzubringen; beim Sprung ins neue Leben hatte sie die alten Tugenden über Bord geworfen.

Von ihrem Liebhaber wurde sie genauso verstoßen, wie sie ihren Mann verstoßen hatte. Es ist zu konstatieren, daß sie einen mörderischen Animus besaß, der sie in jungen Jahren verfolgt hatte, den sie aber im Berufsleben hatte zurückdrängen und unter Kontrolle halten können. Ihr Ehemann hatte ihr eine äußere, existentielle Geborgenheit verschaffen, die ihr die Freiheit gab, sich ganz auf ihre Charakterrollen zu konzentrieren. Ihr Animus, nach der Scheidung «zum Müßiggang gezwungen», griff jedoch zeitweise in ihr äußeres Leben ein und gab ihr die giftige Zunge und die sprunghafte Aggressivität ihrer unbewußten Natur, die angefangen hatte, sie jedermann zu entfremden. Ihre einsetzende Blindheit durch das Glaukom markierte einen Wendepunkt. Sie bekam die Chance, endlich eine andere Seite ihrer selbst zu «sehen». Es stellte sich ihr die Aufgabe, ihren Schatten erkennen zu lernen, dessen innere Finsternis ihr völlig unbewußt war; ferner, sich der grausamen und tyrannischen Natur ihres Animus (ihres männlichen Unbewußten), der negativen Seite des Archetyps, bewußt zu werden. Von einem nicht abzuschüttelnden Rachebedürfnis besessen, konnte sie jedoch leider ihre Energien nicht auf die innere Welt richten. Im Lauf der Zeit zog sie sich immer mehr in ein Einsiedlerdasein zurück, und vor der völligen Erblindung starb sie: Damit erlosch ihre Chance, sich ihrer selbst bewußt zu werden. Sie gelangte nicht zur Erkenntnis des Individuationsprozesses, der sich im Unbewußten abspielte.

Das Ohr

Anatomischer Bau

Von Natur aus gliedert sich das Ohr in drei Teile. Zum *Außenohr* gehört die *Ohrmuschel* (Aurikula), ein trichterförmiges Organ, das Schallwellen auffängt und gesehen werden kann. Es besteht aus einer Platte elastischen, hautüberzogenen Bindegewebsknorpels (Fibrocartilago). Von dort aus führt, gleichsam als Einstülpung, der *äußere Gehörgang* (Meatus acusticus externus) zum *Trommelfell* (Membrana tympani), welches die Grenze zum Mittelohr darstellt. Das Außenohr liegt zum größten Teil außerhalb des Schädels, Mittel- und Innenohr dagegen innerhalb des Schläfenbeins.

Das *Mittelohr* erstreckt sich von der Innenseite des Trommelfells bis zum *Vorhof-* und *Schneckenfenster,* zwei kleinen Knochenfensterchen, die es zum Innenohr abgrenzen. Vom Boden des Mittelohrs führt die *Ohrtrompete* (Eustachische Röhre, Tuba auditiva) schräg abwärts zum Nasen-Rachen-Raum. Über die Ohrtrompete können Erreger von Nase und Rachen her ins Mittelohr einwandern; dadurch kann es bei Erkältungen und Racheninfekten zu Ohrinfektionen kommen. Auch Druckausgleichsprobleme z. B. beim Reisen, manchmal mit Schwindelgefühl verbunden, entstehen durch die Ohrtrompete. In der Kammer des Mittelohrs, der sogenannten *Paukenhöhle* (Cavum tympani), liegt die *Gehörknöchelchenkette,* bestehend aus Hammer (Malleus), Amboß (Incus) und Steigbügel (Stapes). Vom Trommelfell werden die Schallschwingungen über diese Knöchelchenkette zum ovalen und runden Fenster in Richtung Innenohr weitergeleitet.

Das *Innenohr*, auch *Labyrinth* genannt, liegt tief im Schläfenbein und ist ein komplexes Organ. Es beherbergt das häutige Labyrinth, das enganliegend in einer exakt passenden Knochenkammer sitzt, wie eine Hand in einem Handschuh. Knöchernes und häutiges Labyrinth sind durch einen dünnen Film aus Pufferflüssigkeit getrennt, die *Perilymphe;* auch das häutige Labyrinth ist von einer Flüssigkeit gefüllt, der *Endolymphe*. Das häutige Labyrinth besteht aus einem *Vorhof,* den *Bogengängen* (Canales semicirculares), welche das Gleichgewichtsorgan bilden, und der Schnecke (Cochlea), dem eigentlichen Gehörorgan. Hier liegen die Endverzweigungen des *Gehörnervs.*

Zentraler Teil des Labyrinths ist der Vorhof; in ihm entspringen die Bogengänge. Es gibt deren drei. Sie beschreiben jeweils einen Zweidrittelkreis und zeigen an einem Ende eine Erweiterung, die Ampulle. Zwei Bogengänge sind vertikal, der dritte horizontal gelagert. Die Gleichgewichtsempfindung kommt darin folgendermaßen zustande: Bei Körperbewegungen schwappt in den Bogengängen Flüssigkeit hin und her und erregt Haarzellen in der Bogengangwand. Die Impulse werden durch den *Vorhofsnerv* (Nervus vestibularis), einem Strang des 8. Gehirnnervs, weitergeleitet.

Die Schnecke, ein kegelförmiges Organ, besteht aus einer zweieinhalbmal gewundenen Spirale, in der Tonhöhen wahrgenommen werden. Übertragen werden die Wahrnehmungen vom *Schneckennerv* (Nervus cochlearis), ebenfalls einem Strang des 8. Gehirnnervs.

Zwei Fensterchen, die das Mittelohr mit dem *inneren Gehörgang* (Meatus acusticus internus) verbinden, geben dem 7. und 8. Gehirnnerv Durchtritt durch den Schläfenknochen zum Hirn, wo die Schallinformationen interpretiert werden.

Etymologie des Wortes Ohr

Ohr kommt her von althochdeutsch *ora* und mittelhochdeutsch *ore*. In den germanischen Sprachen lautete das Wort überall ähnlich: altenglisch *éare*, altsächsisch *ora*, altnordisch *eyra*, altfriesisch *are*. Lateinisch hieß Ohr *auris* (verwandt: *auscultare* = abhorchen, «Auskultieren»; ferner *audire* = hören, davon abgeleitet der heutige Begriff «Audio»). Das französische *oreille* kommt von lateinisch *auris* bzw. *auricula*. Im Italienischen spricht man von *orecchio*, seltener von *orecchia*.

Das Ohr hat eine Doppelfunktion – Gehörorgan und Gleichgewichtsorgan. Der Gehörsinn umfaßt die Hörwahrnehmung; die Fähigkeit, Schallbilder zu unterscheiden; des unwillentlichen und des willentlichen Hörens, des «Ganz-Ohr-Seins».

Das Wort Ohr wird im übertragenen Sinne für viele Dinge gebraucht, von Windleitblechen bei Dampflokomotiven («Elefantenohren») bis zu umgeknickten Ecken bei Buchseiten («Eselsohren»). Eine Wortverwandtschaft zum Ohr haben «Öhr» und «Ähre». In zahllosen Redewendungen taucht das Wort Ohr auf, von solchen, die direkt mit dem Hören («offene Ohren finden»; «tauben Ohren predigen»; «seinen Ohren nicht trauen»; «die Wände haben Ohren») oder der Physiognomie zu tun haben («über beide Ohren grinsen») bis hin zu solchen, die das Ohr als Metapher vielfältiger Art gebrauchen: «die Ohren steifhalten»; «sich aufs Ohr legen»; «sich die Nacht um die Ohren schlagen»; «jemandem einen Floh ins Ohr setzen»; «jemandem die Ohren langziehen»; «es faustdick hinter den Ohren haben»; «jemandem das Fell über die Ohren ziehen».

In der Bibel gibt es zahlreiche Stellen, die auf das Ohr Bezug nehmen. So lesen wir von Menschen, deren «Ohr... unbeschnitten» ist (Jeremia 6,10), d.h. deren Ohren verschlossen, gegen Gottes Wort taub sind. «Wer Ohren hat, der höre!» (Matthäus 11,15) heißt: Wer von Gott einen aufnahmebereiten Geist mitbekommen hat, der öffne sich, verstehe und glaube, was gesagt wird. Im allgemeinen symbolisieren die Ohren in der Schrift

Empfänglichkeit, Verstehen, aber auch das Gegenteil, Schwerhörigkeit, Taubheit für Gottes Wort. Das Ohr also als Bindeglied zwischen Sender und Empfänger der Botschaft.

Mythologie des Ohres

Im Prinzip ist der menschliche Leib ein Gefäß und wird seit frühester Zeit als solches betrachtet. Als archetypisches Bild verkörpert das Gefäß Urweibliches: Empfänglichkeit in jedem Sinn des Wortes. Alle Körperöffnungen als Ein- und Ausgänge, als Pforten zwischen Außen- und Innenwelt, hatten für die Primitiven eine gewisse Numinosität und haben diese auch noch für den modernen Menschen, allerdings ist der sich dieser speziellen Bedeutung nicht mehr bewußt. Augen, Nase, Mund, Ohren, Anus und Genitalien wurden – und werden noch – mit Schmuck und Verzierungen akzentuiert. So spielen Ohrringe in der hinduistischen, buddhistischen und alt-lateinamerikanischen Mythologie eine wichtige Rolle. Von den vielen tradierten Geschichten als Veranschaulichung hier eine Inka-Sage, überliefert von Molina.

Die Inkas nannten sich «Kinder der Sonne», im Glauben, daß sie direkt vom Sonnengott abstammten und unter dessen besonderem Schutz stünden.

«Als ein junger Mann, der große Prinz Pachacuti, der größte aller Inkas (Inka Yupanqui), mit seinem Vater, Viracocha Inka, auf Reisen war, geschah etwas Wunderbares. An einer Quelle, in die er einen Kristall hatte fallen sehen, erblickte er die Gestalt eines Indianers. Von dessen Hinterkopf gingen drei Strahlen aus, leuchtend wie die der Sonne selbst; Schlangen waren um seinen Arm gewunden, und auf dem Kopf trug er das Llautu, den Sonnenstrahlen symbolisierenden Schmuckturban, Zeichen der Inka-Königswürde. Die Ohren des Indianers waren durchbohrt und trugen Ohrgehänge, ähnlich denen des Inka. Auch gekleidet war er wie ein Inka. Zwischen seinen Beinen drängte sich ein Löwenkopf hervor, und auf seinen Schultern ruhte ein zweiter Löwe, dessen Beine nach vorn herabhingen. Um die Schultern ringelte sich eine weitere Schlange.

Die Erscheinung sprach zu dem Jüngling: ‹Komm her, mein Sohn, und fürchte dich nicht, denn ich bin die Sonne, dein Vater. Du sollst alle Völker unterwerfen; zolle mir deshalb große Verehrung und gedenke meiner bei deinen Opfern.›»

Die Erscheinung verschwand, doch der Kristall blieb, «und man erzählt, daß er danach in dem Kristall alles sah, was er sich wünschte».[37]

Der Kristall war für die Indianer ein Talisman; Tote bekamen als Grabbeigabe einen Kristall, der sie im Jenseits schützen sollte. Der Kristall galt als Spiegel, in dem man Vergangenes und Zukünftiges schauen konnte. Auch Unsterblichkeit symbolisierte er. Psychologisch versinnbildlicht er ein Fenster zum kollektiven Unbewußten.

Die aus dem Kristall tretende Gestalt kann nur als der große «Geist der Sonne» beschrieben werden. Durch Kleidung, Llautu und Ohrschmuck, Insignien des Inka, erweist sie sich einerseits als Individuum und eine Art Lehr- und Schutzgeist für den jungen Prinzen. Die Symbole des Löwen und der Schlange – Gegensatztiere, beide mit der Sonne verbunden – deuten jedoch eher auf eine *conjunctio* weltlicher und überweltlicher Macht und lassen die Gestalt als «Genius der Sonne», als Großen Geist, erscheinen. Er fordert «Gehör» bei dem Jüngling, da dieser zum Inka-König auserwählt worden ist. Der Jüngling soll einem heiligen Edikt Aufmerksamkeit schenken, das ihm «zu Ohren» kommt. Die durchbohrten Ohrläppchen und der Ohrschmuck unterstreichen die göttliche Natur der Öffnungen. Psychologisch ist die blendende Gestalt eine Imago des Selbst: Das Unbewußte drängt den Prinzen, zuzuhören und seiner Weisheit Gehör zu schenken. Zweifellos hat Pachacuti der Aufforderung Folge geleistet und hat sich von der Weisheit des Unbewußten leiten lassen.

Parallelen finden sich im großen Sonnentanz der nordamerikanischen Prärieindianer.[38] Diese Tänze wurden im Jahresturnus abgehalten; in ihrem Mittelpunkt stand eine Dankzeremonie für die lebensspendende Kraft der Sonne und für die Menschenleben, die verschont geblieben waren. Der Zivilisationsmensch wird in jüngster Zeit wieder mehr auf die Energie der Sonne aufmerksam, eine Macht, die bei den sogenannten Primitiven ehrfürchtige Anbetung genoß. Heute – angesichts furchtbarer Hungersnöte in Afrika, Dezimierung des Regenwaldes, Luftverschmutzung, Ozonloch und drohender Klimaveränderungen – muß der Mensch dieses alte Wissen wieder neu erlernen und integrieren. Insbesondere, daß die Wohltätigkeit der Sonne umschlagen kann ins Zerstörerische und Tödliche.

Bei der zentralen Zeremonie der Sonnentänze gab es manchmal Blutopfer, allerdings nicht bei den Kiowas, die Blut als böses Omen betrachteten. Während dieser Zermonie wurden allen im Vorjahr geborenen Kindern vom Medizinmann des Stammes die Ohrläppchen durchstochen, eine Kontaktaufnahme mit dem Vater Sonne, dessen Weisungen durch die Ohren in ihr Wesen drangen. Das Ohrendurchstechen ist eine uralte Form der Verlobung oder Aneignung. Bei Seeleuten symbolisierte der einzelne Ohrring ihr Verlöbnis mit der See.

Viele Präriestämme kannten eine weitere bemerkenswerte Zeremonie, die die Vereinigung von Himmel und Erde und die Geburt des Lebensodems darstellte. Bei den Pawnees hieß sie Hako[39] und bestand in einem dramatischen Gebet um Leben, Kinder, Gesundheit und Wohlergehen. Es richtete sich an den Vater Himmel und die Mutter Erde, mit dem Bild von Vögeln als Mittler zwischen beiden. Die zentralen Symbole in diesem Mysterium waren geflügelte Stäbe (Symbol für den Adler, den höchsten der fliegenden Boten), weiße Daunen (Symbol für die weichen Himmelswolken, die Winde und den Lebensodem) und ein Maiskolben (Symbol der «Mais-Mutter», Tochter des Himmels und der Erde).

Der Maiskolben («Ähre», Ohr) repräsentiert die übernatürliche Kraft, die in H'Uratu wohnt, der Erde, die lebenserhaltende Nahrung hervorbringt. Der Maiskolben hieß h'Atira – Mutterdie-Leben-atmet. Er war blau bemalt, um jedermann daran zu erinnern, daß die Fruchtbarkeit der Erde von oben kommt, vom Himmel. Psychologisch ist die Sonne das große Symbol für Bewußtsein.

Unweigerlich muß man bei der Hako-Zeremonie an die Eleusinischen Mysterien der Griechen denken, bei denen die Kornähre das höchste Symbol war und in deren Mittelpunkt die heilige Hochzeit (*hierosgamos*) zwischen Himmel und Erde stand, aus der ein Sohn hervorging, Sinnbild einer Erneuerung des körperlichen und geistigen Lebens der Beteiligten. Psychologisch symbolisiert «Ohr» eine innere verbale Kommunikation zwischen Mensch und Selbst.

In Indien verkörperte Vaishvanara kosmische Intelligenz. Seine Ohren entsprachen den Richtungen im Raum – erstaunlich, daß die Aufgabe der räumlichen Orientierung, wie wir heute wissen, tatsächlich von den Ohren, von den bereits erwähnten Bogengängen, wahrgenommen wird. Kult-Statuetten des Ganesha, des indischen Elefantengottes, zeigen einen Mann mit Elefantenkopf und riesigen Ohren, die wie große Körbe oder Siebe aussehen. Sie «sieben» Unreinheiten, üble Worte und Böses fort. Somit bereiten sie einer Bewußtwerdung und spirituellen Vervollkommnung den Weg. Breite oder lange Ohren wiesen auf die erlauchte Natur des Besitzers hin und waren ein Omen für Langlebigkeit. Auch auf Weisheit deuteten lange Ohren hin: Es heißt, der chinesische Philosoph Lao-tse habe Ohren gehabt, sieben Daumen lang.

In Afrika trägt das Ohr auch starke sexuelle Nebenbedeutungen. Bei den Dogon und Bambara in Mali ist das Ohr ein doppeltes Sexualsymbol: Das Außenohr stellt den Phallus, der äußere Gehörgang die Vagina dar. Das erklärt sich, wie es scheint, aus der Verwandtschaft zwischen «Wort» und «Samen», Homologien für die befruchtenden Wasser, die von der höchsten Gottheit kommen, denn das Wort des Mannes ist für die Befruchtung der Frau ebenso unentbehrlich wie die Samenflüssigkeit. Wie die Spermien in die Vagina, so tritt das maskuline Wort ins Ohr ein. (So manche Frau hat sich schon «über das Ohr» verliebt!)

Nicht zu vergessen schließlich, daß auch bei uns in der Ohrsymbolik deutliche erotische Aspekte stecken; bei gewissen Ohrkrankheiten spielt latente Sexualität eine weit größere Rolle als angenommen, besonders bei jüngeren Patienten.

Auch in den Annalen des frühen Christentums findet sich sexuelle Ohrensymbolik. Ein Häretiker namens Elien[40] wurde vom Konzil von Nicäa verurteilt, weil er gesagt hatte: «Das Wort ging ins Ohr der Maria ein.» Später gestattete die Kirche, daß zwei Verse des Dichters in das Salzburger Meßbuch aufgenommen wurden: «Freue dich, Jungfrau, Mutter Christi, die du durch das Ohr empfangen hast.» Im Christentum trat noch eine zweite Bedeutung hinzu – das Ohr als Symbol des Glaubens an das Wort Gottes. Diese Bedeutung verdrängte die erste nicht, sondern lief ihr parallel. Maria, die die Ankündigung der Geburt Jesu im vollsten Sinne verstanden und akzeptiert hatte, empfing «bewußt» den Messias. So repräsentiert auch das Ohr das Organ des Verstehens. Durch Berühren der Ohren bei der christlichen Taufzeremonie findet eine symbolische Ohröffnung statt, die aufgeschlossen machen soll für Gottes Gesetze.

Ein weiterer merkwürdiger Aspekt der Ohrsymbolik ist die Assoziation zu «Säugling». In gewissen Heiligenlegenden dient das Ohr als symbolischer Säugling, der spirituelle Werte aufsaugt, die der Heilige seinen Lieblingsjüngern verkündet.

Der keltische Gott, der in Irland *Ogma,* in Gallien *Ogmios* hieß, eine Art regionaler Merkur, soll die nach ihm benannte Ogham-Schrift erfunden haben. Auf einer Zeichnung von Albrecht Dürer sind Ogmios-Gläubige mit ihrem Gott durch Ketten verknüpft, die von der Zunge des Gottes zu den Ohren der Gläubigen reichen.

Insgesamt also ein breites Bedeutungsfeld der Symbolik des Ohres. An erster Stelle steht dabei die Bedeutung: wahrnehmen und verstehen der Stimme des Selbst im menschlichen Leben.

Das Phänomen Schall

Wie das Auge für Licht, ist das Ohr für Schall – für Klänge und Geräusche – sensibel. Er «dringt ein», wodurch der früher erwähnte Assoziationszusammenhang zu Penetration entsteht. Das Organ Ohr empfängt Schall und überträgt ihn weiter. Wir leben in einem Meer aus Luft, dessen rhythmische Schwingungen wir in einem bestimmten Frequenzbereich als Schallwellen wahrnehmen. Sie «schlagen» ans Gehörorgan und erzeugen Reize; soweit der äußere Sachverhalt.

Das wohl erste Geräusch, das der Fötus im Mutterleib wahrnimmt, ist das Schlagen des Mutterherzens. Später, bei der Geburt, ist der hervorbrechende Schrei des Neugeborenen ein archaisches Zeichen, an dem die Mensch- oder Tiermutter sofort erkennt, daß jetzt ein eigenes, selbständiges Wesen zur Welt gekommen ist.

Die Schallwahrnehmung selbst ist subjektiv. Tiermütter erkennen ihre Sprößlinge an der Stimme unter Tausenden heraus. Bei der Schallwahrnehmung spielen individuell-seelische Faktoren sehr stark mit. Gehörte Klänge gelangen als Schalleindrücke ins Bewußtsein, wo sie mit bereits seelisch vorhandenen Schallbildern verglichen werden, mit Myriaden möglicher Assoziationen. Hier erfolgt die Schalldeutung, eine, wie gesagt, höchst individuelle Angelegenheit. Man kann nie wissen, was ein bestimmter Klang für einen anderen «bedeutet», wie er in anderen Ohren «klingt», was ein anderes Bewußtsein aus ihm herausliest.

Wenn der Wind durch dürres Herbstlaub streicht, erzeugt er ein charakteristisches trockenes Rascheln, fast wie das Knistern eines Reisigfeuers, das gerade die ersten Zweige erfaßt. Dies sind Schallbilder, an die ich bei solchen Geräuschen denke. In meinem Leben habe ich normalerweise nicht oft Gelegenheit gehabt, Reptilien in ihrer natürlichen Umgebung zu beobachten. Eines Frühlingsmorgens jedoch, bei freundlichem sonnigem Wetter, als ich die Ruinen eines alten Châteaus in Mittelfrankreich durchstreifte, hörte ich ein Geräusch, als raschle der Wind in Herbstblättern. Da aber Windstille herrschte, blickte ich zu Boden, und zu meinem Schrecken und meiner Verblüffung sah ich wenige Zentimeter vor meinen Füßen eine große Schlange, eine Grasschlange, die sich von mir wegringelte. Sie hatte offenbar in der Sonne geschlafen, und die Trittvibrationen meiner Füße hatten sie geweckt. Das Geräusch ihres über laubbedeckte trockene Steine gleitenden schuppigen Körpers hatte mich verwirrt und in mir die Assoziation des Windraschelns geweckt. Ich war ihm vorher noch nie begegnet, daher war das Schallbild in meiner Psyche nicht eingespeichert. Das Geräusch hatte schon immer existiert, aber mein Bewußtsein kannte es nicht.

Schall hat etwas sehr Unmittelbares und Intimes; das gibt ihm – wie die alten Denker bereits wußten – eine weibliche Qualität. Auch dem Hörorgan selbst darf man weibliche Züge zuschreiben.

In Indien gibt es im Shivaismus (dem Shiva-Kult) die Gruppe der Shaktas, die die Shakti verehren, die weibliche Kraftkomponente des Shiva. Ihre Lehre geht von der Annahme aus, daß durch Vereinigung von Shiva und Shakti ein Same, ein Punkt, ein Tropfen, genannt Bindu, entsteht. Aus ihm entwickelt sich das weibliche Element Nada, das Klang ist und in sich die Namen aller Dinge birgt, die geschaffen werden sollen. Mit Bindu werden männliche, mit Nada weibliche Elemente verknüpft, und aus ihnen entsteht am Ende die Substanz Kamakala, von der alles Geschaffene ausgeht.[41] So ist Schall in Indien ein Fundamentalsymbol, da aus den rhythmischen Vibrationen des Urklanges (Nada-Bindu) das ganze Universum geboren wird. Alles als Schall Wahrgenommene ist Shakti, die Göttin, die göttliche Kraft. Schall kann nichtmanifest (para), angedeutet (pashyanti) oder artikuliert (vaikhari) sein. Schall wird vor Form wahrgenommen; Hören kommt vor dem Sehen.

Kundalini-Yoga

Nach Eliade[42] hat der Tantrismus um die Mitte des letzten Jahrtausends die ganze indische Philosophie, Mystik, Ethik und Literatur tief beeinflußt. Es entwickelte sich ein buddhistischer und ein hinduistischer Tantrismus, auch in andere Religionen strahlte er aus. Er dient als Vehikel, durch das «zum erstenmal in der spirituellen Geschichte des arischen Indien die Große Göttin einen Vorrang erreicht... Im Hinduismus gelangt die Sakti, die ‹kosmische Kraft›, zum Rang einer Muttergottheit, die sowohl das Universum mit allen seinen Wesen als die vielfältigen Manifestierungen der Götter trägt und hält.»[43] Hieraus entstand die große «Mutterreligion». Diese Entwicklung führte dazu, daß jede Frau zur Inkarnation der Shakti wurde. Die Frau als solche wurde zum Symbol

> «des Heiligen und Göttlichen, für die ungreifbare Wesenheit der letzten Realität... Die Frau verkörpert das Mysterium der Schöpfung und das Mysterium des Seins zugleich, das Geheimnis alles Seienden und Werdenden, Sterbenden und auf unfaßliche Weise Wiedergeborenen.»[44]

Sie ist Inbegriff des Hervorbringenden und des Nährenden in der Materie – der Göttin.

Kundalini-Yoga ist eine Spezialform des tantrischen Yoga und hat seinen Namen von *Kundalini-Shakti,* der höchsten Kraft im menschlichen Körper, «deren Erweckung zum Yoga führt... Diese Yogaform wird durch... die Durchdringung der sechs körperlichen Zentren, der sechs Regionen (chakra) oder Lotosse (padma)... ausgelöst... nämlich durch das Inkrafttreten der Kundalini-Shakti... Diese Kraft... verkörpert das Zusammengerollte; ihre Gestalt erinnert an eine an der Wirbelsäulenbasis im untersten Körperzentrum eingerollte Schlange, die so lange schlafend verharrt, bis sie mittels der beschriebenen Methoden aus dem nach ihr benannten Yoga erweckt worden ist.»[45] Im Kundalini-Yoga vereinigt sich die Schlange nach dem Aufstieg mit Shiva. In den vielen Bedeutungen des Wortes «Tantra» steckt auch «Entfalten» im Sinne von «Erkenntnis gewinnen»: «‹das, was die Erkenntnis ausdehnt› *(tanyate, vistaryate jnanam anena iti tantram)*».[46]

Wenn die schlafende Kundalini, erweckt durch die Techniken des Hatha-Yoga, durch die Chakras der Körper aufgestiegen ist und das vierte Chakra erreicht hat, das ungefähr auf der Höhe des Herzens liegt,

> «ereignet sich das erste Innewerden der Göttlichkeit der Welt. Hier, so heißt es, neigt sich der Gott hernieder zu seinem Anbeter. Und hier geschieht es auch, daß die Weisen den Laut *(shabda)* des Brahman vernehmen. Die vom äußeren Ohr gehörten Töne werden durch das ‹Aneinanderstoßen zweier Dinge› hervorgerufen, der Laut des Brahman aber ist *anahata shabda*, ‹der Ton *(shabda)*, der ohne das Aneinanderstoßen zweier Dinge *(anahata)* zustande kommt›. Dieser Laut ist das OM; nicht das von den Lippen gesprochene OM... sondern... das urhafte OM der Schöpfung, die Göttin selbst als Ton. Weil dieser Laut im Herz-Lotos [Herz-Chakra] vernommen wird, heißt dieses Zentrum Anahata... und ist der Sitz des Elementes ‹Luft›.»[47]

An diesem Punkt besitzt die Kundalini alle Eigenschaften der Götter und Göttinnen. Seit urdenklicher Zeit ist in Indien bei der Meditation die Silbe OM das oberste Mantra. Die fünfzig Buchstaben des Sanskrit-Alphabets werden «Matrika» (Mütter) genannt. OM gilt als «Mantra-Matrika» (Mutter der Mantras).

In den Upanishaden ist viel von Klängen die Rede. Es wird gesagt, wenn man sich die Ohren zuhalte, höre man einen Ton; ein Sterbender höre Glockengeläut, das langsam leiser werde und im Augenblick des Todes aufhöre. Die Stimmen der Devas (Himmelswesen) und der Yakshas (übernatürliche Wesen) sollen wie «eine goldene Glocke» klingen. Glockentöne werden auch in gewissen tantrischen Haltungen und Meditationszuständen gehört.

Es gibt auch ein «Klang-Yoga», genannt Shabdyoga. Die Meditation beginnt mit Konzentration zwischen den Augenbrauen;

wird dort ein Glockenton hörbar, ist der Meditierende auf dem richtigen Weg. Gelingt es dem Yogi, die Kundalini zu reizen und sie zum Aufsteigen zu bewegen, wird – so sagt man – bei jedem Chakra ein spezifischer Ton hörbar. Beim Erwecken des Muladhara-Chakra werden Klänge wach, die an Vogelzwitschern und Bienensummen erinnern; beim Erwecken des Svadhisthana-Chakra Töne wie von im Wind schaukelnden Glöckchen. Beim Manipura-Chakra hört der Yogi ein lautes Klingen; beim Anahata-Chakra manchmal Flötenspiel oder das reine Läuten einer goldenen Glocke. Beim Durchgang durch das Kehlkopf- oder Vishuddha-Chakra (Chakra des Hörorgans, in dem die hörbare Manifestation des Klanges, nada, lokalisiert ist) ertönt ein gleichmäßig dröhnendes Trommeln oder das rhythmisch wiederholte Mantra OM (AUM). Es heißt auch, daß, wird die Meditation fortgesetzt und in ihrer Intensität und Tiefe aufrechterhalten, die akustischen Erscheinungen am Ende wieder verschwinden.

Eine Patientin suchte mich einmal wegen einer akustischen Halluzination auf. Sie hörte häufig ein Geräusch, das in keinem Zusammenhang zur äußeren Klangwelt stand. Eines Tages hatte es begonnen, als sie gerade sportliche Übungen machte. Von zahlreichen Ärzten war sie untersucht worden, niemand hatte eine greifbare Ursache gefunden. Das fragliche Geräusch klang wie das Knistern zerbrechender Eierschalen. Es war nicht immer vorhanden, nur hin und wieder. Sie sagte, zuerst habe es wie das Knacken von Eis geklungen, doch später sei sie sich klargeworden, daß es zerbrechende Eierschalen waren.

Sie war eine schöne Frau von bescheidener Herkunft, gesellschaftlich aufgestiegen durch eine spektakuläre Heirat als zweite Frau eines Hochprominenten. Sie war äußerst stolz auf ihre Schönheit und verbrachte täglich Stunden mit der Gesichts- und Körperpflege. Ihre Seele vernachlässigte sie völlig. Eines Tages entdeckte sie, daß ihr Mann eine Geliebte hatte, eine recht unansehnliche Frau. Daß diese Frau eine Gefahr für sie darstellte, konnte sie nicht akzeptieren. An diesem Punkt trat die Halluzination mit den knisternden, zerbrechenden Eierschalen auf. Physisch war ihr Gehör ganz gesund; ihr inneres, seelisches Ohr gab ihr hier ein Signal. Das Selbst drängte sie, in ihr inneres Wesen hineinzuhorchen, und machte mit dem Geräusch zerbrechender Eier – dem akustischen Symbol für Werdendes, Neuentstehendes – auf sich aufmerksam. Sie mußte sich der Beziehung zwischen ihr und ihrem Mann voll bewußt werden. An der Wendung «wie auf Eiern gehen» konnte ich ihr das Gratwandlerische, Riskante ihrer Lage verdeutlichen. Wichtig an diesen Vibrationserscheinungen ist ihr «Widerhall» (nada). Sie sollte sich des Prekären ihrer weiblichen Lage bewußt werden; dies wollte ihr das entnervende Symptom «sagen».

Das Mantra OM (AUM)

Als natürlichste Schallmanifestation läßt sich die Silbe AUM betrachten, die Quintessenz alles Tönenden.

Ihre drei Einzellaute A-U-M werden wie folgt gebildet. Das A ist ein Urvokal, der «sich selbst ausspricht», ohne Mitwirkung von Zunge und Gaumen. Er ist der am wenigsten differenzierte. In der Bhagavadgita sagt Krischna: «Ich bin A, ich bin unendliche Zeit; ich bin der Gott, dessen Antlitz gleichzeitig in alle Richtungen blickt.» Das A, das die Tiefen der Mundhöhle verläßt, ist guttural. Das U wird von den Stimmbändern in den Mund hineingeatmet. Es ist Odem und stellt die Bewegung dar, die an der Zungenspitze beginnt und an den Lippen endet. Es hört auf, wenn man es allzusehr forciert. M schließlich, ein Bilabiallaut, wird mit geschlossenen Lippen gebildet. AUM läßt sich als idealtypisch für alle Lauterzeugung sehen, als natürliches Symbol für Klang schlechthin.

Es ist der Schrei der Mutter bei der Entbindung und der Schrei des Kindes, das auf die Welt kommt; ein mikrokosmisches Abbild des unhörbaren Lautes der Göttin, die das Universum gebiert. AUM ist der Ausdruck der Hörbarmachung des Göttlichen und erstreckt sich durch alles Kreatürliche und durch alle gesprochenen Worte. Es kann daher einfach als fortwährende, universale, schöpferische Urbewegung beschrieben werden.

C. G. Jung besuchte einmal in Begleitung zweier deutscher Professoren den Himalaya. Als sich ein Nebelvorhang, der den Annapurna verhüllte, hob, trat der Berg selbst ins Blickfeld. Ein Anblick, der Jungs Kollegen den Ausruf «Umm» (AUM) entlockte. Später äußerte Jung, diese Interjektion eigne sich von Natur aus am besten, um der Ehrfurcht Ausdruck zu geben, die von der Numinosität des Göttlichen erzeugt werde.[48]

Amen, das in die christliche Liturgie eingegangene hebräische Wort, ist von Aufbau und Rhythmus her ähnlich. Es hat die gleichen Vibrationen wie AUM und dient als bekräftigendes Schlußwort in Gebeten.

Symbolik des Innenohrs

Wie schon dargestellt, besteht das Innenohr aus einem Labyrinth, in dem das eigentliche Hörorgan sitzt. In eine Deutung des Hörempfindens muß die Symbolik des Labyrinths und der Schnecke mit einbezogen werden.

Symbolik des Labyrinths

«Labyrinth» kommt von lateinisch *labyrinthus* und griechisch *labyrinthos* und ist mit dem vorgriechischen *labrys* stammverwandt.

Im allgemeinen versteht man unter Labyrinth einen Irrgarten aus komplex durcheinanderlaufenden Wegen. Die Wege überkreuzen sich vielfältig, einige sind Sackgassen. Meist ist es schwierig, den Weg bis ins Zentrum zu finden und ebenso schwierig, wieder herauszufinden. Das Labyrinth wird häufig mit einem Spinnennetz verglichen, was aber nicht genau stimmt, da das Spinnennetz meist symmetrisch ist, das Labyrinth normalerweise nicht. Labyrinthe trifft man vorwiegend in Europa und Asien an.

Fünf namhafte Labyrinthe werden im antiken Schrifttum erwähnt: eines in Chiusi (Clusium) in Norditalien (Grabmal des etruskischen Königs Porsenna), eines auf Lemnos, eines am Möris-See in Ägypten und zwei auf Kreta. Das große Labyrinth von Knossos, entdeckt vom britischen Archäologen Arthur Evans, ist wohl das bekannteste. Bei seinen Ausgrabungen zu Anfang unseres Jahrhunderts legte Evans hier den Palast des Minos frei, dessen Geist sich im Stierwesen Minotaurus verkörperte: Minos war ein Herr der Unterwelt. Dies war das Labyrinth, aus dem Theseus mit Hilfe des Fadens der Ariadne entkommen konnte.

Die Labyrinthsymbolik umfaßt auch die Spirale — womit das Dreidimensionale (verschiedene Ebenen) hinzukommt —, die Höhle und das Mandala. Vorhanden ist ein Aspekt des Zufluchtsuchens, der Verteidigung, des Schutzes. Meist assoziiert man Schutz vor Geistern aus dem Jenseits oder vor übelwollenden Dämonen. Labyrinthdarstellungen als Abwehrbilder finden sich auf dem Fußboden mittelalterlicher Kirchen, an Türbalken von Häusern, an Heiligtümern. In Labyrinthmustern vollziehen sich gewisse Tiertänze. Das Labyrinth ist Form, Behältnis und Träger einer geheimnisvoll-heiligen Mitte, es war auch ein Symbol für das alchemistische Opus. Wie Jung erklärt, symbolisiert es psychologisch den zentralen Archetyp des Selbst.

Vor Jahren suchte mich eine junge Frau, Anfang Zwanzig, mit einem chronischen, seit Geburt vorhandenen Handausschlag auf.[49] Ihre Hände waren stark ekzematös und machten einen fast mumifizierten Eindruck. Die Patientin arbeitete als Kassiererin in einem Supermarkt und schämte sich ihrer Hände sehr. Nur zweimal insgesamt kam sie in die Sprechstunde. Beim erstenmal, nach der Diagnosestellung, erklärte ich ihr, hinter dem Ekzem stehe ein Mutterkomplex. Nach einer Weile ging sie heim und kam nach einem Monat noch einmal wieder. Sie erzählte mir:

Nach dem ersten Besuch war sie zu Hause in der Küche plötzlich sehr müde geworden und mußte sich hinsetzen. Dabei schaute sie auf die Uhr, die fünf vor fünf zeigte. Sie schlief ein und hatte einen sehr lebhaften Traum, aus dem sie erfrischt erwachte. Die Uhrzeiger wiesen auf eine Minute vor fünf, also hatte sie vier Minuten geschlafen.

Im Traum war sie in einen unterirdischen Raum mit vielen Gängen versetzt worden, den sie nach dem Aufwachen zeichnete. Auf die Frage, was das sei, antwortete sie: ein Labyrinth. Sie erklärte, an einem solchen Ort sei sie noch nie gewesen, habe aber das Traumbild deutlich im Gedächtnis behalten und daher zeichnen können. Dies war bemerkenswert, da in unserem Gespräch einen Monat zuvor von Träumen noch mit keinem Wort die Rede gewesen war. Bedeutsam außerdem, daß sie nach so kurzem Schlaf derart erfrischt war. Im Mittelpunkt des kreisförmigen Labyrinths, das sie mir zeigte, lag eine kleine nackte Frauengestalt in ruhender Pose. Als wir die Zeichnung gemeinsam betrachteten, fragte ich sie, wer die Frau sei. Sie antwortete, die Frau sei nicht sie selbst, habe aber irgendwie mit ihr zu tun und lebe in dem Labyrinth. Als ich ihr die Zeichnung zurückgab, meinte sie, ein Wunder sei geschehen, sie werde geheilt werden.

Die winzige Figur im Kernpunkt des Labyrinths stellte zweifellos das Selbst dar. Ich merkte, daß die Patientin das Wesen ihrer Neurose – krankhaftes Beherrschtwerden durch den Mutterarchetyp, Notwendigkeit, zu Ganzheit und Harmonie zu finden – genau begriffen hatte. Der Traum bestätigt wunderbar die Jungsche Deutung des Labyrinths als Symbol des zentralen Archetyps des Selbst.

Der Mann mit Vertigo

Die Bogengänge des Innenohrs, die man «labyrinthisch» nennen kann, sind für das Körpergleichgewicht und die dreidimensional-räumliche Orientierung verantwortlich. Von den Endzellen des Vorhofnervs, einem Zweig des 8. Gehirnnervs, gehen die

Sinneseindrücke an die Vestibulariskerne im Hirn. Diese geben Signale an die entsprechenden Muskelgruppen, um den Körper auszubalancieren. Bei Störungen in einem der zahlreichen Balancemechanismen kommt es zu Schwindelgefühl (Vertigo).

Bei der Diagnosestellung ist es immer wichtig, zunächst organische Krankheiten auszuschließen, die z. B. von Anomalitäten im Zentralnervensystem, im Schädel oder im Kreislaufsystem herrühren können. Schwindel tritt bei Bewegungskrankheit (Kinetose) und Höhenkrankheit häufig auf. Auch Mittelohrinfektionen können durch schädliche Druckeffekte auf die Labyrinthströmungen Schwindel auslösen. Zum sogenannten Drehschwindel kommt es, wenn eine schnell kreisende Bewegung (etwa beim Mazurka- und Walzertanzen und beim Ballett) plötzlich unterbrochen wird. Vielfach ist keine organische Ursache festzustellen, und dann steht im allgemeinen ein psychisches Problem dahinter.

Ein Analysand stellte sich mit diesem bedrückenden Symptom vor. Er war mittleren Alters, in gutem Gesundheitszustand, Buchhalter von Beruf. Siebzehn Jahre war er verheiratet gewesen und war dann von seiner Frau plötzlich wegen eines anderen Mannes verlassen worden. Er blieb zurück mit zwei Töchtern, beide noch Teenager. Vor kurzem hatte er wieder geheiratet, etwa drei bis vier Jahre nach der Scheidung von seiner ersten Frau. In dieser Zeit zwischen Scheidung und Wiederheirat übernahm die ältere Tochter die gesamte Haushaltsführung, die Versorgung des Vaters und der jüngeren Schwester, und bereitete sich gleichzeitig noch auf ihr Universitätsstudium vor.

Die zweite Frau war nie verheiratet gewesen und war Ende dreißig; Managerin in angesehener Stellung, finanziell sehr gut gestellt. Nach der Hochzeit zog die Familie sofort in ein größeres Haus, und die ältere Tochter machte sich selbständig und ging auf die Universität. Binnen eines Jahres fand sich der Patient von seiner karriereorientierten Frau dominiert. Die ältere Tochter erlitt in dieser Zeit einen seelischen Zusammenbruch und mußte die Universität verlassen. Sie kehrte nicht nach Hause zurück, sondern verschwand, ohne die Familie von ihrem Aufenthaltsort zu unterrichten. Das jüngere Kind entwickelte rebellische Züge und wurde äußerst eigensinnig.

An diesem Punkt nun bekam der Patient Vertigo. Eine gründliche neurologische Untersuchung blieb ohne Befund, so daß man eine seelische Ursache vermutete. Es stellte sich heraus, daß der Patient sich seiner tatsächlichen Lebenssituation unbewußt war. Er hatte keine Ahnung, warum seine erste Frau ihn verlassen hatte; gedankenlos hatte er seine ältere Tochter als erwachsen betrachtet und mit Pflichten völlig überfordert. Seine zweite Frau hatte er in die Familie eingeführt, ohne die Situation seiner Töchter angemessen zu bedenken. Es beherrschte ihn die Genugtuung, daß eine schöne, intelligente Frau bereit war, ihn zu heiraten: das schmeichelte ihm maßlos und beschwichtigte die Minderwertigkeitsgefühle, die nach dem Weggang seiner ersten Frau hochgekommen waren.

Kurz, er litt an einer Ich-Aufblähung, einer Inflation (bestätigt durch mehrere Träume); er schwebte in der Luft und hatte den Boden der Tatsachen nicht mehr unter den Füßen. Es war, als leide er an Höhenkrankheit. Eine solche Inflation ist immer ein Anzeichen für starke Unbewußtheit.

In den Phasen, in denen Schwindelanfälle auftraten, konnte er das Gleichgewicht nicht halten und stürzte öfter zu Boden. Dies war die Absicht des Unbewußten: ihn wieder auf die Erde zurückzuholen. Ihn dazu zu bringen, daß er seine Situation reflektierte, etwa begriff, was es für die jüngere Tochter hieß, mit der Stiefmutter aneinanderzugeraten, die harte Strafen austeilte. Auch die Frage der älteren Tochter mußte gelöst werden. Und schließlich mußte er sich über die skrupellose Natur seiner machtgetriebenen Frau und ihre herrische Rücksichtslosigkeit ihm selbst und seinen Töchtern gegenüber klar werden. Viele Monate Analyse waren nötig, bis er diese unbewußte Ich-Aufblähung (ein)sah, die ihn überwältigt und aus dem Gleichgewicht gebracht hatte.

Die Analyse ergab, daß der Bereich des Eros seine schwache

Seite, die Intuition seine inferiore Funktion war. Es wurde ihm die Unbezogenheit zu Bewußtsein gebracht, die zwischen ihm und den anderen Mitgliedern seiner Familie bestand. Schließlich konnte er akzeptieren, daß er Verantwortung übernehmen mußte für das Unglück, das über seine Töchter gekommen war.

Im Labyrinth versinnbildlicht sich, wie schon dargelegt, der zentrale Archetypus des Selbst. Die Labyrinthstörung, die den Schwindel ausgelöst hatte, spiegelte des Patienten innere Disharmonie, die auf Ausbalancierung – Wiederfinden des Gleichgewichts – drängte. In der Neurose ist immer schon die Heilung angelegt.

Im beschriebenen Fall rührte Vertigo von einer unbewußten Inflation der Persönlichkeit her. Eine häufige Begleiterscheinung der Berg- oder Höhenkrankheit ist auch Tinnitus (Ohrgeräusch ohne äußere Ursache). Die reiche, eitle und schöne Frau, von der schon die Rede war, schilderte ihre akustische Halluzination, die zerbrechenden Eierschalen, in beredten Worten. Tinnitus entsteht bei Störungen der Schallwahrnehmung und -deutung im Gehirn. Um dem Sinn dieses Symptoms auf die Spur zu kommen, muß man die Symbolik der Cochlea, des spiraligen schneckenähnlichen Gebildes im Innenohr, erforschen, da hier das eigentliche Hörorgan sitzt. Spirale und Schnecke mit ihrer jeweiligen Symbolik kommen getrennt zur Sprache.

Symbolik der Spirale

Mit der Spirale verknüpft sich eine umfangreiche und universale Symbolik. Die Spirale ist eine Grundstruktur allen zyklischen Pflanzenwachstums in der Natur. In ihr findet das Gegeneinanderarbeiten zweier Kräfte seine ständige Auflösung: des positiven Stoßens und des negativen Ziehens, des Rechts und Links, des Vorn und Hinten. Die Summe dieser Kräfte in einem gegebenen Augenblick bestimmt die Wachstumsrichtung der Pflanze. Es ist ein Zustand inneren Gleichgewichts im Mittelpunkt von

Bewegung oder inmitten der Turbulenz des Lebens. In der Spirale versinnbildlicht sich auch das bleibende, ewige Ziel. Sie ist eine Metapher des Lebens im Tode, das zugleich ein Tod im Leben ist. Sie ist schöpferische Vibration, von ähnlichem Ideengehalt wie der Bindu-Nada-Punkt. Urzeitliche Spiraldarstellungen finden sich in reicher Fülle, meist auf Menhiren, Monolithen und Dolmen. Die Spirale ist das älteste Ornament des vorgeschichtlichen Menschen: ihre Struktur ist die des Schneckenhauses, der versteinerten Ammoniten. Sie ist – natürlich – ein Mandala, symbolisiert wie das Labyrinth Mittelpunkthaftes und ist ein Bild des Archetyps des Selbst.

In Irland, dreißig Meilen von Dublin, liegt das Hünengrab Newgrange, ein die Landschaft beherrschender Hügel, fünftausend Jahre alt. Es ist älter als die Pyramiden, tausend Jahre älter als die Steine von Avebury in England. Newgrange wird für ein Totenhaus gehalten und ist seit Jahrtausenden eine Pilgerstätte. Am Eingang liegt ein massiver Block, der mit ineinander verschlungenen Doppelspiralen verziert ist; viele weitere Spiralen erscheinen an den Steinen der Grabkammern im Innern.

Die Spirale hat eine Verwandtschaft zum Labyrinth, weil sie zu einem Mittelpunkt hin- oder von ihm wegführt, mit der Assoziation «Weg», «Straße». Es gibt Spiralen im Uhrzeigersinn (Konzentration, Introversion, Rückzug symbolisierend), gegen den Uhrzeigersinn (Expansion, Extraversion symbolisierend) und gegenläufige Doppelspiralen. Diese sind in der keltischen Religion eine Metapher für Tod und Wiedergeburt. Ähnliches versinnbildlicht sich im *caduceus* des Hermes-Mercurius, dem Symbol der Heilung. Spiralen dienten oft als Kennzeichnung von Eingängen zur Unterwelt, hier mit der zusätzlichen Symbolik der Schlange.

Auf die Schnecke des Innenohrs übertragen, läßt sich die «Auflösung des Gegeneinanderarbeitens zweier Kräfte» so deuten, daß hier eine Schnittstelle zwischen manifestem und nichtmanifestem Schall liegt. Der «Trommelwirbel» des Schalls auf dem Trommefell und den Gehörknöchelchen wird in der

Schnecke in seine Einzelbestandteile zerlegt und als Signale an die Vestibulariskerne im Hirn weitergegeben, wo die Signale als Schallbilder «gelernt» und gedeutet werden. Eine schöpferische Vibration, die das gebiert, was uns als Klang zu Bewußtsein kommt.

Die Cochlea mit ihrer spiraligen Form kann als Wegweiser zur Pforte des Unbewußten, zur inneren Welt, beschrieben werden. Auch Jung glaubte an eine spiralige Struktur der inneren psychischen Entwicklung: «Die spiraligen Darstellungen der Mitte sind dementsprechend häufig, wie zum Beispiel die um den schöpferischen Punkt, das Ei, aufgerollte Schlange.»[50]

Symbolik der Schnecke

Fest eingebettet liegt die Schnecke (Cochlea) im Schädelknochen, wie ein Ammonit, Jahrmillionen alt, in seinem Gesteinsbett ruht. Sie sieht genau aus wie ein versteinerter Mollusk, nur daß sie, als Teil eines lebendigen Körpers, funktionsfähig ist. Man fühlt sich an das alchemistische Diktum erinnert, der Mensch spiegele als Mikrokosmos den Makrokosmos der Natur.

Schnecken- und Muschelgehäuse evozieren das Urmeer, Ozeane, überhaupt Wasser in all seinen Erscheinungsformen. Sie sind Sinnbild der Fruchtbarkeit der Wasser und sind Behältnis für fleischiges Leben. Zweischalige Mollusken haben Formähnlichkeit mit dem äußeren weiblichen Geschlechtsorgan. Manchmal enthält eine Muschel eine Perle, Sinnparallele zur griechischen Göttin Aphrodite, der Schaumgeborenen, die auf dem Bild von Botticelli einer Muschel entsteigt.

Die mittelamerikanische Kulturüberlieferung – bestätigt durch historische Forschung – spricht davon, daß etwa zu Christi Zeit eine Gruppe des alten Volkes der Nahua ins vorkolumbische Mexiko eingewandert ist und das religiöse System begründet hat, das die Religion der Azteken wesentlich beeinflußte und somit fünfzehnhundert Jahre lang – bis zur Conquista – wirksam war. Sie hießen nun Tolteken, ein Nahuatl-Wort, das «Meisterhandwerker» bedeutet. Sie besaßen hohen Erfindungsgeist, beherrschten die Bearbeitung von Edelsteinen, waren gute Astronomen und erfanden die Kunst der Traumdeutung. Die mit toltekischem Leben untrennbar verbundene Gestalt ist Quetzalcoatl, der Lebensgott, der, nachdem er den Menschen aus seinem eigenen Blut erschaffen hat, der Wohltäter der Menschheit wird und sich nach seinem Tod in den Planeten Venus verwandelt.

In einer der ausgegrabenen Paläste von Teotihuacán zeigen die Innenwände in Sockelnähe ein fortlaufendes rotes Muster, das einen Schnitt durch eine Meeresmuschel darstellt. Dieses Motiv ist das Emblem des Quetzalcoatl. Nach Séjourné[51] sind die Muscheln in diesem Palast mit dem Symbol des Zeitzyklus dekoriert. Die Autorin weist auf Parallelen zwischen Muschelschale und Menschenkörper hin. Die Meeresmuschel galt als Offenbarungssymbol, das auf einen Mittelpunkt verwies.

Neben Quetzalcoatl kannte die aztekische Religion den eng mit ihm verbundenen Mondgott Teccaciztecatl («der aus der Muschel stammt»). Sein Symbol, die Muschel, steht für den Mutterboden des Weiblichen und drückt Geburt und Werden aus (da der Mond über die Geburt allen pflanzlichen Lebens herrscht), doch andererseits auch das Chthonische, das Unterirdische, dem Totenreich Zugehörige; auch der Tod gehört zur Symbolik der Muschel – die leere Schale als zurückgelassenes Haus eines längst toten Mollusken.

Auf westlichen Inseln im Pazifik sind sogenannte Kula-Muscheln als Scheidemünzen[52] im Gebrauch. Kula bedeutet Kreis, aber auch: Reise der Totenseele, Reise der Seele nach Verlassen des physischen Körpergehäuses.

Resümee: Die Muschel bzw. Schnecke symbolisiert das weibliche Prinzip, und zwar von der lebensspendenden Seite – Fruchtbarkeit, Geburt, Erneuerung – wie auch von der Unterweltseite, von Finsternis und Tod her. Sie ist zudem ein Symbol der Wandlung und als solches mit der Spirale verwandt.

Auch die Cochlea steht als Symbol für einen Wandlungsprozeß, der zwischen zwei Welten – der äußeren und der inneren Realität – vermittelt: Die Schallwellen pflanzen sich bis in die Schnecke des Innenohrs fort, dort verklingen sie, «sterben» sie. Sie verwandeln sich zu elektrischen Impulsen, die im Gehirn gedeutet werden. Diese Umsetzung von Schallwellen in bewußte Hörbilder geht nur glatt vonstatten, wenn das Hörorgan unbeschädigt, alle neuronalen Übertragungswege intakt sind. Bei «Wackelkontakten» kommt es zu Hörstörungen, im Extremfall zu Taubheit.

Tinnitus

Unter Tinnitus versteht man Ohrgeräusche, die nicht auf eine äußere Quelle zurückgehen. Es gibt sie in mannigfaltiger Form, als Dröhnen, Klingeln, Rauschen.

In einer eindringlichen Autobiographie aus den dreißiger Jahren beschreibt ein ungarischer Autor und Journalist[53], wie er sich einer Krankheit bewußt wurde, die sein Gehirn befiel. Dramatischer Auftakt des Buches: Der Verfasser sitzt in einem Café, und urplötzlich hört er eine Eisenbahn die Straße hinunterrasen. Es gab natürlich in Wirklichkeit keinen Zug; es war eine normale Straße ohne Gleise, fern jedem Bahnhof. Das Symptom wiederholte sich und trat dann regelmäßig auf. Es war immer das gleiche, das Donnern eines plötzlich heranrasenden Zuges. Später weitete sich das Krankheitsbild auf Vertigo, Übelkeit und Erbrechen aus – alles Symptome der Höhenkrankheit. Eine ärztliche Untersuchung zeigte, daß ein Gehirntumor vorhanden war. Der Autor beschreibt die Operation (unter örtlicher Betäubung) und die schreckliche postoperative Zeit, in der er sich eines immensen Konfliktes bewußt wurde, eines veritablen Ringens um Leben und Tod, verbildlicht durch ein schwarzes und ein weißes Pferd, die miteinander kämpften. Zweifellos ein Widerstreit zwischen den Gegensätzen Bewußt und Unbewußt. Der Patient wurde wieder gesund, und das Buch schließt mit einer optimistischen Reise in die Zukunft. Etwa ein Jahr später ist der Autor gestorben – woran, entzieht sich unserer Kenntnis.

Entstanden ist dieses bemerkenswerte Buch, als der Autor offenbar auf der Höhe seiner beruflichen Fähigkeiten stand, in den Jahren vor dem Zweiten Weltkrieg. Als Ungar lebte er im Herzen Europas. Es war seine Aufgabe als Journalist, die kollektive Atmosphäre zu erspüren und wiederzugeben.

In Phantasien und Träumen stellt die Eisenbahn eine reglementierte kollektive Art zu reisen dar. Man könnte sagen, daß dieses Symptom (es hätte genausogut Musik oder Vogelzwitschern sein können) hier auf einzigartige Weise «paßte». Ein rationalistischer Arzt würde zu Recht sagen, das Donnern des rasenden Zuges sei dadurch zustande gekommen, daß der wachsende Tumor das für die Wahrnehmung und Deutung solcher Geräusche zuständige Hirngewebe gereizt habe. Mit ebensolchem Nachdruck kann man aber auch sagen: Genau! – doch warum gerade dieser Hirnbereich? Als ich das Buch des Ungarn vor vier Jahrzehnten las, schien mir das als unendlich trauriges Ende eines wunderbar aktiven und wortmächtigen Geistes.

In Wirklichkeit lag damals der Patient, der Autor, wie jetzt aus der Rückschau zu sehen, ja bereits auf Kollisionskurs mit dem Tod, der mit Schnellzuggeschwindigkeit heranraste. Und sein soziales Umfeld Europa raste ebenfalls im Schnellzugtempo auf eine Katastrophe zu, wie sie in der Geschichte ihresgleichen suchte – auf einen Krieg, der den Tod Europas in der bisherigen Form bedeutete. Die Dekade der dreißiger Jahre befand sich auf Kollisionskurs mit dem Verderben. Es gibt heute kein einziges Vorkriegsland, das unberührt geblieben ist. Das alte Europa mit seinen sittlichen Normen starb damals. Auf persönlicher Ebene symbolisiert der Zug die katastrophale «Endstation» des Autors, jedoch spiegelt sich darin zugleich auch die kollektive Situation. Aus seinen äußerst deskriptiven Schriften erlaube ich mir die Mutmaßung, ob er vielleicht ein introvertierter Empfindungstyp war, der einer Situation gegenüberstand, die nur durch extravertierte Intuition (seiner schwachen Seite) hätte erspürt werden können. Hat er die äußere kollektive Situation vielleicht nicht wahrgenommen? Vielleicht hat er seine Ohren verschlossen vor dem Aufschrei der Seele, bewirkt durch die äußere Realität. Man kann es nicht wissen – doch das Buch beschreibt traumwandlerisch sicher den inneren Schrecken des Symptoms, den äußerlich damals Millionen Menschen erlebt haben müssen.

Tinnitus ist ein überaus quälendes Symptom, für das meist keine organische Ursache festgestellt werden kann. Drängt ein unbewußter Inhalt auf ein «Hearing», wie bei der Frau, die die zerbrechenden Eierschalen hörte, dann will die Psyche damit sagen: Lenke deine Aufmerksamkeit nach innen, mache den unbewußten Inhalt bewußt.

In einem Brief an einen Kollegen, der heftig an Ohrgeräuschen litt, schreibt Jung:

«Symptome dieser Art werden ja häufig vom Unbewußten benützt, um psychische Inhalte damit ‹auszudrücken›, d. h. die Symptome werden durch einen psychogenen Zuschuß gesteigert, und dann erst erhalten sie den richtigen Torturcharakter. Ihre Aufmerksamkeit wird dadurch nach innen gezwungen, wo sie sich allerdings in den störenden Geräuschen verfängt, offenbar soll sie nach innen gehen, aber sich nicht in den Geräuschen verfangen, sondern sollte zu jenen Inhalten vordringen, welche magnetisch auf sie wirken. Das Wörtchen ‹sollte› bedeutet immer, daß man den Weg zum nachgedachten Ziel nicht weiß. Aber oftmals ist es hilfreich, wenigstens zu wissen, daß über dem organischen Symptom noch eine psychische Schicht liegt, die man abheben könnte. Ich weiß nur aus Erfahrung, daß der Anspruch des Unbewußten auf Introversion – in Ihrem Fall auf Hinhörenkönnen – außerordentlich groß ist. Und ebenso groß ist dann die Gefahr, daß man anstatt dem Hinhörenkönnen dem Hinhörenmüssen verfällt.»[54]

Taubheit

Taubheit bedeutet starke Höreinschränkung oder völligen Hörverlust; ein Leiden, das von Hörfähigen kaum nachvollzogen werden kann, ein Leiden, das den Kranken gesellschaftlich isoliert. Wer als anfänglich Hörender erst nach der Kindheit ertaubt, für den ist der Hörverlust zwar äußerst schlimm, aber doch nicht so gravierend wie für den Taubgeborenen oder den, der ertaubte, ehe er sprechen lernte. Erst im neunzehnten Jahrhundert wurde die Wichtigkeit der Gehörlosenerziehung allgemein erkannt. Die Hörenden müssen mehr Verständnis für die Hörbehinderten entwickeln und sensibel werden für die Hürden, die sie nehmen müssen, um mit ihren Mitmenschen zu kommunizieren.

Der stocktaube Einsiedler

Ein etwa achtzigjähriger Mann war zum «Einsiedler» geworden und bereitete seinem Arzt Sorge, weil er an Wahnvorstellungen zu leiden schien.
Die Anamnese: Er schien zu glauben, daß seine Frau, die vor etwa einem Jahr gestorben war, ihn abends besuchen kam. Er lebte allein und war stockstaub (Ausdruck für vollständige Gehörlosigkeit). Ertaubt war er im Alter von etwa vierzig Jahren nach einer beidseitigen Mastoidektomie (Warzenfortsatzoperation), die nach chronischer Infektion beider Ohren offenbar notwendig geworden war.

Seiner Aussage nach war er gern in die Schule gegangen, war ein eifriger Leser und gut im Sport gewesen. Kurz vor dem Ersten Weltkrieg lernte er die Adoptivtochter einer wohlhabenden Familie kennen, ein Einzelkind. Sie war von ihren Adoptiveltern sehr verwöhnt und in vieler Beziehung vom Leben abgeschirmt worden. Der Patient verlobte sich und zog dann als aktiver Soldat in den Krieg. Er überstand ihn, jedoch nicht unversehrt: Nach einem Granateinschlag war er drei Tage verschüttet. Man rettete ihn, doch beide Trommelfelle waren zerrissen, und Infektionen traten ein. In jenen Tagen, vor der Ära der Antibiotika, war gegen chronische Infektionen nicht viel zu machen. Der Krieg endete, und er kehrte nach Hause zurück und heiratete. Nach vierzehn Jahren führte die Infektion zu beidseitiger Mastoiditis (Entzündung des Warzenfortsatzes): eine Reihe von Operationen rettete sein Leben, doch er blieb taub bis an sein Lebensende. Bei der Anamnese erzählte er, er habe einen afrikanischen Graupapagei, und bei seiner Heimkehr aus dem Krankenhaus sei er sicher gewesen, den Papagei rufen zu hören, als er auf ihn zutrat. Lange Zeit habe er nicht glauben wollen, taub zu sein. Beim Anblick des Kaminfeuers meinte er das Knistern, beim Zuklappen der Ofentür das Quietschen zu hören. Alles Sinnestäuschungen – er war stocktaub.

Die Ehe blieb kinderlos; er lebte mit seiner Frau im Haus seines Schwiegervaters, bis dieser viele Jahre später starb. Dann lebte das Paar allein, bis seine Frau starb. Seit ihrem Tod hatte er sich ganz von der Welt zurückgezogen. Als ich ihn kennenlernte, entdeckte ich nicht die Spur von Geisteskrankheit, er litt weder an Halluzinationen noch Wahnvorstellungen. Nur ein wütender Zorn war vorhanden, daß seine Frau ihn allein gelassen hatte. Ganz besonders ärgerte er sich darüber, daß es anderen Frauen vergönnt war, weiterzuleben, sie aber, seine Liebste, ihm genommen worden war. Sechs Monate später starb er an einem Magenkarzinom.

Alle Gespräche zwischen uns liefen über Papier und Schreibstift, weil er mich nicht verstand, wenn ich mit ihm redete (seiner Frau hatte er im Wortsinn alles von den Lippen ablesen können). Als sie starb, blieb ihm nur noch die schriftliche Kommunikationsmöglichkeit; er sprach sehr gut, verstand aber die Antworten nicht, wenn sie nicht niedergeschrieben wurden. Er erklärte, die meisten Menschen, besonders sein Arzt, nähmen sich selten die Zeit, die Fragen niederzuschreiben.

Bis zu seiner Verschüttung im Krieg war er ein aktiver, gesunder, normaler Mann gewesen. Ein «Begrabenwerden» zu überleben, war an sich schon erstaunlich, aber es äußerlich ohne Spuren zu überstehen, grenzte an ein Wunder. Bei näherer Betrachtung seiner Lebensgeschichte zeigte sich freilich, daß das «Begrabenwerden» in einem größeren Zusammenhang stand und nicht das isolierte Einzelereignis war, als das es zunächst erschienen war.

Man muß das Grab als Symbol sehen. Christus verbrachte drei Tage im Grab; die Feier der Eleusinischen Mysterien – ein symbolisches Sterben und Wiedergeborenwerden – dauerte drei Tage. Drei ist eine dynamische Zahl. Sie stellt die Lösung eines durch Zweiheit (Dualismus) aufgeworfenen Konflikts dar, und beim Menschen ist sie stets «im Begriff», vier zu werden (Ganzheit). Man denkt natürlich auch an die Trinität und daran, daß diese eine geistige Synthese bedeutet und die Formel für die Erschaffung der einzelnen Welten darstellt.

Der Sarkophag (steinerner Sarg der Antike) hat seinen Namen vom griechischen Wort «Fleischfresser». Das Grab symbolisiert das weibliche Prinzip in seiner todbringenden Ausprägung, die Mutter als Verschlingende und Zerstörende, die Erde als Ort, zu dem der Leib am Ende zurückkehrt, aber auch als Ort der Wiedergeburt. In der Alchemie ist das Grab die Stätte der Wandlung, der Metamorphose, die Zugang zur anderen Welt des ewigen Lebens eröffnet.

Als Soldat geriet der Patient durch seine Verschüttung «unter die Erde», starb aber nicht, bekam keinen Zugang zum ewigen Leben. Er wurde gerettet, entrann, mit einem Hörschaden, seinem «Grab» und konnte die Ehe mit seiner Verlobten eingehen.

Diese Heirat machte ihn zum Gefangenen und Lakaien im Haus seines Schwiegervaters, eines kranken Mannes. Schlimmer noch: Seine Ehe war keine Ehe, denn sie wurde nie vollzogen, und so wurde er – symbolisch – zum entmannten Sohn oder Eunuchenpriester der Großen Mutter. Man denkt an Tammuz/Adonis, Sohngeliebte der Großen Mutter – sterbende Götter, gefangen im Baum, was ähnliche Symbolbedeutung hat wie die Grablegung in der Erde; dies war ja auch bei Christus, dem «ans Holz» Geschlagenen, der Fall.

Der Patient arbeitete tagsüber in einer Fabrik und kümmerte sich abends um seinen Schwiegervater und seine verhätschelte Kind-Frau. Vierzehn Jahre lang litt er nach seiner Hochzeit an seinem Trommelfellschaden. Den inneren Warnungen dieser Jahre schenkte er kein Ohr. Er erklärte, in dieser Zeit heftige Ohrgeräusche gehabt zu haben; der inneren Stimme, die da so lautstark auf Gehör drängte, verschloß er sich. Er war immer noch ein Gefangener. Nach der Operation war sein physisches Hörvermögen zerstört. In der Natur gibt es kein Mitleid; es war bereits zu spät für ihn.

Nach Einsetzen der Taubheit wurde er völlig von seiner Frau abhängig, die Verständigung mit der Außenwelt wurde mühsam, der Freundes- und Bekanntenkreis schrumpfte, bis er in Ruhestand und Alter nur noch seine Frau hatte. Sein einziges Vergnügen war ein gefräßiger Lesehunger. Er, der einstmals «Begrabene», wurde später in der Ehe «einbalsamiert» und schließlich in der Taubheit seines Alters buchstäblich «mumifiziert». Am Ende seines Lebens kam seine verstorbene Frau, wie er mir schilderte, ihn abends besuchen, und er besprach mit ihr die Tagesereignisse. Sie war sein Leben gewesen, und sie blieb es auch im Tod. Es war, als trete die Anima nun in geisterhafter Gestalt vor ihn hin, nachdem er endlich im Zorn gegen sie aufbegehrt hatte, weil sie ihn verraten hatte – und verraten hatte sie ihn tatsächlich.

Hier lag allem Anschein nach eine Persönlichkeitsveränderung oder -schrumpfung vor, die bei den Primitiven «Seelenverlust» genannt worden wäre. In primitiven Gesellschaften nimmt man an, daß dem Menschen die Seele abhanden kommen, daß sie aus ihm heraustreten, fortwandern kann. Wenn, wie im eben geschilderten Fall, das *abaissement du niveau mental* durch einen Schock zustande kommt, wird die Gesamtpersönlichkeit stets schwer in Mitleidenschaft gezogen und verarmt. Die ursprüngliche Persönlichkeit war von einer negativen Persönlichkeit quasi verdrängt und überdeckt worden.

Die Altersbitterkeit und der gallige Zorn meines Patienten

waren Folgeerscheinung seiner früheren Weigerung, der Stimme des Selbst Gehör zu schenken, und der verpaßten Chance, den Tentakeln des Mutterarchetyps zu entkommen, die ihn nun unentrinnbar im Griff hatten.

Erlösung vom malignen Zorn brachte schließlich erst der körperliche Tod durch eine maligne Magenerkrankung. Es schien, als habe er sein Geschick nicht «verdauen» können, und dieser Konflikt habe zum Tod geführt.

Zusammenfassung

Mit dem Organ Ohr eng verbunden sind die Symbole des Labyrinths, der Spirale und der Schnecke (Muschel). Schall sucht sich als «Reisender» seinen Weg zur «Endstation» im Innenohr, das ihn in elektrische Impulse verwandelt, die zum Hirn übertragen und dort interpretiert werden. Das Ohr ist Empfänger und Relaisstation für äußeren Schall. Doch es dient auch als «seelische Horchstation»: Symptome organischer Ohrenleiden werden «ja häufig vom Unbewußten benützt, um psychische Inhalte damit ‹auszudrücken›» (Jung).[55] Dies haben wir anhand von Vertigo und Tinnitus gezeigt. In allen Fällen von Taubheit rät es sich, den genauen Zeitpunkt des Krankheitsbeginns in Erfahrung zu bringen und die damalige Situation des Patienten anamnestisch zu durchleuchten.

Auch wenn unwiderlegliche Indizien für ein organisches Leiden sprechen, kann zusätzlich die «Wortmeldung» eines psychischen Inhalts dahinterstecken, sei es ein Komplex, sei es ein ins Leben eines Menschen tretender Archetyp. Viele Male habe ich bei Patientinnen einen brutalen Animus angetroffen, der ihr Leben beherrschte und es ihnen nicht mehr erlaubte, anderen zuzuhören. Oft tritt dann Taubheit ein, und die Frau ist gezwungen, auf ewig der inneren Stimme des Animus zu lauschen. Im Alter kommt es oft zu Starrheit im Denken und Verhalten («Altersrigidität»); Entwicklung, Veränderung und Fortschritt stoßen dann auf «taube Ohren». Taubheit kann schließlich auch ein Mittel sein, mit dem das Unbewußte bei einem Menschen eine Introversion erzwingt, mit der es erreichen will, daß der Mensch nach innen blickt und der Stimme des Selbst Gehör schenkt.

Die Nase

Die Nase ist der Gesichtsteil des Menschen, der über dem Mund liegt und durch die *Nasenlöcher* – Ansaugöffnungen für die Luft – Zugang zum Geruchssinn ermöglicht. Die *Nasenhöhle* ist durch die *Nasenscheidewand* (Septum) paarig geteilt. Im Dach der Nasenhöhle, in einer Art toter Nische abseits des Hauptluftstroms, liegt das *Riechfeld* mit den Geruchsrezeptoren. Geruchs- und Geschmackssinn hängen eng zusammen; zu Recht ist der Geruch «Fern-Schmecken» genannt worden. Bei Tieren ist der Geruchssinn häufig weit schärfer ausgeprägt als beim Menschen. Das Weibchen des Tagpfauenauges zieht sein Männchen aus anderthalb Kilometer Entfernung nur durch den Geruch an. Die Reize, die auf das Geruchs- wie das Geschmacksorgan einwirken, sind chemisch. Sie produzieren Signale, die in den Gehirnzentren in Empfindungen übersetzt werden.
Die Nase beeinflußt auch das Sprechen. Naserümpfend hören Engländer das «nasale» Englisch der Amerikaner, das mehr mit der Hinterzunge als mit Vorderzunge und Lippen gesprochen wird, was ihm einen fremden, uneuropäischen Charakter gibt.

Das deutsche Wort Nase leitet sich ab von german. *nose,* mit dem *niosan* (Niesen) verwandt ist; das englische «nose» kommt von altengl. *nosu* oder *nasu.* Französisch heißt Nase *nez.*

Nase wird synonym für den Geruchssinn selbst gebraucht («gute Nase», «Riecher») und hat die Konnotation des Schnüffelns, des Nase-in-alles-Steckens. Die bildlichen Wendungen mit «Nase» gehen teils von der vorspringenden Natur des Organs aus – «immer der Nase nach», «mit der Nase vorn sein», «sich den Wind um die Nase wehen lassen», «die Nase in ein Buch stecken» –, teils von seiner Riechfunktion – «etwas sticht mir in die Nase», «nicht nach jemandes Nase sein» –, teils von seiner mimischen Potenz – «die Nase rümpfen», «hochnäsig», «jemandem eine Nase drehen». «Naseweis» spricht für sich; «an der Nase herum» führt man jemanden in die Irre; «auf die Nase» bindet man überflüssige oder unwillkommene Nachrichten; «an die eigene Nase fassen» soll sich derjenige, der vor seiner eigenen Tür kehren soll. Zuletzt noch die Nase als Aggressionsobjekt, die als pars pro toto abbekommt, was der ganzen Person gilt: «Nasenstüber», «jemandem eins auf die Nase geben».

Nase, wie gesagt, bezeichnet übertragen den Geruchssinn selbst; mit dem hübschen Namen *nosegay* belegen die Briten ein Blumensträußchen, das man sich an die Nase hält. Nase im erweiterten Sinn heißen die vorspringenden Teile vieler technischer Einrichtungen, der Bugwulst moderner Schiffe («Taylor-Nase»), die Nase von Flugzeugen.

Im Englischen wird «Nase» auch als Verb gebraucht, *nosing* und *nosing out* im Sinne von riechen, spüren, erschnüffeln, aufdecken. *Nosing* hat außerdem noch den Sinn «jemandem anmaßend entgegentreten».

Im Alten Testament sagt Hiob, «solange noch mein Odem in mir ist und der Hauch von Gott in meiner Nase» (Hiob 27,3). Vom Urdrachen Leviatan heißt es dort: «Aus seinen Nüstern fährt Rauch wie von einem siedenden Kessel und Binsenfeuer» (Hiob 41,12).

Die schnaubenden Nüstern stehen im letzten Zitat als Sinnbild für urweltlichen Zorn. Bei Tieren wie Bullen und Büffeln weiten sich im Zorn die Nüstern, bei Pferden weiten sie sich bei Angst und Panik, bei gewissen Menschen in Augenblicken tiefer Wut. Bei von Natur aus leidenschaftlichen Menschen weiten sich die Nasenlöcher manchmal auch in Augenblicken der Inspiration.

Insgesamt symbolisiert die Nase – wie das Auge – Wahrnehmung, Scharfsinn, auch Hellsichtigkeit. Sie ist Zeigestock und Wegweiser, häufig auch auslösendes Moment. In Träumen und Phantasien stellt sie meist die Funktion der Intuition dar, der Wahrnehmung auf unbewußtem Wege.

Die Nase in der Mythologie

Alle Raubtiere jagen «der Nase nach», nach dem Geruchssinn, der dem des Menschen weit überlegen ist. Ihre gute Nase ist auch ihr Schutz. Bei den Jägern in Stammesgesellschaften genoß die Schnauze eines Tieres stets Verehrung. Menschen ursprünglicher Kulturen glaubten und glauben, der Geruchssinn sitze im Maul, in der Schnauze. Eine meiner Tanten (keine Primitive!) pflegte als junges Mädchen mit einem Schwein auf Trüffeljagd zu gehen; die Nase des Tieres war unfehlbar, und jedesmal, wenn es wieder eine Köstlichkeit ausgebuddelt hatte, bekam es zum Dank den Rüssel getätschelt. Eine Geste des Respekts für die Nase.

Die Urbevölkerung der Zirkumpolarregion konservierte das Maul des Fuchses und des Zobels, die Nase des Bären und des Seehunds. Durch solche Akte sicherten sie sich die Kraft des Geruchs, die in der Tiernase wohnt. Oft wurde ein Rehkitzmaul an strategischer Stelle aufgehängt, um die Behausung des Jägers zu schützen. Dadurch sollten böse Geister, übelwollende Wesen und Raubtiere abgewehrt werden. In gewissen Teilen Afrikas benutzte man als Grundstoff für viele magische Pulver die Ingredienzien Hundeschnauze und Schweinerüssel. Die daraus hergestellten Pulver sollten wie ein Magnet wirken und Kontakt zur Geistwelt und zu den Seelen der Toten schaffen. Im Sudan und in Äthiopien zollte man der Hyäne aufgrund ihres unvergleichlichen Geruchssinns große Verehrung.

Ein Schöpfungsmythos der Bilan auf Mindanao (Philippinen) schildert die Erschaffung des Menschen folgendermaßen: Zuerst machten die Götter den Menschen aus Wachs, merkten jedoch, daß er schmolz, wenn man ihn ans Feuer stellte. Dann machten sie ihn aus Erde (!); alles ging gut, bis sie zur Nase kamen, die einer der Götter leider verkehrt herum anbrachte. Die anderen erklärten ihm, so werde der Mensch ertrinken, denn die Nase werde mit Regen vollaufen. Der erste Gott – zornig, weil er gedacht hatte, die Position der Nase sei richtig – wollte das einmal Gemachte nicht mehr umkehren. Er blieb halsstarrig, doch als er ihnen kurz den Rücken zuwandte, drehten die anderen Götter hastig die Nase in die richtige Stellung, und in ihrer Eile hinterließen sie durch ihre pressenden Finger rechts und links an der Nase zwei deutliche Dellen.

In diesem Mythos weigert sich der zürnende Gott, die falsch «montierte» Nase zurechtzurücken. Wenn man einen Fehler begeht und ihn nicht zugeben will, stellt sich meist Zorn ein. Daher die Assoziation der Nase mit Starrköpfigkeit und Wut.

Vieles spricht dafür, daß unausgedrückter Zorn oft als seelische Wurzel hinter der Hauterkrankung Rosazea (Acne rosacea) steht. Ihr Leitsymptom ist eine permanente, meist mit Pusteln verbundene Gesichtsrötung. Die intensive, hellrote Verfärbung des Gesichts (Nase, Wangen, Kinn, Stirn) erscheint häufig in einer quasi-symmetrischen Schmetterlingsform, wobei die Flügel des Schmetterlings auf den Wangen und auf den Gesichtsteilen oberhalb der Nase liegen. Oft kommt (wie im Abschnitt über das Auge dargestellt) Iritis (Entzündung der Regenbogenhaut) hinzu. Da es sich vielfach um eine Krankheit von Frauen mittleren Alters handelt, glaubte man früher, es stünden verdeckte sexuelle Scham- und Schuldgefühle dahinter; Hautärzte früherer Zeiten nannten das Leiden denn auch «Schamröte». Die wirkliche Ursache ist jedoch meist in tiefsitzendem Ärger oder unausgedrücktem Zorn zu suchen und hat nicht unbedingt mit erotischen Abenteuern zu tun. Der bereits zitierte Priester, der an Rosazea litt[56], hatte neben der üblichen Nasenrötung auch Iritis als Komplikation. Nach der Neueinsegnung seiner Kirche bemerkte er Schwefelgestank, einen Geruch, der mit Teufel und Hölle in Verbindung gebracht wird. Er hatte «die Hölle» erlebt durch seine gestörte, boshafte Haushälterin, und erst sehr spät hatte er das Übel «gerochen».

Aus Nordeuropa gibt es zu diesem Punkt eine seltsame Sage. Die Wotjaken (Udmurten) aus Nordfinnland und die Tscheremissen, ein benachbartes Volk, praktizierten einen Opferkult. Dazu hatten sie gerodete und eingezäunte Opferstätten, regelrechte Heiligtümer. Jede Familie – in manchen Fällen auch Familiengruppen – besaß einen solchen Platz. Bei den Tscheremissen hieß er «Keremet», bei den Wotjaken «Lud». Der Unterschied zwischen einem Keremet und den heiligen Hainen der nordischen Naturgottheiten, die von ihnen auch verehrt wurden, lag in der Richtung des Opfers. Gingen bei letzteren die Opfer «nach oben», «sonnenwärts», so gingen sie im Keremet «nach unten», «nachtwärts», in Richtung der Erddämonen und chthonischen Götter. Beide Völker hatten große Angst vor diesen Erdgeistern und auch vor den Wäldern, wo nur Nadelbäume wuchsen. Unschwer kann man sich in diesen düsteren Forsten alle möglichen gespenstischen Erscheinungen aus dem Jenseits vorstellen. Die Opfer wurden im Rahmen einer Zeremonie, meist spät am Abend, dargebracht. Vorher und nachher war jedes gesellige Beisammensein mit anderen Familien und Gruppen verboten. Das Opfertier war normalerweise schwarz: ein Fohlen, ein Schaf, ein Stier. Ärmere Personen opferten Gänse oder Enten. Häufig wurden den Geistern vor dem Hauptopfer noch Folgeopfer versprochen, meist Honig, Mehl oder ein Laib Brot. Diese sollten das Wohlwollen der Geister erwirken und alle Befürchtungen beschwichtigen, die diese Bewohner der Unterwelt oder Keremet-Geister hinsichtlich ihrer Opfergaben haben mochten.

Ein denkwürdiger Teil der Zeremonie bestand darin, vor Beginn ein Opferbrot zuzubereiten. Das Brot wurde im Keremet hergestellt und durch die beiden Helfer des amtierenden Priesters an einer Holzgabel über dem Opferfeuer gebacken. Es hatte zwei Nasen aus Teig, die mit drei zusammengehaltenen Fingern in den Teiglaib eingedrückt wurden. Dann wurden Kerzen angezündet, das Opfer dargebracht. Zwei Schalen wurden vorbereitet und das Opferfleisch auf beide Schalen verteilt. Den Inhalt der einen Schale bekam das Keremet durch das Feuer, den Inhalt der anderen bekam die Vermittlerin des Opfers, die Feuer-Mutter. In jede Schale war eine der beiden abgeschnittenen «Nasen» des Brotes gelegt worden. Eine Nase ging somit an den Feuergeist, vertreten durch die Feuer-Mutter, die andere an den Ortsgeist, den Keremet- oder Erddämon. Durch Schicksalsschläge und Unbill, die sie als Geisterheimtücke empfanden, hatten die Tscheremissen Furcht vor dem Zorn und der Mißgunst der Geister bekommen und hatten die Notwendigkeit empfunden, sie zu beschwichtigen und sich gegen sie zu schützen. Das Keremet war der Ort des Exorzismus. Heute würde man diese «Dämonen» psychologisch «Komplexe» nennen. Stößt jemandem heute ein solches Unglück zu, würde man sagen, er hat den guten Draht zu seinem Unbewußten verloren; von einem Komplex besessen, kann er nicht mehr «riechen», was in der gegebenen Lage zu tun ist. Er hat die instinktive Intuition verloren, die durch die Nase symbolisiert wird. Um sich seiner selbst und anderer wieder bewußt zu werden, muß er sich wieder eine «gute Nase» verschaffen.

Feuer hat eine zerstörerische und eine schöpferische Seite: das Nasenopfer läßt vermuten, daß die Tscheremissen unbewußt die Notwendigkeit eines guten «Riechers» spürten und diesen durch das Opfer zurückzuerobern und zugleich den Zorn des Dämons zu beschwichtigen suchten.

Zorn, eine schreckliche Emotion, hat – wie das Feuer – eine kreative und eine destruktive Seite, kann jedoch auch wie Feuer leicht außer Kontrolle geraten und all-zerstörerisch werden.

Der Mann mit Rhinophym

Unter Rhinophym – es tritt meist als Begleiterscheinung der Rosazea auf – versteht man eine Rötung und starke Vergrößerung der Nase. Entstellende knollige Wucherungen erscheinen, die das ganze Antlitz des Menschen verändern. Die Nase wird zum Leuchtfeuer, zum dominierenden Punkt des Gesichts.

Ein Mann, etwa sechzig Jahre alt, stellte sich mir mit diesem Krankheitsbild vor. In seiner Heimatstadt war er wohlbekannt, einerseits wegen seiner guten Werke, andererseits wegen seiner Frau, einer erfolgreichen Geschäftsfrau und prominenten Persönlichkeit.

Er war ein großer, gutgebauter Mann, mit dem, was man «Präsenz» nennt; er sprach sehr leise, so daß man ihn manchmal kaum hören konnte. Von seiner Art her war er ruhig, höflich, manchmal fast unterwürfig. Bei Unterwürfigen ist immer Vorsicht geboten – hinter ihrer Devotion versteckt sich meist ein gewisser Machtwillen.

Vor zehn Jahren, erzählte er, war ihm aufgefallen, daß seine Nase sich zu vergrößern begonnen hatte; sein Arzt hatte ihm (irrigerweise) gesagt, dagegen könne man nichts tun, deshalb hatte er sich nicht weiter behandeln lassen.

Bei Rhinophym muß man zunächst auch immer an übermäßigen Alkoholkonsum denken. Eine Frage danach wurde schließlich gestellt. Jäh schlug das bis dahin freundliche Gesprächsklima um: Er bekam einen tobenden Wutanfall, die Stimme schwoll zum gereizten Brüllen, die Augen quollen hervor, sein Gesicht lief blaurot, die Knollennase tiefrot-schwärzlich an. Der höfliche Herr stieß nun einen Strom von Verwünschungen aus, gepfeffert mit Obszönitäten.

Gelinde gesagt, war er «außer sich». Er fiel in den Schatten. Ein sogenannt Primitiver hätte von dämonischer Besessenheit gesprochen, und dämonisch war seine Reaktion tatsächlich. Die Frage hatte einen Komplex berührt und eine geradezu explosive Reaktion hervorgerufen. Leider ging er nach diesem Schauspiel, und ich konnte über die Gründe seines rasenden Ausbruchs nur Mutmaßungen anstellen. Zwei Faktoren schienen mir mitzuspielen: einmal die Frage nach seinem Alkoholgenuß, zum anderen – dies meine intuitive Meinung – der Umstand, daß ich eine Frau war. Ich kam zu dem Schluß, daß er höchstwahrscheinlich trank und einen Alkoholkomplex hatte, der durch meine Frage aktiviert worden war. Hier endete die Sache zunächst. In den folgenden Monaten, in denen er mir beleidigende Briefe schickte, entdeckte ich, daß seine Frau Bürgermeisterin seiner Stadt geworden war und eine rigorose Anti-Alkoholismus-Kampagne eingeleitet hatte!

Seine Nase war der Leuchtturm, der den Komplex anzeigte,

welcher plötzlich von seinem Ichbewußtsein Besitz ergriffen hatte. Der Mann war quasi von der Bildfläche verschwunden, der Schatten an seine Stelle getreten. Der Komplex war sein innerer Dämon; nicht umsonst wird Alkohol oft das «Dämonengetränk» genannt. Die Frage war natürlich: Warum trank er? Welche Qualen mußten einen Augenblick, eine Stunde, ein Leben lang gelindert werden? Mit dem Komplex verbunden war ein tiefer, schwelender Groll, der ebenfalls Suchtpotential haben kann. Die erschreckend bösartige Zorn-Explosion ging über einen normalen Wutausbruch hinaus; es war eine perverse, ganz unverhältnismäßige Feindseligkeit. Er war sich der schwelenden Emotionalität seiner Seele unbewußt. Hier zeigten sich die Konturen einer negativen Anima mit ausgeprägter Neigung zum Zerstörerischen. Zweifellos wurde die Anima projiziert, doch weil er den (womöglich durchaus berechtigten) Groll auf seine Frau nicht in sein Bewußtsein dringen ließ, richtete sich die negative Animaprojektion in diesem Augenblick auf die nichtsahnende Ärztin, die in die Rolle der bösen Hexe schlüpfen mußte.

Seine Nase, Symbol seiner gestörten Intuition, glühte dunkel in seinem Gesicht – ein Licht, das die Schattenecke seiner Seele auszuleuchten suchte, ein deformierter Wegweiser, Indiz, daß er den Weg verloren hatte. Seine schwachen Seiten, wahrscheinlich akzentuiert durch die Persönlichkeit seiner Frau, sein Minderwertigkeitsgefühl und die Unbewußtheit seiner rachsüchtig-bösartigen Anima waren zu den Hauptproblemen seines Lebens geworden. Sein großes Betäubungsmittel war der Alkohol. Da er lediglich in der Sucht sein Problem sah, betrieb er keine weitere Ursachenforschung; zweifellos hatte er Angst. Er scheute davor zurück, die Bekanntschaft der inneren Frau zu machen.

Der Priester hat die Präsenz des Bösen am Ende wenigstens erkannt und zugegeben. Dieser Mann war darin gefangen.

Nasenbluten (Epistaxis)

tritt häufig bei Kindern und jungen Leuten auf. Besonders anfällig sind pubertierende Mädchen; Nasenbluten wird manchmal als stellvertretende Menstruation beschrieben. Bei Erwachsenen kann die Ursache einfach eine Gefäßschwachstelle der Nasenschleimhaut sein, die kauterisiert (verätzt) werden muß. Nasenbluten kann jedoch auch auf Allgemeinerkrankungen deuten, insbesondere auf Hypertonie (hohen Blutdruck), deren Erstsymptom es sein kann.

Der Hypertoniker

Ein Patient, Mitte sechzig, Hypertoniker, bekam plötzlich schweres Nasenbluten, das eine Krankenhauseinweisung nötig machte. Erst durch einen operativen Eingriff mehrere Tage später ließ sich die Blutung zum Stehen bringen. Der Patient war ein pensionierter Polizist von ausgeprägtem Pflichtgefühl, zu dem sich ein gewisser Sauberkeits- und Ordnungszwang gesellte. Ein Bleistift am falschen Platz, eine unsauber gebundene Krawatte konnte er nicht ertragen. Alles mußte seine peinliche Ordnung haben; Schlampiges und Nachlässiges verabscheute er.

Am Tag vor dem Einsetzen des Nasenblutens war er mit seinem Wagen in einen Bagatellunfall verwickelt worden. Er war daran völlig schuldlos (er achtete stets genau auf die Verkehrsregeln). Während der folgenden Formalitäten entdeckte er, daß der Fahrer des anderen Wagens sich überhaupt nicht für den angerichteten Schaden interessierte. Es handelte sich um einen jungen Mann mit salopp-verantwortungsloser Lebenseinstellung. Der Polizist begann sich zu ärgern, bewahrte aber die Ruhe, bis er aufs Polizeirevier mußte, wo der Unfall aufgenommen werden sollte. Dort fand er die gleiche Haltung der Nachlässigkeit vor, die er schon auf der Straße angetroffen hatte. Auf beiläufig-desinteressierte Art bedeutete man ihm, er möge die ganze Sache vergessen. Er akzeptierte das und ließ es auf sich beruhen. Am nächsten Morgen begann das heftige Nasenbluten, und der Arzt sagte ihm, sein Blutdruck sei gefährlich in die Höhe geschnellt.

Dieser Mann, exemplarische Verkörperung eines Law-and-Order-Menschen, begegnete plötzlich im Lauf eines Nachmittags zweimal dem kollektiven Schatten, erst in Gestalt des jungen Mannes, der Gesetz und Ordnung achselzuckend abtat, dann in Gestalt der jungen Polizisten, die in Lethargie gefangen waren und sich nicht einmal die Mühe machten, den Fall zu Protokoll zu nehmen; es war leichter, ihn unter den Tisch fallenzulassen. Der andere Fahrer, der junge Mann, hatte sich eines Vergehens schuldig gemacht, doch dank der Schläfrigkeit der Polizei verlief die Sache im Sande, es kam zu keiner Verwarnung, keiner Strafverfolgung.

Die psychologische Definition des «Schattens» kann stark variieren und ist keineswegs einfach.

> «In der Jungschen Psychologie definieren wir den ‹Schatten› gewöhnlich als die Personifizierung gewisser Aspekte der unbewußten Persönlichkeit, die dem Ich-Komplex angegliedert werden *könnten*, es aber aus den verschiedensten Gründen nicht sind. Der Schatten ist eine ungelebte und unterdrückte Seite des Ich-Komplexes»,

schreibt Marie-Louise von Franz, warnt jedoch, dies stimme

> «nur zum Teil. C. G. Jung, der es nicht leiden konnte, wenn seine Schüler zu buchstabengläubig eingestellt waren und sich an seine Konzepte klammerten, ohne genau zu wissen, was sie sagten, warf eines Tages in einer Diskussion über den Schatten dies alles über den Haufen, indem er sagte: ‹Das ist alles Unsinn! Der Schatten ist ganz einfach das gesamte Unbewußte.› Dann machte er uns klar, daß wir vergessen hätten, wie diese Erkenntnisse zuerst entdeckt und wie sie von den Individuen erfahren worden seien, und daß es notwendig sei, immer die Lage des Patienten im jeweiligen Augenblick zu berücksichtigen.»[57]

Der Polizist mit dem Nasenbluten hatte das Leben eines Musterbürgers geführt; sein Ordnungszwang und seine Intoleranz, ja Abscheu vor allem (Nach)Lässigen in Kleidung und Verhalten deuteten jedoch darauf hin, daß Teile des persönlichen Schattens nicht hinreichend integriert worden waren. Daher konnte sich das Schludrige und Indifferente des kollektiven Schattens gleichsam durch die Hintertür einschleichen und ihn überrumpeln. Wenn er allein war, befand er sich «im Gleichgewicht», auf der Straße aber, im Kollektiv, fiel er in ein Loch. Sofort erschien der Affekt, Zorn stieg auf und trieb den Blutdruck in die Höhe, für den Gott sei Dank das Nasenbluten als Sicherheitsventil wirkte und eine schlimmere Katastrophe verhütete.

Die Frau mit dem Tumor

Ein weiterer Fall von Nasenbluten: eine Frau, die zum erstenmal in ihrem Leben die Südhalbkugel der Erde besuchen wollte. Mit ihrem Mann unternahm sie eine Reise zu ihrem Schwiegervater. Seit Monaten liefen die Reisevorbereitungen, an alle möglichen Details war gedacht worden; dem «eigentlichen» zentralen Problem jedoch, dem Aufenthalt beim Schwiegervater, hatte man kaum tiefere Überlegung gewidmet und hatte nur in oberflächlicher Weise darüber gesprochen.

In dem Augenblick, in dem die Patientin in dem fremden Land aus dem Flugzeug stieg, hatte sie plötzlich Nasenbluten. Daher war sie gezwungen, dem Schwiegervater mit einem Taschentuch vor der Nase, wie zum Schutz vor einem üblen Geruch, gegenüberzutreten. In den folgenden Monaten kam es immer wieder zu Nasenblutungen, so daß sie schließlich noch im Ausland zum Arzt mußte. Zunächst wurde nichts Gravierendes festgestellt, aber man riet ihr, nach der Heimkehr einen Spezialisten aufzusuchen. Das tat sie; Diagnose: maligner Tumor der Nasenschleimhaut. Zum Glück war der Krebs im Frühstadium und operabel, und sie wurde wieder vollkommen gesund.

Vor dieser schicksalhaften Begegnung hatte die Patientin den Schwiegervater nie gesehen. Er hatte die Mutter ihres Mannes verlassen, als er (der Mann) noch ganz klein war. Die Schwiegermutter hatte mehrere Kinder und mußte sie allein großziehen, nachdem er mit einer jungen unverheirateten Frau aus dem Dorf, in dem sie lebten, durchgebrannt war. In all jenen frühen Jahren nach der Trennung erhielt sie finanziell und anderweitig keinerlei Hilfe von ihrem ungetreuen Mann, und mehrere Jahre hörte die Familie von ihm kein Wort. Lange Zeit weigerte sie sich, in die Scheidung einzuwilligen. Der Mann brachte es in seinem neugewählten Land schließlich zu großem Erfolg und Ansehen. Irgendwann fand dann doch die Scheidung statt, und danach gönnte sich der Ex-Mann eines Tages einen Besuch in seinem Heimatland, um seine geschiedene Frau wiederzusehen und seine nunmehr erwachsenen Kinder kennenzulernen. Er war offenbar ein Mensch von sehr gewinnender Art, und seine Kinder ließen sich betören von seinem Charme und seinem anscheinend aufrichtigen Wunsch, daß man gut von ihm dachte. Als die Einladung an die Patientin und ihren Mann kam, den Schwiegervater in seinem neuen Heimatland zu besuchen, stimmte der Mann sofort zu, doch die Patientin spürte Angst und Widerstand. Sie war immer gut mit ihrer Schwiegermutter ausgekommen, und von ihr hatte sie vom schrecklichen Treubruch des Schwiegervaters erfahren. Mit ihrem Mann konnte sie darüber nicht reden – «laßt die Vergangenheit ruhen» war sein Motto. Immer ärgerlicher wurde die Patientin über die Unsensibilität ihres Mannes und konnte schließlich überhaupt nicht mehr ohne Zorn an die bevorstehende Reise denken. Deshalb verdrängte sie die Reise gewaltsam und dachte gar nicht mehr darüber nach. Für diese Mißachtung ihrer Gefühle mußte sie mit Nasenbluten und der darauffolgenden Krankheit bezahlen.

Die Frau hatte eine gutentwickelte Gefühlsfunktion. Über ihr Gefühl erkannte sie, daß ihr Mann sich durch seine Einwilligung in die Reise in gewisser Weise gelähmt hatte. In seiner Jugend war er nämlich über die unerhörte Tat seines Schwiegervaters entsetzt gewesen. In späteren Jahren hatte er, wenn überhaupt, nur mit Verbitterung darüber gesprochen. Folglich war sie erstaunt über die Enantiodromie – die Umkehrung ins Gegenteil –, die nach dem schicksalhaften Treffen eingetreten war. Sie glaubte – wohl mit gutem Grund –, daß ihr Mann sich vom Aufstieg seines Schwiegervaters zu Prestige, Macht und Reichtum hatte blenden und verführen lassen.

Der Fehler, den die Patientin machte, war, nicht zu ihren Gefühlen zu stehen; sie ließ sich von der rational-«verkopften» Haltung ihres Mannes beherrschen. Die bei ihr stark ausgeprägte Gefühlsfunktion war bei ihrem Mann unterentwickelt, und nach der Begegnung mit seinem «vagabundierenden» Vater fiel er in einen sentimentalen Zustand. Wo Sentimentalität ist, da ist meistens auch verhüllte Brutalität. Dies war es, was die Frau davon abhielt, ihre wahren Gefühle zu zeigen und nach ihnen zu handeln. Sie scheute davor zurück, und das kostete seinen Preis – die darauffolgende Krankheit. Ihr unausgedrückter, verdrängter Zorn blieb als tiefwunder Punkt im Unbewußten bestehen. Der Dämon in diesem Fall war der Vaterkomplex, der – obschon ihr eigener – in der unbewußten Psyche ihres Mannes eine Widerspiegelung fand. Sie mußte quasi für ihn mit-leiden, da er sich von seinen Reaktionen brutal abgeschnitten hatte.

Anosmie

Anosmie – Ausfall des Geruchssinnes – ist ein subjektives Symptom, dessen Ursache oft im dunkeln liegt. Bei schwierigen Entbindungen tragen Säuglinge manchmal eine Anosmie davon. Sie kann nach Unfällen eintreten, speziell nach Verletzungen der Schädelknochen. Vorübergehende Anosmien gibt es bei Erkältungen, Nasennebenhöhlenentzündungen und Gesichtsverletzungen. Auch Geruchs*verfälschungen* können – ebenfalls meist vorübergehend – auftreten.

Der Geschiedene

Ein Patient bekam eine schwere Depression, nachdem er von seiner Frau verlassen worden war. Im Scheidungsprozeß erhielt sie das Sorgerecht für das einzige Kind zugesprochen, einen siebenjährigen Jungen, den er sehr liebte. Eines Abends, nach Besuch bei einer Prostituierten, umringte ihn eine Gruppe Männer, die Geld verlangten und mit Erpressung drohten. Der Patient leistete Widerstand und kämpfte um sein Leben. Er wurde schwer mißhandelt, beraubt und aus einem Fenster im ersten Stock auf die Straße geworfen, wo Passanten ihn auflasen. Glücklicherweise überlebte er eine ernste Schädelfraktur und andere Verletzungen, doch sein Geruchssinn blieb abgestorben, er trug eine bleibende Anosmie davon.

Der Patient war ein eisern beherrschter Mensch. Ohne jedes Anzeichen von Emotion redete er mehrere Analysestunden lang darüber, wie seine Frau ihn sitzengelassen, wie sie einen Großteil seines Vermögens an sich gebracht, wie er die Gesellschaft seines Kindes verloren hatte. Erst als er über seinen Sohn sprach, sackte er dann doch in seinem Stuhl zusammen, und eine Träne rollte über seine Wange. Die Fähigkeit, Zorn oder Affekt in den Griff zu bekommen, ist für den Menschen sozial wesentlich. Der Patient wußte zwar seine kontrolliert-professionelle Persona zu wahren, doch drinnen brodelte ein Vulkan. Der schwelende Groll beeinflußte sein Denken. Überwunden hatte er den Affekt nur scheinbar. Wer seine Emotion zu beherrschen weiß, ist eine bewußtere Persönlichkeit. Viele Menschen schaffen es, die Persona aufrechtzuerhalten und ihre Emotionen «unterm Deckel» zu halten (wie mein hier angeführter Patient). Nur wenige schaffen es freilich, sich völlig von einer starken Emotion zu lösen. Solche Emotionen sind sehr gefährlich, weil sie wie eine ansteckende Krankheit um sich greifen und wahre Explosionen des Zerstörerischen in Familie, Gruppen und sonstigen kollektiven Situationen auslösen können. Die Ansteckung durch Affekte ist für einen sehr großen Teil des Bösen in der heutigen Welt verantwortlich.

Mein Patient jedenfalls wurde von seinem Affekt eingeholt, und langsam verschwand seine kühle, kontrollierte Art. Vor seiner Scheidung hatte er sich nie mit Prostituierten eingelassen, und nun führte ihn sein Orientierungsverlust erstmals in dieses gefährliche Milieu. Seine Standhaftigkeit gegenüber den Erpressern beschwor den Gewaltausbruch herauf, der ihn fast das Leben gekostet hätte. In gewisser Weise hatte er unbewußt eine gewaltträchtige Situation gesucht, in der er verzweifelt um sein Leben kämpfte. Psychologisch gesehen rang er in einem symbolischen Kampf um sein Leben als bewußtes Individuum.

Deutlich zeigte die Anosmie, daß seine Instinktweisheit, seine unbewußte Wahrnehmung, ihn verlassen hatte. Der unbewußt schwelende vulkanische Zorn hatte ihn «außer sich» geraten lassen. Ihm dies zu Bewußtsein zu bringen, dauerte viele Monate – voll akzeptieren konnte er es nie. Vielleicht wird das Leben ihm ermöglichen, es doch noch voll zu integrieren.

Geruchssinnestäuschungen

Vor vielen Jahren begegnete ich einem Mann, der eine lange Narbe auf dem Schädel hatte. Ich fragte ihn, woher sie stamme, und er sagte, er habe an einer Krankheit gelitten, die zu der Entdeckung eines Hirntumors am Schläfenbein geführt habe. Der Tumor habe sich als gutartig erwiesen und sei vor vielen Jahren erfolgreich entfernt worden.

Sein Symptom war seinerzeit eine Geruchssinnestäuschung (olfaktorische Halluzination) gewesen. Der Patient, ein Nordbalte, war ein gutaussehender Mann in den besten Jahren. Sein größtes Vergnügen, erzählte er mir, sei, im Sommer mit seiner Jacht durch die Ostsee zu segeln. Er liebte die frische, klare Seeluft, das Alleinsein in Wind und Sonne. Eines Abends war er zu seinem Haus zurückgekehrt, einem schönen Domizil auf einer Landzunge. In dem Augenblick, in dem er über die Schwelle trat, schlug ihm ein überwältigender Gestank entgegen, der ihm buchstäblich zunächst den Atem verschlug. Im Haus merkte er langsam, daß es sich um einen Tiergeruch handelte, genauer: um den Geruch von Affen. Er sagte, es habe genauso gerochen wie im Affenhaus im Zoo, warm, streng, süßlich. Nur tausendmal stärker. Er rannte durch das Haus, in dem normalerweise nur die Salzluft der See zu riechen war, und suchte nach der Ursache. Niemand war da, weder Mensch noch Tier, alles schien in Ordnung, und er konnte keinerlei Ursache für den Gestank finden. Allmählich wurde ihm klar, daß der Geruch «in seiner Nase» saß, und er fragte sich, wie das sein konnte. Das Phänomen ließ nach, kam aber wieder, und es wurde dann festgestellt, daß es das Erstsymptom des Tumors war.

Ich habe diese Geschichte nie vergessen, so eindringlich erzählte er sie mir; noch heute, Jahrzehnte später, ist sie mir deutlich im Gedächtnis. Er und ich saßen zusammen in einem Zimmer hoch über London, und vor meinem geistigen Auge malte ich mir seine Verblüffung aus, seinen Zorn, seine Angst. Ein Strudel von Emotionen begleitete hier die Geburt einer Wahrnehmung, ein ins Bewußtsein drängendes Vorgefühl, daß etwas «nicht stimmte», eine Ahnung, eine Intuition. Es war die Wahrnehmung nicht eines äußeren Sachverhalts, sondern eines inneren aus der Welt des Körpers. Seine erste Reaktion auf den *foetor animalis* (stinkender Tiergeruch) war Leugnung, da es sich um Verwesungsgeruch handelte – letztendlich: seines eigenen Fleisches.

Er war vom Einstellungstypus her extravertiert, und seine Hauptfunktion war das Empfinden; alles an ihm war makellos geschmackvoll und ordentlich. Aus seiner nordischen Miene blickten einen klare, blaue Augen an, jedoch wie aus einer gewissen Entfernung, mit einer eigentümlichen Distanz. Ohne Zweifel war er ein einsamer Mensch. In der Zurückgezogenheit seines Lebens an der Ostsee war ihm vielleicht auch seine unbewußte Introversion «erlaubt», und er war ganz bei sich selbst. Von seiner Vergangenheit wußte ich nichts (er hat mich nur ein einziges Mal aufgesucht). Eine Frau oder Familie erwähnte er nicht und war der Erhebung einer Krankengeschichte generell abgeneigt.

Der Affe ist ein naher Verwandter des Menschen und versinnbildlicht ungehemmte Instinkte. Ich habe mich oft gefragt, was hier der «Affengeruch» zu bedeuten hatte, und bin zu der Vermutung gekommen, daß der Patient in seiner Arbeit und seinem Spiel den animalischen Instinkt verloren hatte. Er war von seinem Körper abgeschnitten. Seine «Nase», seine Instinktweisheit war verdorben, er war «entmenschlicht».

Jung beschreibt sehr ausführlich eine olfaktorische Halluzination, die er in einem alten Haus in Buckinghamshire in England einmal erlebte. Er war dort zu Gast und konnte in seinem Gastzimmer nachts nicht einschlafen; er «verfiel nur in eine Art von Erstarrung» und bemerkte einen undefinierbaren, unangenehmen Geruch. Als er Licht machte, merkte er, daß die Fenster offenstanden, vom unangenehmen Geruch keine Spur mehr. Später vermochte er die Spur dieses unangenehm «kranken» Geruchs zurückzuverfolgen auf eine Geruchserinnerung aus einer psychiatrischen Klinik: Dort hatte er mit einer alten Frau zu tun gehabt, die an einem offenen Karzinom litt. Diese Krankheit erzeugt einen charakteristisch unangenehmen Geruch. Er schildert in seinem Bericht, wie die Geruchshalluzination in den folgenden Nächten wiederkam. In der Nachbarschaft galt das Haus als Spukhaus; die beiden Dienstmädchen weigerten sich strikt, über Nacht dazubleiben. Jung «hatte den Eindruck, als ob meine Gegenwart im Zimmer irgendwie allmählich etwas belebte, was gewissermaßen an den Wänden haftete». Er glaubte, ein «Tier in der Größe eines mittleren Hundes» im Zimmer herumhuschen zu hören. In diesem Hund sah Jung seine Intuition (die ja bekanntlich mit der Nase verknüpft wird – eine ‹gute Nase›) dargestellt. «Ich habe etwas ‹gewittert›. Wenn der menschliche olfactorius nicht so hoffnungslos degeneriert, sondern so entwickelt wäre wie etwa bei einem Hunde, so hätte ich wohl eine deutlichere Vorstellung von den Personen bekommen, welche früher das Zimmer bewohnt hatten. Primitive Medizinmänner können nicht nur den Dieb, sondern auch ‹Geister› riechen.»

Die eigentümliche Starre, die ihn befiel, interpretierte Jung als «hypnoide Katalepsie» mit der «Bedeutung einer intensiven Konzentration, deren Gegenstand eine subliminale und daher ‹faszinierende› Geruchswahrnehmung war, etwa ähnlich dem psychischen Zustand eines Vorstehhundes (pointer), der Witterung gefaßt hat. Das faszinierende Agens nun scheint mir allerdings von einer besonderen Beschaffenheit zu sein, welche durch die Annahme einer geruchserzeugenden Substanz nicht hinlänglich erklärt ist; es sei denn, daß der Geruch auch eine psychische Situation von erregender Natur veranschaulicht und auf den Perzipienten überträgt.»

Jung hielt es für denkbar, daß die «Intuition beim Menschen die Stelle der ihm mit dem Abbau des olfactorius verlorengegangenen Geruchswelt eingenommen hat».[58]

Vor einiger Zeit, bei der Arbeit mit einer recht unangenehmen, groben, flegelhaften, der Analyse abgeneigten Analysandin, wurde ich mir plötzlich eines Geruchs im Raum bewußt, nämlich des Geruchs von Hundekot. Vorsichtig blickte ich unter den Tisch, auf meine Schuhe – nichts. Der Geruch blieb, und so fragte ich die Analysandin nach ihren Schuhen. Wir überprüften sie gemeinsam, und da es keinen Hinweis gab, daß sie in Hundekot getreten hatte, sagte ich ihr, es müsse sich um einen psychogenen Geruch handeln. Sie erschrak zutiefst und rief: «Das bin ich selbst!» Und erzählte mir einen bisher verschwiegenen Traum – einen Traum, in dem sie sich selbst beschmutzt hatte. Daß ich das «gerochen» hatte, war Intuition meinerseits, im nachhinein bestätigt durch den Traum und die ganze Situation der Analysandin. Interessanterweise hatte sie mir den Traum – der wegen eines äußeren Sachverhaltes wichtig war – bewußt vorzuenthalten geplant. Hier war der Geruch des Bösen, intuitiv dargestellt im Geruch von Hundekot.

Der Geruch der Heiligkeit

Das exquisite Parfüm der Rose verkörpert den «Geruch der Heiligkeit», den Wohlgeruch, der von Heiligenreliquien und Heiligengräbern ausgehen soll. Statt Verwesungsgeruch wird die reine Süße von Blumen wahrgenommen. Bei der Aufdeckung der Überreste des Evangelisten Markus in Alexandria im fünften Jahrhundert nach Christus soll sich eine Wolke von Wohlgeruch über die ganze Stadt ausgebreitet haben, und jeder soll sich verwundert haben, woher sie kam. Man hört auch vom «Geruch der Unsterblichkeit»[59], den Christus und der Heilige Geist der Sophia zurückgelassen haben.

Jeder wahre Heilige, so sagt(e) man, stirbt im «Geruch der Heiligkeit». So etwa die heilige Elisabeth und Theresia von Lisieux, die «kleine Blume». Der Wohlgeruch galt als symbolische Gewähr für Unverweslichkeit und Unsterblichkeit und war mit der kirchlichen Lehre von der Auferstehung des Fleisches verbunden. Fuhr ein Märtyrer oder Heiliger direkt zum Himmel auf, war sein Fleisch, wie man früher glaubte, süß wie die Luft des Himmels (die man sich aromatisiert dachte).

Dem Wohlgeruch, den die Heiligen ausströmten, wurden auch heilende Kräfte zugeschrieben.

Bei den Ägyptern suchte man Leichname durch Mumifizierung wohlriechend zu machen, damit sie wohlwollende Aufnahme bei den Göttern fanden. Anubis hütete den Eingang zum Jenseits und prüfte jeden Neuankömmling mit seiner scharfen Nase; hinein durfte nur, wer süß duftete, wer den «Geruch der Heiligkeit» zeigte, den die Einbalsamierer durch ihre Öle, aromatischen Essenzen und Parfüms zu schaffen strebten.

Eine Frau, die ich gut kannte, war an schwerer Blutvergiftung erkrankt und lag auf dem Höhepunkt des Fiebers zwei Tage bewußtlos. Nach ihrer Genesung beschrieb sie einen wunderbaren Traum, in dem sie in einen Garten versetzt worden war; am Ende eines langen Gartenweges sah sie die Gestalt einer schönen Frau, die Arme voll Rosen, und es wurde ihr nun bewußt, daß es sich um einen Rosengarten handelte, eine Art Mariengarten, und daß die Rosen in voller Blüte standen. Schwer, betäubend und herrlich lag ihr Duft über dem Garten und dem Traum. Zweifellos stellte dieser Traum den Umschlagpunkt zur Heilung dar, die dann rasch erfolgte. Im Traum hatte der «Geruch der Heiligkeit» sie berührt und ihr den Weg zur Genesung, ja zur Wiedergeburt gewiesen, denn sie hatte an der Schwelle des Todes gestanden. In der Gestalt im Garten ist eine Erscheinung des Selbst zu sehen, im Traum ein Heiltraum.

Parfüm

Kein Diskurs über die Nase ist vollständig ohne einen Exkurs über Parfüm. Die Erinnerung an Gerüche kann hochintensiv sein, sie kann einen an ferne Orte und in Jahrzehnte zurückliegende Zeiten versetzen. Gerüche können freudige, euphorische Erinnerungen heraufbeschwören, die das Herz höher schlagen lassen, wie auch abgrundtief traurige. Nur an einen gewissen Duft zu *denken,* kann Vergangenes auf elektrisierende Weise wiedererstehen lassen. Der Duft kleiner taugefüllter Veilchen in dunkelgrünem Blätterkranz versetzt mich auf der Stelle in neblige Pariser Novembertage zurück, an Blumenstände mit frischgelieferten Veilchen aus Südfrankreich. Ihr Duft ist für mich der Duft meiner Jugend.

Parfüm gilt als Symbol für Licht. Nach Balzac ist alles Parfüm eine Kombination aus Luft und Licht.[60] Im alten Ägypten war Wohlgeruch eine religiöse Notwendigkeit, wie bereits beim Einbalsamierungsprozeß erwähnt; die Griechen und Römer übergossen Götterstandbilder oft mit wohlriechenden Essenzen. Die Rose spielte zu römischer Zeit eine bedeutende Rolle: Bei Festmählern wurde der Fußboden des Saales mit Rosenblättern bestreut, und die Blumen selbst wurden gegessen. Parfüm ist ohne Zweifel ein starkes Aphrodisiakum. Bei der Herstellung eines guten Parfüms werden Hunderte von Materialien benutzt. Die

Duftstoffe, heute oft synthetisch, waren früher organischen Ursprungs.

Heute werden fast sämtliche Haushaltsprodukte, bis hin zu Staubsaugern, parfümiert. Man fragt sich, warum diese allgemeine Duft-Orgie für nötig gehalten wird: Welcher Geruch soll hier betäubt werden? Vielleicht der Geruch des Bösen? Angesichts der Unzahl der Duftstoffe und ihrer unterschiedlichen Natur überrascht es nicht, daß immer mehr Parfüm-Allergiker die Wartezimmer der Hautärzte füllen. Bestimmte Bestandteile, zum Beispiel Bergamottöl, fallen immer wieder als Allergene auf. Mittels Patch-Test (Epikutantest) wird überprüft, auf welches Allergen der Kranke anspricht. Dabei werden kleine Mengen Reizstoffe in kleinen Kammern (früher mit Läppchen = *patch*) auf die Haut aufgebracht und mit Heftpflaster fixiert. Nach ein paar Tagen werden die Hautreaktionen abgelesen.

Eine junge Frau glaubte, sie habe eine Parfümallergie, weil sie jedesmal, wenn sie ein bestimmtes Parfüm roch oder trug, eine Reizung der Gesichts- und Halshaut bekam. Das fragliche Parfüm war wohlbekannt und teuer, und sie plante, den Hersteller zu verklagen. Dazu mußte ein Patch-Test gemacht werden, in den sie einwilligte. Er ergab keinen Hinweis auf eine Allergie. Ungewöhnlich in diesem Fall war, daß sie behauptete, schon vom bloßen Geruch den Ausschlag zu bekommen. Normalerweise ist bei allergisch bedingten Hautreaktionen direkter Hautkontakt mit dem Allergen nötig – Einatmen allein genügt nicht.

Angesichts des negativen Tests, und eingedenk jener Allergiker, die auch beim Anblick künstlicher Rosen einen Anfall bekommen, beschloß ich, etwas tiefer in ihrer Vergangenheit «nachzugraben». Das fragliche Parfüm war ihr als Geschenk überreicht worden, etwa sechs Monate, bevor sie angefangen hatte, es zu benutzen. Schon beim allerersten Mal rief es die Beschwerden hervor, und fortan trat jedesmal binnen Minuten ein stark irritierender Ausschlag auf. Ans Licht kam, daß sie einige Jahre lang eine Beziehung zu einem Mann gehabt hatte, den sie zu heiraten hoffte. Eines Abends gingen sie aus, und nach dem

Essen übergab er ihr plötzlich das Parfüm als Geburtstagsgeschenk, groß, luxuriös verpackt, sicherlich sehr teuer. Sie nahm es mit Freude an, und dann sagte er ihr, daß er die Beziehung abbrechen wolle. Sie war tief erschüttert und litt einige Monate lang an Depression. Als sie sich langsam erholte, bewarb sie sich um eine neue Stelle und trug zum Vorstellungsgespräch das Parfüm auf. Binnen Minuten begann der Ausschlag.

Die schwere Depression der Frau drängte den natürlichen Zorn in den Hintergrund, den zu fühlen sie sich nach dem brutalen Abreißen der Beziehung durch den Mann hätte erlauben sollen. Das Unbewußte jedoch reagierte heftig: durch die Haut, beim Auftragen des Parfüms, dieses «perfiden Präsents». Sie hätte besser daran getan, das Geschenk entweder zurückzuweisen oder wegzuwerfen, das wäre wenigstens ein Akt der Auflehnung gewesen. Daß sie die Verletzung ihrer Gefühle stillschweigend hinnahm, «zwang» sie zum Leiden. Interessant, daß sich der Urtikaria-Ausschlag (Nesselsucht) gerade das Gesicht «aussuchte». Sie hatte für ihr Vorstellungsgespräch wortwörtlich «das Gesicht verloren». Bei Urtikaria ist es ganz so, als habe man sich in die Nesseln gesetzt. So war es bei ihr, aber sie hatte es nicht anerkennen wollen. Die Krankheit brachte ihr ihren Zorn zu Bewußtsein; das Unbewußte sprach zu ihr durch ihre Nase, das Parfüm verträgt die Emotion, die sie nicht hatte wahrnehmen wollen, bis die Haut sich energisch zu Wort meldete als Spiegel ihres inneren Zorns.

Nasenbohren

Nasenbohren fällt häufig bei Kindern in den Entwicklungsjahren auf. Es handelt sich meist um ein vorübergehendes Symptom, aus dem sie «herauswachsen».

Vor einiger Zeit wurde ich gebeten, eine Frau zu behandeln, die ein Geschwür in der Nase hatte. Mit ihrem Zeigefinger hatte diese Patientin ein Loch durch die Wand der Nasenhöhle gebohrt. Bei näherer Besichtigung zeigte sich eine tiefe Furche, verursacht durch ständiges rhythmisches «Graben». Diesen Defekt hatte sie sich ganz zweifellos selbst beigebracht. Die Frau saß im Rollstuhl und war durch Multiple Sklerose von der Hüfte abwärts fast völlig gelähmt. Sie war verheiratet und kinderlos, und die körperliche Seite der Ehe zu leben war ihr nicht vergönnt gewesen, da sie schon seit ihrer Hochzeit an der degenerativen Nervenkrankheit litt.

Der Akt des Bohrens stellt eine Regression der Libido ins Frühkindliche dar. In der Kindheit hat sich, Jung zufolge,

> «ein beträchtlicher Teil von Nutritions- und Wachstumsenergie... in Sexuallibido und andere Formen umzusetzen. Dieser Übergang geschieht nicht etwa plötzlich in der Pubertätszeit, wie laienhafte Voraussetzung glaubt, sondern ganz allmählich im Verlaufe eines größeren Teils der Kindheit. In diesem Übergangsstadium sind, soweit ich dies zu beurteilen vermag, zwei Phasen zu unterscheiden: die Phase des Lutschens und die der rhythmischen Betätigung an sich. Das Lutschen gehört seiner Art nach noch ganz zum Rayon der Ernährungsfunktion, reicht jedoch darüber hinaus dadurch, daß es nicht mehr Ernährungsfunktion ist, sondern eine analoge rhythmische Betätigung ohne Nahrungsaufnahme. Als Hilfsorgan tritt hier die Hand auf... die rhythmische Tätigkeit verläßt die Mundzone... Es sind erfahrungsgemäß meist die anderen Köperöffnungen, die das Objekt des Interesses werden... Tätigkeit, die als Reiben, Bohren, Zupfen und anderes auftreten kann, erfolgt in einem gewissen Rhythmus... Wenn sich gegen die erwachsene Tätigkeit ein Widerstand erhebt, welcher diese zur Regression zwingt, so erfolgt eine Regression auf die frühere Entwicklungsstufe.»[61]

Im Zuge der Kindesentwicklung ist dies normal, dort kommen Regressionen häufig vor.

Bohren ist eng verbunden mit der ursprünglichen Art des Feuermachens mittels Feuerstein oder Feuerbohrer (Feuerstock aus Holz).

«Der indische Feuerholer heißt Mâtariçvan, und die Tätigkeit des Feuerbereitens wird in den hieratischen Texten immer mit dem Verbum manthâmi bezeichnet, welches schütteln, reiben, durch Reiben hervorbringen heißt. Kuhn hat dieses Verbum in Beziehung zum Griechischen μανθάνω gesetzt, welches ‹lernen› heißt... Das tertium comparationis dürfte im Rhythmus liegen (das Hin- und Herbewegen im Geiste).»[62]

Interessant, daß dem Feueropfer in Indien eine eindeutig sexuelle Symbolik zugrunde lag. Der Feuerstock repräsentierte den Phallus bzw. den Mann und die gebohrte Holzunterlage die Vulva bzw. die Frau. Aus der resultierenden Flamme entstand das göttliche Kind Agni (das Feuer).

Die rhythmische Aktivität im Fall der Patientin war ein Reiben und Bohren zugleich, permanent, stetig, sich wiederholend. Die Handlung deutete auf eine totale Regression der Libido ins frühkindliche, noch sprachlose Stadium. Sie hatte nämlich auch seit mehreren Monaten nicht mehr gesprochen.

Als ich sie so vor mir sah, war ich beunruhigt, weil ich überzeugt war, daß sie ein größeres Blutgefäß «anbohren» würde, eine Arterie, da sie die Wand der Nasenhöhle bereits bis auf den Knochen freigekratzt hatte. Am Tage nach der Konsultation starb sie. Der Tod kam ganz plötzlich und unerwartet.

Die Bewegungen ihrer Hand hatten etwas Beängstigendes, sie waren autonom, als suchten sie ihrer Nase etwas Wertvolles zu entreißen. Erst viel später kam ich auf den Verdacht, daß ihr Unbewußtes hier versuchte, sie auf etwas in ihrer Psyche aufmerksam zu machen, das sie wissen sollte – ein «Bohren» nach Bewußtseinserweiterung, ein gewaltsames Hindrängen auf eine intuitive Wahrnehmung. Man kann sich nur fragen, was zum Ausbruch ihrer schrecklichen Krankheit so bald nach der Hochzeit geführt hat. Welchen Aspekt ihres Lebens hat sie abgewehrt, welchen wollte sie nicht erfüllen? Diese Fragen lassen sich nicht mehr beantworten. Seinerzeit, als sie mir vorgestellt wurde, regredierte die Libido bereits so rasch, daß nur noch ein kleiner Teil für ihre lebenserhaltenden Funktionen übrigblieb. Sie hatte die Schwelle des Todes erreicht, und die letzten Stunden des Reibens und Bohrens verzehrten das verbliebene Quentchen Energie.

Das Bohren im Zusammenhang mit dem Feuermachen hat die übertragene Bedeutung des Wärme- und Lichtbringens, besonders des letzteren. Es war, als suche das Unbewußte einen Weg, die Situation der Patientin zu «illuminieren», zu erhellen, sie ihr zu Bewußtsein zu bringen. Die sexuelle Seite ihres Lebens als Frau war offenbar ungelebt geblieben, und die Libido war zurückgezwungen worden auf eine sehr frühe Entwicklungsstufe, bis an die Schwelle der Unterwelt.

Vielleicht hat sie, als sie so unerwartet starb, diese Zusammenhänge in ihrem Leben doch noch begriffen.

Nasenentzündung

Seinerzeit, als die Macht der Gewerkschaft in Großbritannien im Zenit stand und das Land durch Streiks und Gewalt fast in die Knie gezwungen worden war, suchte mich ein – relativ untergeordneter – Gewerkschaftsfunktionär wegen einer schweren Nasenentzündung auf. Die Krankheit hatte einige Jahre zuvor begonnen und hatte sich in der Folge langsam, aber sicher verschlimmert. Der Patient war in einer etwas heiklen Lage. Angeblich war er Nichttrinker, und obwohl die Naseninfektion sich nicht auf der Basis einer Knollennase (Rhinophym) entwickelt hatte, wirkte die Nase äußerlich rhinophymartig. Sie sah auf den ersten Blick wie eine typische «Säufernase» aus. Doch der Patient versicherte mir mit aller Ernsthaftigkeit, nicht zu trinken. Aus ganz kleinen Verhältnissen heraus hatte er Karriere gemacht, war relativ ungebildet und von grobem – durch seine Nasenentzündung nun leider verschlimmertem – Erscheinungsbild. Die Krankheit, an der er litt, war behandelbar; als er das erfuhr, willigte er in eine Therapie ein. Er wurde darüber informiert, daß es mindestens sechs Monate dauern werde, das Leiden unter Kontrolle zu bringen: auch das akzeptierte er, und die Behandlung begann. Aus der Befürchtung heraus, man könne ihn, den Gewerkschaftsfunktionär, für einen Trinker halten, hatte er sich nicht zum Kassenarzt, sondern «heimlich» zu mir in Privattherapie begeben und bat mich dafür um Verständnis.

Seine Krankheit besserte sich, und nach einiger Zeit bat er, seine Frau einmal zur Konsultation mitbringen zu dürfen. Beim nächsten Besuch kam sie mit. Der Mann selbst hatte beruflich und als Gewerkschafter den Ruf eines hartgesottenen Kerls. Polternd war seine Rede, einschüchternd sein Auftreten, und er pflegte Opponenten mit allen möglichen Tricks zu überrollen und kaltzustellen. (Diesen Eindruck gewann ich aus seinem öffentlichen Image.)

Als seine Frau den Raum betrat, erlebte ich eine Überraschung. Sie war von Kopf bis Fuß in schwarzes Leder gekleidet, in ein Kostüm vom Typ «Rockerbraut». Stilgerecht hatte sie ihren Mann auf dem Motorrad hergefahren. Sie trug eine schwarze Lederjacke und -hose, Stulpenhandschuhe bis zum Ellenbogen und kniehohe schwere Stiefel, die eng verschnürt und mit Chromnägeln beschlagen waren.

Dabei war sie durchaus kein Mädchen mehr, sondern um die fünfzig Jahre alt. Sie schoß sofort eine Breitseite auf mich ab, warum ihr Mann nach drei Monaten noch nicht geheilt sei. Dies sei «überfällig» und «dringend erforderlich», denn sein (und ihr) Leben sei unerträglich geworden, weil er nämlich wegen seiner roten Nase verfolgt werde.

Eine genaue Erklärung, um welches Nasenleiden es sich handelte[63], wurde gegeben, stieß aber auf eisigen Blick und Ablehnung.

Ich erkundigte mich nun nach der Art der Verfolgung und wann sie angefangen habe. Sechs Monate vor Therapiebeginn, so stellte sich heraus, war in seiner Fabrik eine Reinemachefrau entlassen worden, eine ältere Frau. In ihrem erzwungenen Ruhestand ging sie dazu über, die Gewerkschaftsversammlungen zu besuchen, was ihr gutes Recht war. Sie war jedoch zur unversöhnlichen Feindin des Funktionärs geworden. Sie fing an, ihn überallhin zu verfolgen, auf alle Versammlungen im Land; wohin er ging, sie erschien auch. Stets setzte sie sich in die erste Reihe direkt vor seinen Platz auf dem Podium. Wegen ihres Alters gestattete man ihr das. Wenn sie ihren Platz einnahm, stellte sie immer ihren Besen neben sich. Dann wartete sie geduldig ab, bis der Funktionär das Wort bekam und sich erhob – und schleuderte ihm eine böse Schmähung entgegen. Es war ein einziger Satz, den sie drei-, viermal während der Versammlung wiederholte, ein wüstes Attribut, das mit der Größe und Farbe seiner Nase zusammenhing und damit, daß er seine sexuelle Befriedigung angeblich im Tierreich suche. Als mir seine Frau dies schilderte, stand sie vor mir mit gespreizten Beinen, die Hände in die Hüfte gestemmt, und schloß mit der Forderung: «Da sehen Sie, warum er geheilt werden muß!»

Die alte Dame hatte seinen Komplex berührt, sie hatte den Finger auf seine Schmach gelegt, hatte gezeigt, wo seine Minderwertigkeiten lagen. Dieser Bulle, dieser Tyrann, dieser sogenannte Menschenführer schrumpfte neben seiner Frau zum Angstzwerg. Nicht umsonst hatte die alte Frau den Besen mitgebracht. Er ist das klassische Zeichen der Hexe. Als ich der Ehefrau sagte, die Therapie werde noch einige weitere Wochen in Anspruch nehmen, informierte sie mich, «sie» werde einen anderen Arzt finden, und das Paar rauschte davon. In Gegenwart seiner Frau hatte der Funktionär nicht ein einziges Wort zu seiner Verteidigung gesagt. Bevor sie gingen, konnte ich noch in Erfahrung bringen, daß die Nasenentzündung schon kurz nach der Hochzeit eingesetzt hatte. Wahrscheinlich hatte die Nase anfangs nur gejuckt und gezuckt. Nach einem alten Aberglauben ist eine juckende, zuckende Nase ein Omen, daß man bald sehr wütend sein wird. Zweifellos hat der Patient daran gerieben oder gekratzt, und über die Monate und Jahre ist es dann langsam schlimmer geworden. Der Patient hat sein Nasenleiden nicht als Warnung erkannt. Sein Körper wollte ihm sagen, daß etwas in seiner Ehe «schlecht roch», daß er einen Fehler gemacht hatte. Dieser durchsetzige Ellenbogenmensch, draußen in der Welt ein veritabler Löwe, war zu Hause ein Wurm. So sehr stand er unter dem nagelbeschlagenen Pantoffel seiner Frau, daß er, als die Hexe in einer anderen Maske als scheinbar harmlose alte Putzfrau erschien, nur zu hysterischen Reaktionen fähig war. Seine Nase war Indikator seiner Dissoziation.

Seine Frau war völlig vom Animus besessen; alles Feminine schien verflüchtigt. Der «Mann» existierte für diese Frau nicht mehr – nur noch der «Ehegatte und Funktionär». In dieser häuslichen Situation – man zögert, das Wort Ehe dafür zu gebrauchen – war der Animus zum Co-Partner aufgerückt. «Er» bestimmte, «er» hatte das Heft in der Hand.

Ein so starker Animus aktiviert naturgemäß im männlichen Partner die Anima, die weiblichen Anteile seines Unbewußten. Das zeigte sich sehr deutlich bei der Konfrontation im Sprechzimmer vor meinen Augen. Der Mann verfiel in ein gereiztes, abgründiges, brütendes Schweigen. Zweifellos war das Paar einer Inflation erlegen und war zusammen in einen Abgrund von Unbewußtheit gestürzt (Inflation ein «aufgeblasenes Bewußtsein», hat paradoxerweise ein Unbewußtwerden zur Folge). Das «Nasenproblem» hatte in ihrem Leben zentrale Bedeutung eingenommen, und sie hatten sich davon, sagen wir ruhig, verhexen lassen. Dadurch hatten sie die Fühlung zur Realität verloren.

Das organische Nasenleiden und die dadurch offenbar bewirkten Minderwertigkeits- und Schamgefühle waren gar nicht das Kernproblem. Es gab keinen Grund anzunehmen, daß beim Patienten eine heimliche Alkoholsucht vorlag, doch war er, wie seine Frau, süchtig – nach Macht. Damit hatten sich beide identifiziert.

Da er sich seiner weiblichen Seite so unbewußt war, stürzte seine negative, rachsüchtige Anima ihn in finster-verärgerte Launen. Die Frau, ihrerseits vom harten, herrischen männlichen Anteil ihres Unbewußten besessen, war ebenso «gefangen». Bei beiden war das Prinzip der Bezogenheit, der Eros, erloschen, und hatte einem ausschließlich auf Macht beruhenden Verhältnis Platz gemacht.

Mit scharfem Blick hatte die alte Reinemachefrau (deren Entlassung der Funktionär unwissentlich bewirkt hatte) seine Nasenkrankheit aufgegriffen und ihn damit terrorisiert.

In der besenschwingenden Frau war er seiner «inneren Hexe» von Angesicht zu Angesicht begegnet. Es sei daran erinnert, daß die Hexe stets das Böse fördert. Sie hatte den Finger auf den Punkt seiner wahren Minderwertigkeitsgefühle und Schmach gelegt. Die Schmach bestand in seiner Unfähigkeit, sich gegen seine verhexte Frau zu behaupten – wie seine Nase ihm schon kurz nach dem Hochzeitstag angedeutet hatte –, weil er sich mit seiner inneren Frau nicht auseinandersetzen konnte.

Wird die Nase von einer Krankheit angegriffen, dann scheint es, als habe der Kranke die Orientierung im Leben, oder einen Aspekt seines Lebens, verloren. Etwas ist faul; er «riecht die Dinge» nicht mehr richtig. Er ist dissoziiert von einem Teil seiner selbst, und häufig hat das Ichbewußtsein einen Teil seiner steuernden Funktion eingebüßt. Die angegriffene Nase ist ein gutes Symbol für einen Verlust der instinktiven Intuition, der inneren Weisheit, und einer daraus resultierenden Labilität. Bei einem Menschen, dessen Geruchssinn praktisch ausgeschaltet ist, ist sie der vielleicht wichtigste Indikator einer Störung im Individuationsprozeß.

Die Zunge

Die beim Menschen und den meisten Wirbeltieren vorhandene *Zunge* liegt auf dem Boden der Mundhöhle und haftet mit der *Zungenwurzel* am *Zungenbein*. Sie ist frei beweglich und oft hervorstreckbar. In ihrer Ausprägung beim Menschen und den höheren Tieren ist sie annähernd konisch, mit stumpfer Spitze, muskulös, weich und fleischig. Sie hilft bei der Nahrungsaufnahme und beim Kauen und besorgt das Schlucken. Ferner bildet sie das Hauptorgan des Geschmackssinnes und ist beim Menschen das Organ des artikulierten Sprechens.

«Zunge» kommt von althochdeutsch *zunga* und mittelhochdeutsch *zunge*. Das Wort ist verwandt mit altfriesisch *tunge* sowie altsächsisch und altnordisch *tunga*. Die Wortwurzel soll mit dem lateinischen *lingua* und dem französischen *langue* zusammenhängen.

Bei wirbellosen Tieren wird die Zunge im Mittelalter stets als «das stechende Organ» bezeichnet. Ein arabisches Sprichwort sagt: «Kein Arzt kann die Wunden der Zunge heilen.»

«Zungen» heißen – dichterisch – Fremdsprachen, manchmal speziell die klassischen oder gelehrten Sprachen. Die Gabe des «Zungenredens» – des Redens in unbekannten oder fremden Lauten in Verzückung – gilt in der Schrift zuweilen als Beweis besonderer Inspiration durch den Geist (Apostelgeschichte, 1. Korintherbrief). Als Zunge im übertragenen Sinn werden viele Dinge bezeichnet, die in ihrer vorspringenden Natur oder ihrer Form an eine Menschen- oder Tierzunge erinnern: Landzunge, Feuerzunge.

«Zunge» dient als vielseitiger Wortbestandteil in Komposita. «Zungenbein» ist der Knochen, an dem die Zunge entspringt

(Os hyoideum). «Seezunge» und «Zungenbutt» heißen aufgrund ihrer Form bestimmte Plattfische. «Zungenstimmen» sind obertonreich und metallisch klingende Spezialregister in Pfeifenorgeln. «Zungenbrecher», schwer aussprechbare, oft alliterative Wortreihen, lassen die Zunge beim schnellen Abspulen stolpern.

Wie die anderen Sinnesorgane hat auch die Zunge einen reichhaltigen metaphorischen Wort- und Wendungsschatz gezeugt. Es gibt die falsche, die böse, die spitze Zunge; Speisen, die auf der Zunge zergehen; Worte, die auf der Zunge liegen; die gespaltene, die vor Angst gelähmte Zunge; das Predigen mit Engelszungen.

Die Zunge symbolisiert Sprache und damit Kommunikation, sie zeigt auch die Haltung des Sprechenden an. Sie repräsentiert seine Fähigkeit, sich auszudrücken, und beweist seine Belesenheit und Bildung.

Für den Stoffwechselhaushalt des Körpers stellt sie als Geschmacksorgan quasi das Einfallstor dar, sie entdeckt den Geschmack der Speisen und entscheidet (mit) darüber, ob sie aufgenommen oder zurückgewiesen werden.

Die Zunge in der Bibel und in der Mythologie

Unzählig die Nennungen der Zunge in der Bibel. Von Feuerzungen wird gesprochen: Form und Beweglichkeit der Zunge haben assoziativ die Brücke zur Flamme geschlagen. Wie Feuer kann die Zunge «vernichten», aber auch reinigen.

Jakobus im Neuen Testament: «So ist auch die Zunge ein kleines Glied und richtet große Dinge an. Siehe, ein kleines Feuer, welch einen Wald zündet's an!» (Jakobus 3,5). Ganz besonders gilt dies für das heutige, technisch verstärkte Wort, den modernen Journalismus. Presse und Medien haben nahezu grenzenlose Macht. Das Aussprechen von Worten durch die Zunge ist ein Schöpfungsakt, in dem keimhaft immer schon das Zerstörerische steckt. Die Zunge kann gerecht und bösartig sein – und manchmal beides zugleich. «Sanftheit der Zunge ist ein Baum des Lebens, aber Verkehrtheit [= Bosheit] an ihr schlägt dem Herzen Wunden» (Sprüche 15,4, Menge-Übersetzung). Wie oft enthält eine scheinbar freundliche Bemerkung eine vergiftete Spitze, die verletzt und erzürnt. «Eine linde Antwort stillt den Zorn» (Sprüche 15,1). Eine Binsenweisheit, doch leichter gesagt als getan. Viel Selbst-Beherrschung im ursprünglichen Sinn ist nötig, um mitten in der emotionalen Aufwallung, in Streß und Kontroverse, linde zu sprechen. Ein einziges Zorneswort (und sei es noch so gerechtfertigt) kann Flammen hochlodern lassen, die zum Mord führen.

«Der Gottlosen Reden richtet Blutvergießen an; aber die Frommen errettet ihr Mund» (Sprüche 12,6). Ebenfalls eine Binsenweisheit, daß jedes grausame und rabiate Wort, an andere gerichtet, die Absicht in sich trägt, zu verwunden, zu schaden. Worte flattern umher, fliegen hierhin und dahin wie Laub im Herbst, und ihre Wirkung ist nicht immer «im Sinne des Erfinders», weil im Herzen des Sprechers meist erhebliche Unbewußtheit herrscht. Sprüche 6,17 nennt «stolze Augen, falsche Zunge, Hände, die unschuldiges Blut vergießen». Stolz ist in der Tat der Nährboden für viel Böses. Johannes 8,44 nennt den Teufel nicht nur «Mörder», sondern auch «Lügner» von Anfang an, «Vater der Lüge». Mit Verlogenen umzugehen ist sehr schwer; man weiß nie genau, woran man ist, weil ihre Bezugsbasis sich ständig verschiebt; meist kommt noch Dünkel und Anmaßung hinzu. Und zwar aufgrund ihrer Überzeugung, daß ihre Lügerei sie aus jeder Zwickmühle herauszumogeln vermag. Der Arrogante, der Lügner, der Mörder tut Teufelsdienst. Im 109. Psalm, Vers 2, klagt David über verleumderische Widersacher: «Denn sie haben ihr gottloses Lügenmaul gegen mich aufgetan. Sie reden wider mich mit falscher Zunge.» Die Macht der Zunge beschwört Sprüche 18,21: «Tod und Leben stehen in der Zunge Gewalt; wer sie liebt, wird ihre Frucht essen.» Ein Spruch, den man sich merken sollte, denn er stellt ein Gesetz dar. Charaktermord, die ideelle Tötung Unschuldiger durch üble Nachrede, ist heute nicht selten. Er hat freilich die unangenehme Eigenschaft, auf den Verursacher zurückzuschlagen. Man könnte die Zunge mit einer Peitschenschnur vergleichen. So blitzartig schlägt sie zu, daß man sich nach einer unbedachten bösartigen Äußerung «am liebsten die Zunge abbeißen» möchte.

Um wieder auf die Feuernatur der Zunge zurückzukommen – Hiob 5,21 spricht von der «Geißel der Zunge», die alles wie Feuer verwüstet. Gottes Zunge ist «wie ein verzehrendes Feuer», (Jesaja 30,27). Die Feuerzungen im Neuen Testament (Apostelgeschichte 2,3) symbolisieren dagegen den Heiligen Geist, der Licht bringt, Erleuchtung, Bewußtsein.

Das verzehrende Feuer der Gotteszunge versinnbildlicht Gottes Macht und Gerechtigkeit.

In der hebräischen Literatur (Haggada Bereshith) gilt die böse Zunge als eine der vier Geißeln, die die Welt verderben (die anderen sind Mord, Götzendienst und Lüsternheit). Verleumdung wurde als Kapitalvergehen betrachtet, denn dahinter stand die böse Zunge, die zu verwunden oder zu töten trachtete. In der hebräischen Tradition waren dreiundzwanzig Richter nötig, um einen Verleumder abzuurteilen. Ein so «großer Prozeß» wurde gemacht, weil man davon ausging, Leben sei in Gefahr. Der Verleumder, der üble Nachreder, war in gewisser Weise ein Verbrecher. Das stimmt auch, denn die meisten Verleumder sind besessen von Eifersucht, der wahrscheinlich tödlichsten der Todsünden. Eifersucht steckt hinter der verleumderischen Zunge und steht im Mittelpunkt des Triebes zu töten. Sie ist die mörderische Waffe des Schattens und ist immer in Schleier der Unbewußtheit gehüllt.

In der irischen Mythologie, in der Sage von Cú Chulainn, ist die Zunge das Äquivalent des Kopfes. In der Geschichte seiner Krankheit («Die Krankheit des Cú Chulainn») heißt es, die Helden von Ulster hätten in ihren heroischen Kämpfen den Feinden, die sie im Zweikampf getötet, die Zungen als Trophäen entnommen. Die Zungen wurden aus dem Kopf herausgeschnitten und «waren der Kopf».

Afrikaner sehen im Sprechorgan Zunge den «Schöpfer des Wortes», ausgestattet mit befruchtender Kraft, lebensspendend wie Blut, Samen, Speichel (der Träger des Wortes) und Regen. Bestimmte Volksgruppen glauben, erst wer seine Zunge im Zaum halten könne, sei ganz Herr seiner selbst. Nur ein bewußter Mensch kann das. Der außerordentliche Wert, den diese Völker der Zunge beimessen, erklärt sich daraus, daß hinter dem Wort noch ein impliziertes «Allerhöchstes Wissen» steht. Wissen, das nach ihrem Glauben «die Zukunft der Zunge bestimmt».

An der Zunge hängt der menschliche Handel und Wandel, sie kann Medium des Konflikts und Zwiespalts, aber auch des Eros, des menschlichen Gefühls und der Bezogenheit sein. – Hermes-Mercurius, der Gott der Alchemisten, hatte eine Silberzunge und war ein Meister der Beredtsamkeit. – So kann tatsächlich die Zunge eines Menschen seine Zukunft bestimmen, sein Gefühlsleben, seine geistige Gesundheit und seine materiellen Reichtümer.

Der Geschmackssinn

Geschmack ist etwas ganz «Nahes» und Unmittelbares. Er wird in dem Augenblick empfunden, in dem Zunge und Mundschleimhaut mit dem zu schmeckenden Gut in Berührung kommen. Geschmack funktioniert nicht aus der Distanz wie Sehen, Riechen und Hören. Er ist allerdings eng mit dem Riechsinn verbunden. Aromatische oder stark gewürzte Speisen und Wein verlieren sofort an Geschmack, wenn der Geruchssinn gestört oder blockiert ist.

Sitz der Geschmacksempfindung ist die Zunge, neben einigen anderen Stellen in der Mundhöhle. Jede Geschmacksknospe – von denen es mehrere Tausend gibt – besteht aus einer Ballung von Geschmackssinneszellen. Deren Informationen gehen auf neuronalem Wege ins Gehirn. Man unterscheidet vier Grundqualitäten: süß, bitter, salzig und sauer. Zusätzliche Essenzen – namentlich ätherische Öle und Aromastoffe – reizen neben den Geschmacks- auch die Geruchsrezeptoren. Dadurch entsteht eine unübersehbare Vielfalt möglicher Geschmacksempfindungen im Bewußtsein. Der moderne Stadtmensch hat im Vergleich zu sogenannten Primitiven einen deutlich verkümmerten Geschmackssinn. Bestimmte Ureinwohner des südamerikanischen Regenwaldes können mindestens zweitausend Pflanzen und Gräser am Geschmack und teilweise am Geruch erkennen. Der heutige Einsatz von künstlichen Würz- und Aromastoffen in der Nahrung stumpft den Gaumen ab und macht die Geschmacksempfindung auf eine undefinierbare Weise weniger intensiv.

Süßes wird – so glaubt man – vorn an der Zunge wahrgenommen, Bitteres dagegen hinten, mehr im Schlund, in der Gegend des Kehlkopfs. Eine der am widerlichsten «zu schluckenden» Substanzen ist pulverisierter Seetang. Sein bitterer Geschmack erzeugt bei manchen sofort Brechreiz. Bitterkeit wird mit Giften assoziiert und löst automatisch den vorgenannten Würgereflex aus, einen Abwehrmechanismus, der den Schlund schließt und eine Schlucksperre herstellt. Man spricht von «bitteren Pillen», die «schwer zu schlucken» sind, Sinnbild für böse, unangenehme Erfahrungen, die so schwer herunterzukriegen sind wie eine toxische Substanz.

Schwangere Frauen entwickeln manchmal einen unter Umständen suchtartigen Appetit auf ausgefallene Stoffe – nicht nur Lebensmittel –, die ansonsten reizlos oder sogar unangenehm für sie sind. Der «Geschmack» reizt sie plötzlich. Objekte der Begierde sind neben Nahrungsmitteln Dinge wie Kohle, Erde, Gras, Blumen und Insekten. Bei Lebensmitteln werden häufig seltsame Kombinationen gesucht, etwa eingelegte Heringe mit Schokolade oder Marmelade. Der Hunger danach erwacht oft in der Nacht und weckt die Frau aus dem Schlaf. Man fragt sich, welcher Art der unbewußte Inhalt ist, der hier aktiviert worden ist und die Frau drängt, solche geschmacklichen Ersatzbefriedigungen zu suchen. Was hat die Schwangerschaft in der unbewußten Psyche wachgerufen, das mit so wunderlichen oralen Befriedigungen beschwichtigt werden muß?

Manche Krankheiten ziehen ein «Umschlagen» des Geschmacks nach sich: Etwas bisher angenehm Schmeckendes schmeckt plötzlich scheußlich und kann nicht mehr genossen werden. Meiner Erfahrung nach sind solche Phänomene nur dann vorübergehender Natur, wenn auch die Grundkrankheit vorübergehend ist. Zu einem vorübergehenden Geschmacksumschlag kommt es hauptsächlich bei Erkrankungen des Mundes, der Mundschleimhaut und der Zunge selbst, bei denen sich die Haut ablöst. Bei ernsteren Grundleiden (Magen-, Darm-, Bauchspeicheldrüsenkrebs) kann es sein, daß der Kranke plötzlich Aufgußgetränke wie Tee und Kaffee zurückweist. Der Geschmack im Mund selbst scheint sich so verändert zu haben, daß er dem Kranken unakzeptabel wird. Süße, saftige Früchte werden plötzlich als übersüß und eklig empfunden. Es ist, als habe das Stimulierende (Tee und Kaffee) und das Süße (Früchte) keinen Platz mehr im Lebensschema eines Menschen, der im Begriff ist, sich von der irdischen Existenz zu lösen. Das ist ein keineswegs seltenes Phänomen.

Zu teilweisem Geschmacksverlust kann es bei systemischen Medikamentengaben und als Folge von Schädel- und Gesichtsverletzungen kommen. Bei Erkrankungen des Zentralnervensystems ist der Verlust meist total. Auch Geschmackshalluzinationen können auftreten; sie gelten als Alarmzeichen, weil sie eine organische Störung in den Nervenbahnen oder – seltener – eine beginnende Psychose anzeigen können.

Die Frau mit dem Kupfergeschmack

Zu meiner Studentenzeit betrachtete die psychiatrische Lehre besonders solche Geschmackshalluzinationen, bei denen ein metallischer Kupfergeschmack auftaucht bzw. vorgetäuscht wird, als starkes Indiz für Psychose.

Gerade weil dies kein alltägliches Symptom ist, ist es mir im Gedächtnis geblieben. Viele Jahre später konsultierte mich eine Frau, die darüber klagte, daß «alles nach Pennies» schmecke. Sie war der erste Patient mit diesem Symptom, mit dem ich es zu tun bekam.

Pennies werden aus Kupfer hergestellt. Kupfer ist das Gold des kleinen Mannes. Es ist ein Münzmetall und seit rund 10 000 Jahren in Gebrauch. Im klassischen Altertum assoziierte man es mit der Göttin Aphrodite, da Zypern, ihre Insel, reiche Kupferlagerstätten aufweist (der Name kommt her von *aes cyprium,* «zyprisches Erz»). Es ist das Metall des Planeten Venus und daher mit dem weiblichen Prinzip assoziiert. Seine Farbe ist gelblich bis tiefrot; es versinnbildlicht Herbst, Reifung, Reichtum, auch Verfall. Kupferarmbänder galten früher als abwehrkräftig gegen Geschlechtskrankheiten.

Kupfer gilt bei den Bambara in Mali als «verdünntes Gold».[64] Ihre höchste Gottheit ist Faro, der Gott der Metalle. Die Bambara assoziieren Kupfer mit Feuer, Krieg, Blut und Gottesgericht. Sie glauben ferner, daß Kupfer das «Wort» repräsentiert, den Wesenskern des Gottes Faro, und als solcher sein «Klang» ist. Aus diesem Gedanken erklärt es sich, daß die dortigen Stämme spiralige Kupferohrringe tragen. Faro selbst trägt zwei Halsketten, durch die er die Gespräche der Menschen hört: eine aus Kupfer, die normalen Alltagsschwatz überträgt, und eine aus Gold, die den Gott über die geheimen Worte (oder Gedanken) der Menschen unterrichtet.

In den großen Kupferabbaugebieten Afrikas wurde das Metall mit dem Urelement Wasser, dem Lebensprinzip aller Dinge, in Verbindung gebracht und hatte daher eine Beziehung zur Vegetation und der Farbe grün (rot und grün stellen die Farben des Lebens, der Vitalität dar).

Auch im Volksglauben der Russen wurde, wie in Mexiko und Afrika, Kupfer mit der Farbe grün assoziiert. Die Sagengestalt «Herrin des Kupferberges» hatte grüne Augen und trug ein Gewand aus Malachit. Manchmal erschien sie als grüne Echse. Eine Begegnung mit ihr brachte Unglück, denn es hieß: Wer sie trifft, der stirbt an Heimweh. Kupfer steht, wie Gold, auch mit dem Schlangenmythos in Zusammenhang.

In der Alchemie stellt Kupfer, wie Silber und andere Metalle, eine Verwandlungsstufe dar und symbolisiert das geistige Wachstum des Menschen.

> «Es mutet den modernen Menschen recht sonderbar an, daß gerade der innere Mensch und sein von ihm vorausgesetztes geistiges Wesen durch Metalle repräsentiert sein soll...», schreibt Jung. «Das kalte, tote Metall scheint einem allerdings das schlechthinnige Gegenteil des Geistes zu sein – aber wie ist es dann, wenn der Geist ebenso tot ist wie das Blei oder das Kupfer? Dann kann zum Beispiel ein Traum sagen: Such es im Blei oder im Quecksilber! Es scheint nämlich der Natur daran gelegen, das Bewußtsein zu größerer Ausdehnung und Erhellung anzutreiben, weshalb sie sich das stete Begehren des Menschen nach Metallen, insonderheit nach den kostbaren, zunutze macht und ihn veranlaßt, diese zu suchen und auf ihre Möglichkeiten zu prüfen. Während dieser Beschäftigung mag es ihm dämmern, daß sich in seinen Schächten nicht nur Erzadern befinden, sondern auch Erzmännchen, und daß im Blei entweder ein gefährlicher Dämon oder eine Taube des Heiligen Geistes verborgen ist.»[65]

Nachdem ich die obenstehende Patientin untersucht hatte und der körperliche Befund negativ war (kein verdächtiges Amalgam in den Zähnen, keine physischen Krankheitszeichen), ging ich zur Untersuchung ihres psychischen Zustandes über.

Da Kupfer aus der Erde gewonnen wird, kam ich zu dem Schluß, daß ihr Problem hauptsächlich in der «Unterwelt» liege, im Unbewußten. Diese unterirdischen Regionen hatten offenbar angefangen, in ihr Alltagsleben einzugreifen, und sie mußte bitteren, metallischen «Erd»-Geschmack erdulden.

Nach vielen Monaten ergab sich folgende Anamnese: Sie war eine Engländerin, die, knapp zwanzig Jahre alt, einen wesentlich älteren Mann geheiratet hatte. Er war Geschäftsmann und lebte in Schanghai. Nach der Hochzeit siedelte die junge Braut deshalb nach China über. Das Paar bekam einen Sohn, den sie beide sehr liebten. Ihr Leben in China war idyllisch und glücklich. Sie gehörte einer hochprivilegierten Klasse an, es fehlte ihr an nichts, sie hatte einen großen Freundeskreis. Als in den Jahren vor dem Zweiten Weltkrieg Unruhen in China um sich griffen, begann sie sich um die Sicherheit ihrer Familie zu sorgen. Ihr Mann beruhigte sie immer wieder, und deshalb blieben sie, trotz banger Vorgefühle, vorerst im Land. Allmählich bekamen die Freunde Schwierigkeiten, besonders mit den chinesischen Behörden, und der wirtschaftliche Druck nahm zu. Dann brach der Krieg in Europa aus, und es wurde notwendig, China zu verlassen. Die Eheleute beschlossen, in die britische Kronkolonie Hongkong zu gehen. Im gemieteten Sampan (Hausboot) machte sich das Paar mit einigen Freunden, die ebenfalls fliehen wollten, auf den Weg über das Südchinesische Meer. Leider wurde das Schiff von chinesischen Piraten geentert, die alle Passagiere ausraubten und diejenigen schlugen, die Widerstand leisteten. Der Mann, in Todesangst um seine Frau und seinen Sohn, bekam vor Aufregung einen Herzanfall. Als dies geschah, befahl der Piratenhäuptling der Schiffsbesatzung, den Mann in den Bug zu legen. Weder die Patientin noch ihr Sohn durften sich ihm nähern. Mit höchstem Entsetzen mußte die Patientin zusehen, wie ein chinesischer Seemann die Wertsachen ihres Mannes an sich nahm, ihm ein Messer durchs Herz stieß und ihn ins Meer warf.

Die Frau konnte nicht mehr reden, sie war stumm vor Grauen. Ihr Mund trocknete so aus, daß sie nicht mehr schlucken konnte. Tagelang sprach sie kein Wort mehr und trank nur noch hin und wieder einen Schluck Wasser, das ihr Sohn ihr reichte. Nach langer Irrfahrt wurden sie schließlich gerettet und erreichten auf Umwegen Hongkong, nur um in ein japanisches Gefangenenlager geworfen zu werden, in dem sie bis zum Kriegsende blieben.

Jahre später wurde ihr Mundleiden als «Sjögren-Syndrom» diagnostiziert: Mundaustrocknung durch Versiegen der Speichelsekretion. Bei der Patientin war es ausschließlich durch den seelischen Schock bewirkt. Als ich zwanzig Jahre später mit ihr sprach, war sie keine junge Frau mehr. Sie erzählte mir, daß sie über den Tod ihres Mannes mit niemandem geredet habe, auch nicht mit ihrem Sohn. Durch das Gespräch mit mir kam es zu einer Abreaktion und zu einem befreienden Heileffekt. Noch einmal durchlebte sie den furchtbaren Schock, die alten, schrecklichen Bilder stiegen wieder auf. Der Horrortod des Mannes, die Grausamkeit der chinesischen Seeräuber, vor allem aber ihre eigene Hilflosigkeit wurden neu durchlebt. Sie konnte das katastrophale Ereignis nicht schlucken, erlangte aber die Fähigkeit wieder, darüber zu sprechen.

Pennies – das ist Geld, Symbol für Energie. Eingesperrt im Todeskomplex, das heißt im Tod ihres Mannes, ihrer Ehe und ihres gemeinsamen Lebens in China, lag ein Energiequantum, das auf Freisetzung wartete. Vielleicht kein großes Quantum, aber ausreichend für die reduzierten Bedürfnisse ihres bescheidenen Lebens in einem England, das nicht mehr das war, das sie als junges Mädchen gekannt hatte.

Die Behandlung gab ihr neue Lebenskraft. Zu ihrem Erstaunen fand sie, daß nach mehr als einem Vierteljahrhundert wieder eine *joie de vivre* in ihr erwachte.

Die Mundtrockenheit hatte in dem Augenblick begonnen, als sie den Mord an ihrem Mann mit ansehen mußte. In den Jahren der Gefangenschaft hatte dann auch der Kupfergeschmack eingesetzt. Daß die Trockenheit so hartnäckig fortbestand, deutete auf ein fortbestehendes seelisches Problem: Die Patientin konnte das Desaster nicht schlucken. Es symbolisierte das Erlöschen ihres Geschmacks am Leben, es stak ihr als «bittere Pille» im Hals und verwandelte sich in bitteren Kupfergeschmack. In seiner Weisheit hatte das Unbewußte gerade dieses Symptom gewählt, um ihre psychische Situation darzustellen. In der Analyse stiegen sie und ich gemeinsam in ihre Vergangenheit hinab, durchwanderten sie und entschleierten das verlorene, vollkommen vergessene Glück des Lebensabschnitts, den ihr die Tragödie geraubt und verschüttet hatte. Endlich vermochte sie wieder zu leben mit den Erinnerungen an die Liebe, die sie ihrem Mann entgegengebracht hatte, und an den verdrängten Zorn darüber, daß er von ihr gegangen war. Endlich konnte sie sein Schicksal hinnehmen und sich damit abfinden, daß ihres darin bestand, ohne ihn weiterzuleben.

Kupfergeschmack – wie wir in der Mythologie sahen – steht in Beziehung zu Blut, Krieg, Zorn und Gottesgericht. Als die Patientin schließlich die Natur des Menschen begriff und auch Gottes Natur zu erahnen begann, setzte ein Wandel ein. Die Mundtrockenheit symbolisierte den Augenblick tiefsten Grauens und blieb – da das Grauen sich nicht vergessen ließ – bestehen bis zu dessen heilender Verarbeitung. Sie symbolisierte den Tod all dessen, was sie früher gekannt hatte.

Der Kupfergeschmack war, ins Körperliche umgesetzt, ein Spiegelbild der «Bitterkeit», die sie fünfundzwanzig Jahre in sich getragen und nie zum Ausdruck gebracht hatte. Der Wandel glich einer Wiedergeburt wie bei der Schlange oder Echse, die die Haut abwirft: eine neue Haltung bildete sich, als sie die verdrängten Jahre re-integrierte.

Zungenatrophie

Die Frau mit Lichen ruber planus

Wird die Zunge als Sprechorgan von einer Krankheit angegriffen, leidet naturgemäß das Sprechvermögen. Im Extremfall kann es zu völliger Stummheit kommen (Mutismus). Mutismus kann viele Ursachen haben, und häufig wird er von Taubheit begleitet.

Eine Frau konsultierte mich mit einem Zungenleiden, das allerdings ihre Sprechfähigkeit nicht beeinträchtigte. Sie war seit einigen Jahren bei einem Mundchirurgen in Behandlung und litt an Lichen ruber planus, einer Hautkrankheit, die auch die Schleimhaut mitbefallen kann. Der Schleimhautbefall kann sehr schlimm werden und sich auf die ganze Mundhöhle ausdehnen. Im Falle meiner Patientin war es zu Atrophie (Schleimhautschwund) gekommen.

Sie war eine Witwe mit vier erwachsenen Kindern, alle unter dreißig Jahre alt. Der älteste Sohn, neunundzwanzig, war schon das dritte Mal verheiratet, und seine Ehe stand bereits wieder auf wackligen Füßen. Der jüngste Sohn wurde von der Mutter als «schwierig» beschrieben; die jüngste Tochter war unverheiratet, hatte aber eine Reihe von Affären mit Männern zweifelhaften und gefährlichen Charakters gehabt. Hauptstütze der Familie war eine Zeitlang die älteste Tochter gewesen, eine sehr pflichtbewußte Person, doch nach des Vaters Tod vor drei Jahren – zu dieser Zeit hatte auch das Zungenleiden der Patientin eingesetzt – war sie schlagartig Alkoholikerin geworden. Binnen weniger Monate mußte sie in die Psychiatrie eingewiesen werden. Bei der Erhebung dieser tragischen Anamnese blieb die Miene der Patientin gelassen und entspannt. Keine Spur von Emotion, weder in Gesicht noch Stimme, als sie vom Absturz der Tochter in Krankheit und Wahnsinn erzählte.

Es wurde klar, daß die Tochter die Verantwortung für die gesamte Familie auf sich geladen hatte, für den Vater (bis zum Tod), für die schwierigen Geschwister mit ihren Lebensproblemen und nicht zuletzt für die pflichtvergessene Mutter, deren Verantwortungslosigkeit ihr das alles aufgehalst hatte. Gefragt, ob der seelische Zustand ihrer Tochter ihr keine Sorgen mache, antwortete die Mutter: «Klar doch, ich habe sie ja noch vor einem Jahr in der Anstalt besucht!» Es kam heraus, daß sie nie mit ihrer Tochter gesprochen, sich nie nach ihr erkundigt, ihr nie gedankt, wahrscheinlich nie ihre Dienste anerkannt hatte. Sie hatte geschwiegen. Die Zunge, die zur Tochter – und zu den anderen Kindern – hätte sprechen sollen, war offenbar stumm geblieben. Es war eine Zunge ohne Feuer, unschöpferisch und destruktiv. Am Ende kehrte sich die destruktive Tendenz gegen das Organ selbst. In der Zunge spiegelte sich die seelische Haltung der Trägerin gegenüber der Familie – sie atrophierte (verkümmerte).

Lichen ruber planus läßt sich als eine Art Haut- (oder Schleimhaut-)Tod beschreiben. Oft tritt die Krankheit nach realen Trauerfällen auf, wenn ein Angehöriger oder Bekannter gestorben ist. Häufig steht aber auch nicht ein äußerer, sondern ein innerer Tod dahinter, eine Gefühlsversteinerung vielleicht. Stets ist die Krankheit ein Hinweis auf ein Vakuum, das irgendwo eingetreten ist, und es scheint, als wolle das Selbst das Augenmerk des Ichbewußtseins auf einen vorhandenen Bruch, eine Dissoziation zwischen bewußter und unbewußter Psyche, hinlenken. Sehr viele Menschen sind von ihrer inneren Welt, ihrem Gefühlsleben, abgeschnitten und nehmen innere Angst, Wut, Traurigkeit nicht mehr wahr. Wenn solche Emotionen vorhanden sind, verschwinden sie nicht einfach; sie bleiben im Unbewußten, werden eines Tages unter Umständen reaktiviert und führen dann möglicherweise zu schweren Psychoneurosen oder gar Psychosen.

Die Frau benahm sich, als sei ihre Tochter bereits tot. Sie hatte sie abgeschrieben, sie aus ihrer Erinnerung gestrichen, alle Gedanken an sie gelöscht. Leicht kann man sich das tragische Leben ihrer Kinder vorstellen. Diese Mutter war eine veritable Medusa, eine Gorgo, deren Antlitz, gekrönt von Schlangenlocken, alle versteinern ließ, die sie anblickte. Die Kinder dieser Frau flüchteten sich vor ihr in Alkoholismus, Wahnsinn, sexuelle Verderbtheit und gescheiterte Beziehungen. Manche Frauen macht der Animus stumm, weil sie ständig der befehlenden und destruktiven inneren Stimme lauschen müssen. Solche Animi sind die schlimmsten. Diese Frau, in ihrem Umfeld nur Zerstörung säend, besaß einen starken, mörderischen Animus. Der Animus hatte sie ihrer Weiblichkeit entfremdet, sie hatte die Fühlung zu ihren Instinkten und zu ihrer Menschlichkeit verloren. Außer der alkoholkranken Tochter schien es keinen in der Familie zu geben, der auch nur einen Funken Bezogenheit besaß.

Von den Gorgonen, den Töchtern des Phorkys, des «Grauen», eines Kindes der «Urmeerestiefe», des Pontos, stammen schreckliche mythische Ungeheuer.

«Die Gorgonen, geflügelt, schlangenhaarig und schlangegegürtet, sind mit Eberhauern, Bart und herausgestreckter Zunge uroborische Symbole der Urmacht des weiblich Furchtbaren, Bilder der großen vorgriechischen Muttergottheit in ihrem verschlingenden Aspekt als Erde, Nacht und Unterwelt.»[66]

Medusa mit dem schrecklichen Antlitz und den knirschenden Zähnen hat einen vagina-ähnlichen Mund mit femininen Lippen; die vorgestreckte Zunge andererseits deutet auf phallische Aggressivität und Dynamik. Wir haben hier das Bild einer archaischen Vorform des Animus vor uns, vor der Trennung vom Weiblichen. Zum Ausdruck kommt verschlagen-brutale Schlangenkraft, züngelnd hervorschießende Begierde zu verwunden und zu töten. Eine Kraft, die der Zunge innewohnt.

Dies war die verborgene Waffe, die hinter dem glatten selbstzufriedenen Äußeren lauerte, die «stechende Zunge» der Wirbellosen. Mitten aus der Stille heraus konnte die giftige Attacke kommen, ein verletzendes Wort von der kaltblütig stummen Schlangenzunge. Das stumme Äußere barg wahrscheinlich ein aufgewühltes Inneres, eine unaufhörlich fordernde, eifernde, geifernde Stimme.

Ein weiterer Lichen-ruber-planus-Fall der Zunge fällt mir ein. Wieder handelte es sich um schwere Atrophie, diesmal aber sah die Zunge regelrecht versengt aus, als sei sie durch Feuer gegangen. Die Patientin war eine verheiratete Frau mit mehreren Kindern.

Insgesamt habe ich sechs oder sieben Stunden mit ihr verbracht. Stunden, die ermüdend und strapaziös waren, denn sie hörte nie auf zu reden. Ihre Zunge hätte man als «Schwatzapparat» bezeichnen können. Der Arzt, der sie zu mir überwies, lieferte die Prognose «aussichtslos» mit, das heißt, er glaubte nicht, daß sich ihr Zustand je bessern werde. Die Prognose überraschte mich, doch am Ende war ich geneigt, ihm zuzustimmen. Analyse kam aus mehreren Gründen nicht in Frage, hauptsächlich aufgrund mangelnder Intelligenz der Patientin. Ich entdeckte, daß sie eine «Gift»-Zunge hatte. Über jedes einzelne Mitglied ihrer Familie – Vater, Mutter und Geschwister – sang sie Klagelieder. Ihren Mann schätzte sie als Taugenichts ein, ihre Kinder waren schwierig, ihre Freundinnen eifersüchtig, ihr Arzt nutzlos. Zweifellos bin ich später in dieselbe Kategorie gefallen. Sie hatte keinerlei Vorstellung von ihrem Schatten; sie projizierte ihn nach draußen, in Klatsch, Schmähung, üble Rede, Verleumdung. Ich bekam den Eindruck, daß dieser ätzende Groll ihre Zunge irreversibel versengt hatte und ihr Arzt das ganz richtig gesehen hatte. Nie hörte ich eine bitterere Zunge: sie hatte einen winselnd-klagenden Animus, von dem sie regelrecht «verschlungen» war. Hätte sie sich gegen ihn behauptet, indem sie nur ein einziges Mal eine andere Meinung zu sich hätte vordringen lassen oder ihre eigenen fixen Ideen hinterfragt hätte, so hätte sie ihrem weiblichen Selbst einen Stand-Punkt gegeben. Wenn eine Frau das schafft, wird der Animus zur kreativen Kraft. Diese Kraft braucht sie, denn nur durch Integration dieses Seelenteils kann sie zur Frau im höchsten Sinne werden.

Die Zungenkrankheit konnte in diesem Fall als Signal vom Selbst, dem Persönlichkeitszentrum des Menschen, verstanden werden, als Zeichen und Hinweis auf die Giftigkeit dieser Zunge. Leider machte der Animus die Patientin dafür taub, und der Strom ihrer Schmähungen übertönte äußerlich die Stimmen anderer und innerlich die Stimme des Selbst.

Die Mutter mit Erythrodermie

Ein anderer Fall von Zungenatrophie veranschaulicht einen weiteren Aspekt seelischer Störungen. Ein Fall mit ungewöhnlichen Begleitumständen, auch medizinisch anders gelagert, nämlich ausgehend von einer Medikamentenüberempfindlichkeit.

Wieder handelte es sich um eine Frau mittleren Alters. Wegen eines schlimmen Hustens hatte sie an einem Weihnachtstag ein Hustenmittel genommen, das sie am Heiligabend in einer Apotheke gekauft hatte. Binnen Stunden brach bei ihr Erythrodermie aus, eines der schwersten Hautleiden, das es gibt. Es war bis vor etwa zwei Jahrzehnten fast immer tödlich und fordert auch heute noch Todesopfer.

Am Neujahrstag wurde ich zu ihrem Fall hinzugezogen und sah sie im Krankenhaus, dem Tode nahe, mit totaler Hautabschälung am gesamten Körper. Da lag sie, rot, wund, blutend, als sei sie durch ein verzehrendes Feuer gegangen. Mehrere Wochen stand sie an der Schwelle des Todes und blieb dann fast noch ein Jahr schwerkrank. Schließlich genas sie. Sie sah nun aus wie ein Frühgeborenes, rötlich, glatthäutig, haarlos, ohne Augenwimpern und ohne Nägel. Ihr Haar erneuerte sich schließlich, neue Haut trat an die Stelle der abgestoßenen, doch die Finger- und Fußnägel wuchsen nicht mehr nach. Es war, als sei sie der Retorte eines Alchemisten entstiegen; eine Metamorphose, die ihr das Aussehen eines Humunculus gab.

Ihre Zunge war atrophiert, die Papillenoberfläche zerstört. Nach drei, vier Jahren bedeckte sich die Zunge wieder mit Epithel, doch die Oberfläche blieb fortan glatt, und in der Mitte saß ein indolentes (schmerzloses) Geschwür, das zehn Jahre lang nicht heilte und dann plötzlich spontan verschwand.

Fast ein Jahr lang sah ich die Frau täglich, dann über zwei Jahrzehnte jeden Monat einmal. Bei diesen vielen Begegnungen in der Sprechstunde entwickelte sich zwischen uns beiden ein gutes, herzliches Verhältnis. Ich habe sie nie außerhalb des Sprechzimmers gesehen, und unsere Gespräche drehten sich ausschließlich um ihre Krankheit und Gesundheit, später auch um ihre Familie.

Viele Male fragte ich sie nach anamnestisch bedeutsamen Lebensereignissen, aber sie wußte mir nichts zu sagen. Ganz zufällig entdeckte ich dann – zwanzig Jahre im nachhinein –, daß kurz vor Einsetzen der Krankheit die einzige (angebetete) Tochter geheiratet hatte und ins Ausland gezogen war. Nur selten kam sie nach Hause auf Besuch, doch die Mutter fuhr sie einmal jährlich besuchen. Den Mann ihrer Tochter erwähnte sie mit keinem Wort – und genau hier lag wahrscheinlich der Konflikt. Weder die Patientin noch ich hatten die Hochzeit zunächst mit dem Krankheitsausbruch in Verbindung gebracht. Als ich sie dann doch danach fragte, verfiel sie in merkwürdiges Schweigen und zeigte sich abgeneigt, darüber zu reden; sie sagte nur, das Mädchen habe gut geheiratet.

Ich vermutete eine Animosität gegen die Ehe. Viele Male habe ich über diese wie aus heiterem Himmel hereinbrechende katastrophale Krankheit nachgedacht, die die Patientin sechs Monate lang sprechunfähig machte und ihr auf Lebenszeit den Geschmackssinn raubte.

Wenn gehustet wird, liegt eine Reizung der oberen Atemwege vor, oft auch eine Teilblockade der Luftzufuhr. Luft, der Lebensodem schlechthin, symbolisiert Geist; Husten kann daher auf ein seelisches Problem hindeuten. Emma Jung weist ausdrücklich darauf hin, daß bei Frauen, bei denen das Animusproblem akut wird, manchmal Lungenleiden auftreten.[67]

Das Widerstreben der Frau, über den Ehemann der Tochter zu sprechen, deutete auf «wunde Punkte» in diesem Bereich. Sie liebte ihre Tochter sehr, kein Zweifel, und als diese heiratete und die Mutter wegen des Ehemannes verließ, kam es bei der Mutter wahrscheinlich zu feindseligen Gefühlen, die aber wohl nicht zum Ausbruch kamen. Zum Ausbruch kam «dafür» die Krankheit, die sie sprachlos machte und ihre Zunge irreparabel schädigte. Man fragt sich, was geschehen wäre, hätte sie damals ihrem Herzen Luft gemacht (nach eigener Angabe hat sie damals geschwiegen).

Das am Weihnachtstag eingenommene Hustenmittel enthielt einen Wirkstoff, gegen den sie allergisch war. Ihr gesamter Körper reagierte darauf sehr heftig, jede Zelle war affiziert. Es schien, daß sie psychisch nicht mehr leben wollte. Dennoch lebte sie weiter, verlor aber leider den «Geschmack» am Leben. In den beiden folgenden Jahrzehnten änderte sie sich: wurde weicher, zugänglicher, weniger distanziert. Ohne sich dessen voll bewußt zu werden, erkannte sie umrißhaft ihr früheres starreres, rechthaberischeres Ich. Das Leben lehrte sie Objektivität, und die Entmachtung des Animus begann.

Das Clownsgesicht

Der folgende Fall unterscheidet sich grundsätzlich von den vorigen. Eine Patientin stellte sich mit einer zirkumoralen entzündlichen Lippenerkrankung vor. Die rote Lippenhaut hatte sich an Ober- und Unterlippe zentimeterweit ins Gesicht hinein erweitert, es sah aus wie ein dick geschminkter Clownsmund. Das gab ihr ein eigentümlich trauriges Aussehen. Ursache der Entzündung war ein ständiges Lippenlecken. Fortwährend wischte die Zunge über die Lippen, eine Bewegung, die sich verselbständigt hatte und wie ein Tic wirkte. Es war jedoch kein echter Tic, kein autonomes Muskelzucken, sondern eine Angewohnheit. Sie glich derjenigen, die Menschen in Augenblicken großer Angst zeigen. Die Lippen werden trocken, und es entsteht der Drang, sie zu lecken. Man sieht dies bei Examenskandidaten, bei lampenfiebernden Schauspielern und generell bei allen Menschen, die öffentlich sprechen.

Die Frau fiel in keine dieser Kategorien, sie war Hausfrau, glücklich verheiratet, mit erwachsenen Kindern, finanziell bis vor kurzem ohne Sorgen. Sie hatte eine jüngere Schwester, die im kaufmännischen Bereich Karriere gemacht hatte. Mehrere Jahre hatte diese eine hohe Stellung im Management einer angesehenen Firma bekleidet. Dann, eines Tages, wurde sie der Unterschlagung angeklagt. Dies war natürlich ein großer Schock für die Familie, doch weil die Patientin ihre Schwester liebte, hielt sie während des Gerichtsprozesses und der folgenden Gefängnishaft zu ihr. Bis dahin hatte die jüngere Schwester ein Leben im Wohlstand geführt; nach ihrer Entlassung hatte sie weder Freunde noch Geld, auch ihr Haus hatte sie zur Bezahlung ihrer

Schulden verkaufen müssen. Deshalb sah sie sich gezwungen, vorerst bei der Patientin zu wohnen. Anfangs verlief die Rehabilitation glatt, doch dann begann die Schwester, an die Patientin und ihren Mann zunehmend unverfrorene Forderungen zu stellen. Da sie kaum Geld und eine nur schlecht bezahlte Stellung hatte, wollte sie von der Schwester quasi das Fehlende ersetzt bekommen. Dies war der Zeitpunkt, an dem sich bei der Patientin erstmals das Lippenlecken bemerkbar machte.

Allem Anschein nach war die jüngere Schwester stets tyrannisch veranlagt gewesen; jetzt, nach ihrem Sturz in Ungnade, trat das Herrisch-Fordernde wieder verstärkt zutage, und davor hatte die Patientin Angst. Es war notwendig, die Haltung der jüngeren Schwester im Zusammenhang mit dem unbewußten Schatten der Patientin zu betrachten. Als die Patientin ihre Schwäche und Wehrlosigkeit allmählich begriff, wurde ihr «der Rücken gestärkt», und sie vermochte sich endlich gegen die Schwester zur Wehr zu setzen, mit dem Resultat, daß die Lippenentzündung abheilte.

Der erste, spontane Eindruck, als sich die Patientin vorstellte, war der einer Clownsmaske, eines Clownsgesichts. Der Clown oder Possenreißer ist in einigen irischen Texten das Äquivalent des Druiden, des weisen Priester-Magiers. Er ist ein Wegweiser zu den Gegensätzen. Kein Königshof, kein Herrenhaus ohne den Hofnarren. Er ist das andere Gesicht der Realität, die vergessene Kehrseite. Er ist das fleischgewordene ironische Gewissen. Ein weiterer, nicht so bekannter Aspekt: Oft ist er auch Prügelknabe und Sündenbock.

Dieser Aspekt vor allem war es, den ich unbewußt wahrnahm, ehe ich über die Sachlage informiert war. Zweifellos besaß die Patientin Instinktweisheit, erwiesen dadurch, daß sie in der Not zu ihrer Schwester hielt. Sie liebte sie, und das Wesen der Liebe ist Güte. Doch sie hatte eine übertrieben positive Auffassung vom Charakter ihrer Schwester. Sie hielt sie für einen im wesentlichen ehrlichen Menschen, der nur Pech gehabt hat. Dies war ihrerseits eine Projektion. Den herrischen Charakterzug kannte sie zwar von früher her, hatte ihn aber in ihren Reifungsjahren vergessen, als beide auf gutem Fuß zu stehen schienen. Sie war sich der Tatsache unbewußt, daß ihre Schwester einen kriminellen Schatten hatte. Hier war sie «der Narr». Ihre Schwester hatte sich nicht geändert, sie blieb tyrannisch-auftrumpfend, und sie war immer noch ein Dieb. Die Patientin stand nahe davor, auf dem Altar der Habgier ihrer Schwester geopfert zu werden, doch ihre unbewußte Angst fand ihren Ausdruck durch die Körpersprache der Zunge.

Die Frau mit den Aphthen

Schließlich noch eine weitere Patientin mit einem Zungenleiden. – Bei sämtlichen hier beschriebenen Fällen handelte es sich um Frauen, und in der Tat spielt die Zunge im Leben der Frau ja keine geringe Rolle, doch werden genausogut auch Männer von Zungenleiden befallen.

Diese letzte Patientin war Anfang Sechzig, hochgewachsen, gutaussehend, energisch, von gewinnender Art. Ihr Zungenleiden war nicht gefährlich, aber störend und schmerzhaft: nämlich Aphthen (Mundgeschwüre). Dies sind kleine, sehr schmerzhafte weißliche Schleimhautgeschwüre, meist auf oder unter der Zunge. Wie sie entstehen, ist umstritten; manche Ärzte bringen sie mit Magen-Darm-Erkrankungen in Verbindung. Bei meiner Patientin hatte der Aphthenbefall im Jahr zuvor begonnen und hatte sich in einer ununterbrochenen Serie bis heute fortgesetzt. Ihr sonstiger Gesundheitszustand war hervorragend.

In der psychosomatischen Medizin ist es immer sehr wichtig, den Zeitpunkt des Krankheitsausbruchs in Erfahrung zu bringen und sich nach gleichzeitig eingetretenen Lebensereignissen zu erkundigen. Im Sinne des chinesischen ganzheitlichen Felddenkens sucht man dabei Ballungen zusammenfallender Ereignisse zu erkennen, sogenannte sinnvolle Koinzidenzen. Jung nennt dies Synchronizität. Nach Marie-Louise von Franz zeigen sich in solchen Ereignisballungen «gewisse Ordnungen, die die physikalische oder psychische Natur erhalten und durch diese beständigen Ereignisse eine konstante Ordnung schaffen».[68]

Bei den Diskussionen mit der Patientin stellte sich heraus, daß das Auftreten der Aphthen mit dem «Heimkommen» ihres Mannes zusammenfiel. Es handelte sich eigentlich um seine Pensionierung, aber sie gebrauchte das Wort «Heimkommen», das auch besser zutraf.

Dreißig Jahre zuvor hatte sie ihn – einen Marineoffizier – geheiratet, und die Ehe war idyllisch. Der Mann war in den Jahren nach der Hochzeit zu hohem Rang aufgestiegen und hatte fast seine gesamten Ehejahre in der Fremde verbracht, entweder im Ausland oder auf See. Seine Landurlaube waren immer ein regelrechtes Fest, es gab Geschenke und viel Abenteuerliches zu erzählen. Fast wie Flitterwochen, erzählte die Frau. Kinder kamen, wurden großgezogen und verließen das Haus. Die Frau wurde im Laufe dieses Lebens naturgemäß sehr selbständig und schuf sich ihren eigenen Existenzkreis, der auch einen eigenen Stamm alter guter Freunde beiderlei Geschlechts umfaßte. Die Landurlaube des Mannes verbrachten die beiden häufig auf Reisen oder waren's einfach zufrieden, zusammenzusein. Sie sagte, er sei ein sehr guter Mann.

Plötzlich war er dann pensioniert, sie hatte ihn ständig vor der Nase, und er liebte seine eigene Ordnung, seine eigene Art der Lebensführung. Damit störte er empfindlich ihre Kreise, eine harte Geduldsprobe für sie, doch weil er so lieb war, brachte sie es nicht übers Herz, ihm zu sagen, wie lästig er ihr fiel. Sie brachte die Worte nicht «von der Zunge». So entwickelten sich die Aphthen.

Als ihr erklärt wurde, das Problem liege in ihrer eigenen Psyche, sie sei nicht ganz so tolerant, wie sie denke, und die «vollkommene Liebe» zwischen ihnen habe auch eine dunkle Seite, begriff sie sofort. Binnen weniger Tage bildeten sich die Aphthen zurück, die ihr noch «auf der Zunge lagen». Sie erkannte nun, daß ihr Mann im vollen Sinn und endgültig heimgekehrt war. Und sie gewann Einblick in ihren Schatten.

Die Haut

Von allen Körperorganen ist die Haut ohne Zweifel der sensibelste Seelenspiegel.

Eigenschaften der Haut

Die Haut bedeckt den Organismus wie ein engsitzender Ganzkörper-Handschuh. Geschmeidig bewegt sie sich mit ihm und ist, in gesundem Zustand, hochflexibel und widerstandsfähig zugleich. Erst im Alter erschlafft sie und verliert ihre natürliche Elastizität. Ein Organ von faszinierender Beschaffenheit, hochkomplex und einzigartig, fungiert sie als lebendige Schutzhülle für den darunterliegenden Leib. Ob haarig, ob glatt und haarlos, ob gefiedert, ob schuppig, sie behält immer die gleichen Grundeigenschaften. Sie ist das wesentlichste Erkennungsmittel zwischen Menschen und zweifellos das Hauptorgan der sexuellen Anziehung. Dann ihre Sichtbarkeit: Sie kann unmittelbar und in ihrer Gesamtheit beobachtet werden. Auf Anhieb erkennt man ihre Farbe, ihre Textur läßt sich überall betasten. Beide sind in unendlichen Abstufungen vorhanden. Die Farbe reicht von der Pigmentlosigkeit des Albinos bis zum Pechschwarz der nubischen Wüstenvölker, die taktile Beschaffenheit von der Seidenweichheit der Haut des Frühgeborenen bis zu fast steinerner Härte beim Morbus Darier (krankhafte Verhornung der Haut) und bei der Kollagenerkrankung Sklerodermie (wörtlich «Harthäutigkeit»), bei der die Haut in schlimmen Fällen den Körper einpanzert wie in einem lebendigen Grab.

Die Haut bildet die Grenze zwischen dem inneren physischen

Körper und der Außenwelt und ist die natürliche Grenze des Ichbewußtseins des Individuums. Alles jenseits der Haut ist «Nicht-Ich», und damit «das Andere». Wie alle Grenzen weist sie sowohl Schutz- als auch Abwehrmechanismen auf.

Im gesunden Zustand ist sie pflegeleicht, unauffällig, «unsichtbar», ein völlig stummes Organ; eine Aura der Ruhe umgibt sie und verleiht ihr den trügerischen Anschein des Unveränderlichen. Einsetzende Altersspuren an Gesicht und Körper fallen uns bei Mitmenschen eher auf als bei uns selbst. Wem zum erstenmal das Altern der eigenen Haut zu Bewußtsein kommt, der erlebt das meist als kleinen Schock. Nicht so sehr die Falten, mehr die Austrocknung ist dabei das Ausschlaggebende. Trügerisch «still» und gleichsam wartungsfrei, wird die gesunde Haut von der großen Mehrheit der Menschen vergessen und kaum wahrgenommen. Wehe aber, wenn eine Hautkrankheit ausbricht: Dann verliert die Haut jäh ihre Friedlichkeit, lodert auf, wird oft zum Feuermeer. Dieses «brennende» Aussehen hat sie beispielsweise bei Nesselsucht oder Urtikaria und bei akuten Ekzemen, Krankheiten, die höllisch quälen können. Langsam tritt das psychische Bild der Haut in den Vordergrund. Im gesunden Zustand wird das Organ Haut leicht vergessen, es macht andererseits bei Störungen um so heftiger und unabweisbarer auf sich aufmerksam.

Die Haut mit ihren «Anhangsgebilden», den Haaren und Nägeln, hat beim gesunden Menschen eine besondere Beschaffenheit, eine Summe aus Tonus, innewohnender Elastizität und natürlichen Farbschwankungen, die abhängig von der Beschaffenheit des Blutes und der jeweiligen Kreislaufaktivität sind. Im Zorn rötet sich die Haut; bei Angst erblaßt sie; bei Übelkeit (Seekrankheit) bekommt sie einen Stich ins Grünliche. Auch das Alter des Menschen bestimmt die Hautfarbe mit.

Legion sind die Krankheiten, die dieses hochkomplizierte Organ befallen können. Wissenschaftlich heißen sie Dermatosen. Genannt seien: die Ekzeme oder Ausschläge mit ihren vielen Spielarten; die Urtikaria- oder Nesselsuchtformen; die Psoriasis oder Schuppenflechte, ein rätselhaftes und allgegenwärtiges Leiden; der geheimnisvolle Lichen ruber planus; die Bindegewebserkrankungen (Kollagenosen); und die weite Gruppe der blasenbildenden Erkrankungen, die von harmlos-gutartig bis tödlich reichen.

Bei all diesen Erkrankungen – um nur einige zu nennen – ist die Ätiologie (Ursache) unbekannt. Das Krankheitsbild selbst ist bei allen gut erforscht und dokumentiert, dem «Warum» ihrer Entstehung ist man aber häufig nicht nähergekommen, allen phänomenalen medizinischen Fortschritten dieses Jahrhunderts zum Trotz.

Ebling[69] schreibt: «Zum vollen Verständnis der Ursache, Natur und Behandlung der Hauterkrankungen muß man die Physiologie, Struktur und Chemie sowohl der gesunden als auch der kranken Haut kennen.» Er fährt fort: «Vielleicht ist es nicht mehr gerechtfertigt zu sagen, die Haut sei ein vernachlässigtes Organ; dennoch muß man zugeben, daß *eine wissenschaftliche Basis für Genese und Therapie* nur für relativ wenige Hauterkrankungen angegeben werden kann.»

Ein Sachverhalt, der Hautärzten leider nur allzu vertraut ist.

Wesen der Haut

Obwohl die gesunde Haut unveränderlich wirkt und statisch aussieht, ist sie in Wirklichkeit hochdynamisch, ein Wandlungsorgan par excellence, denn sie wandelt und erneuert sich immerfort, von der Zeugung bis zum Tod. Bis über den Tod hinaus setzt sich diese Dynamik im Haar- und Nagelwachstum fort.

Das Organ Haut, auch Integument oder Cutis genannt, besteht im wesentlichen aus zwei Schichten, der Epidermis (Oberhaut) und der darunterliegenden Dermis (Korium oder Lederhaut), die Blutgefäße, Drüsen und Haarfollikel enthält und die Trage- und Nährschicht der äußeren Haut darstellt. Die Epidermis baut sich aus fünf Schichten auf, deren tiefste die Keim- oder

Basalschicht ist, das Treibhaus der Haut, wo immerfort Epithelzellen entstehen und sich teilen. Sie wandern durch die Schichten der Epidermis (Stachelzellenschicht, Stratum granulosum, Stratum lucidum) nach oben und verlieren dabei allmählich ihre Kerne. In der letzten Schicht, der Hornschicht, haben sie sich in kernlose Keratinzellen oder -plättchen verwandelt, die fortwährend abgestoßen und von unten durch neue ersetzt werden. Dieser Zyklus dauert im Schnitt knapp einen Monat, meist zweiundzwanzig bis achtundzwanzig Tage. Wie die Schlange wirft auch der Mensch die Haut ab, allerdings nicht auf einmal wie das Reptil, sondern permanent, durch einen unmerklichen ständigen Schuppungsprozeß.

Darin verkörpert sich die Kerneigenschaft der Haut: Sie ist sowohl ein Organ des Übergangs wie auch des Wandels, der ewigen Veränderung.

Interessant ist in diesem Zusammenhang ein Seitenblick auf die Haut des ungeborenen Kindes. Durch das Elektronenmikroskop und dank reichlichem Vorhandensein fetaler Haut aus Abtreibungen haben wir uns neue Erkenntnisse über die Zytologie (Zellenlehre) der Embryonalhaut verschafft.

Wenn in der dritten Woche nach der Zeugung der Herzschlag des Embryos einsetzt, besteht seine Epidermis noch aus einer einzigen Zellschicht. Drei Wochen später lassen sich zwei Schichten, das Haarhäutchen und das innere Stratum basale, unterscheiden. Letzteres wird zur Basalschicht der erwachsenen Epidermis, zur Keimschicht, die ständig neue Zellen gebiert. In der sechzehnten Woche haben sich zusätzlich eine oder mehrere Zwischenschichten entwickelt, in der sechsundzwanzigsten Woche trennen sich die Haarhäutchenzellen ab, und die reife Epidermis mit ihren vier oder fünf Schichten bildet sich aus, zuäußerst die Hornschicht mit ihren Keratinzellen. Mit der Ausbildung der Hornschicht hat der menschliche Fetus in der sechsundzwanzigsten Woche die Entwicklungsstufe des Reptils erreicht.

Es lohnt sich, die Hornschicht näher zu betrachten. Ihre Derivate sind Schuppen, Haare, Drüsen und Pigmentzellen. Bereits bei primitiven Wirbeltieren findet sich die Fähigkeit zur Hornbildung: das Neunauge, ein fischähnliches Wirbeltier, hat hornige Zähne.

Wie schon erwähnt, besteht beim Menschen die Hornschicht aus plättchenartig aneinanderstoßenden Keratinzellen. Dies bedeutet, daß der ganze Körper in einen feinen Film aus Horn gehüllt ist. Bei Reptilien ist diese Schicht sehr wichtig: Hier hat sie sich zum Panzer aus dicken, hornigen epidermalen Schuppen ausgewachsen, die einander überlappen, ohne Öffnungen und Drüsen.[70]

Von der weichen Haut am Bauch der Schildkröte schuppt sich ständig Keratin in kleinen Flöckchen ab. Bei Echsen und Schlangen verlaufen das Wachstum und die Verhornung der Oberhaut dagegen in Schüben, was dazu führt, daß in periodischen Abständen die ganze Hornschicht abgeworfen wird. Eine Trennschicht aus unverhornten Zellen schiebt sich zwischen den alten und den neuen Hautpanzer. Die alte Haut wird abgestreift, und die Schlange präsentiert sich «wiedergeboren» in neuer, glänzender Haut. Ein mythischer, geheimnisvoller Umschlagpunkt.

Schuppen, die denjenigen der Reptile ähneln, finden sich auch an den Füßen von Vögeln und am Schwanz mancher Säugetiere[71], doch hierbei handelt es sich um Zellen, die noch Kerne aufweisen. Damit ähneln sie den parakeratotischen Zellen, die beim Menschen bei Schuppenflechte (Psoriasis) auftreten. Diese Hautkrankheit ist gekennzeichnet durch flache bis leicht erhabene rote Flecken (Plaques), die mit silbergrauen Schuppen bedeckt sind. Sie sind das Leitsymptom für die Diagnose. Die parakeratotischen Zellen bei der Psoriasis enthalten – abweichend von den normalen Hornzellen – noch Kerne, genau wie die erwähnten Zellen bei Vögeln und manchen Säugetieren. Damit zeigen sie eine Rückkehr zu einer früheren, entwicklungsgeschichtlich primitiveren Stufe. Ein Sachverhalt, der zur Entschlüsselung des seelischen Hintergrundes bei Psoriatikern bedeutsam ist.

Psoriasis – Blockierte Wandlung

Demonstriert wurde mir dies vor vielen Jahren durch einen Patienten mit schwerer Psoriasis. Dieser Fall stellte für mich ein Schlüsselerlebnis dar, das meine Einstellung zu dem rätselhaften und weitverbreiteten Leiden von Grund auf änderte. Vorher hatte ich – klassisch-schulmedizinisch – eine organische Krankheitsentstehung angenommen. Seither zweifle ich nicht mehr daran, daß Psoriasis der Ausdruck einer seelischen Störung ist.

Der psoriatische Herd zeigt im Vergleich zur gesunden Haut vor allem zwei Veränderungen: 1) das Vorhandensein parakeratotischer Zellen, 2) abnorm beschleunigte Zellreifung. Insgesamt ergibt sich der Eindruck eines quasi gewaltsamen Häutungsversuchs des Körpers, der aber mißlingt, weil in der Hornschicht neben den normalen kernlosen auch kernhaltige Zellen vorhanden sind, die nicht abschuppen können. Im Falle der Schlange würde das bedeuten, daß sie in der alten, die Erneuerung verhindernden Haut festsitzt.

Der genannte Patient war ein Mann von siebenundfünfzig Jahren, der seit seinem siebzehnten Lebensjahr an generalisierter Psoriasis litt. Sein erster Besuch bei mir war aus meiner Sicht eine völlige Katastrophe. Er kam als letzter Patient am Ende eines langen, anstrengenden Tages. Er kannte die Diagnose und wollte lediglich wissen, ob es neue Behandlungsmöglichkeiten gebe. Ich verneinte, und als er mir von seiner schlimmen Krankheit erzählte und das «Warum» ansprach, platzte ich plötzlich heraus: «Sie stecken in der falschen Haut, zur falschen Zeit und am falschen Platz.» Eine unverzeihliche Bemerkung, die ich sofort bereute. Ich konnte mir damals überhaupt nicht erklären, welcher Teufel mich geritten hatte, so etwas zu sagen.

Der Mann ging und kam nach einer Woche zurück mit der verblüffenden Nachricht, die Psoriasis sei abgeheilt. Tatsächlich gibt es bei Psoriasis Spontanremissionen, aber als Remission konnte man dies nicht bezeichnen, nur als völlige Heilung – die Krankheit kam nämlich nicht wieder. Der Patient berichtete, meine Bemerkung habe ihn dazu gebracht, über sein Leben nachzudenken. Er war Fleischermeister und war seinerzeit gegen seinen Willen in den väterlichen Betrieb eingetreten, der schon seit mehreren Generationen von der Familie geführt wurde. Einen Tag nach seinem großen Nachdenken hatte er seine Fleischerei verkauft und eine Farm erworben, wo er Tiere züchten statt töten konnte. Sofort nach dieser Entscheidung hatte die Psoriasis angefangen, sich zu bessern.

Nichtsahnend war der Mann in die familiären Fußstapfen getreten, hatte kritiklos das Metier übernommen, hatte als Siebzehnjähriger die familienübliche Laufbahn angetreten. Seine Individuation war damit quasi auf Eis gelegt. Die Psoriasis mit ihrem Nicht-aus-der-Haut-Herauskönnen symbolisierte treffend eine innere Erstarrung; über die krankhaft beschleunigte Zellreifung suchte die Psyche diese Blockade zu sprengen, damit er eine «neue Haut» überstreifen und den inneren Menschen hervortreten lassen konnte. Es tat not, daß er sich seiner selbst bewußt wurde und eine Haltung annahm, die seine natürlichen Instinkte nicht mehr vergewaltigte. Nach vierzig Jahren vermochte er die alte Haut abzuwerfen.[72]

Eine ähnliche Entwicklung vollzog sich bei einer Frau, die immer normale, ja sehr schöne Haut gehabt hatte. Sie hatte jung geheiratet und zwölf Kinder zur Welt gebracht. Als das letzte geboren wurde, war sie schon hoch in den Vierzigern. Ein Jahr darauf durchlief sie ohne Schwierigkeiten das Klimakterium. Fünf Jahre später, Mitte fünfzig, bekam sie Psoriasis in äußerst schwerer Form, die auf keine Behandlung ansprach.

Bereits bei der ersten Untersuchung zeigte sich ihr seelisches Problem. Diese Dame, die mit soviel Charme auftrat, Mutter eines Dutzends Kinder, weigerte sich, sich vor den Augen der Ärzte auszuziehen. Nicht aus Gründen der Sittenstrenge, sondern aus Scham; später hat sie dann, als nur noch ich allein anwesend war, die Kleider abgelegt. Sie war relativ klein gewachsen, hatte aber schwere hängende Brüste und eine gewaltige

Bauch- und Beckenpartie. Für moderne Augen gewiß ein ungewöhnlicher Anblick – sie erinnerte an archetypische Fruchtbarkeitsgöttinnen wie etwa die Kalksteinstatuette der Venus von Willendorf und die Steatitstatuette der Venus von Menton. Diese Frauenfiguren stellen immer den Elementarcharakter der Großen Muttergöttin dar, mit überbetonten Fruchtbarkeitsmerkmalen. Der Kopf ist gesichtslos, häufig fehlt der Mund. Die Füße sind oft abgebrochen, aber man kann davon ausgehen, daß sie winzig waren. «Die Fruchtbarkeit des Weiblichen hat in diesen Figuren einen ebenso vermenschlichten wie übermenschlichen Ausdruck gefunden.»[73]

In frappierender Ähnlichkeit mit der vorzeitlichen Göttin präsentierte der Körper der Patientin ein Urbild der schwangeren und gebärenden Frau, eine archetypische Fruchtbarkeits-Imago in ihrer archaischsten Form.

Viel später gestand sie mir, die Wechseljahre hätten sie in seelische Not gestürzt, weil sie nun keine Kinder mehr bekommen konnte. Hier hatte ich eine Frau vor mir, die vor zwanzigtausend Jahren als Göttin angebetet worden wäre. Heute war sie, als normale moderne Zeitgenossin, in den dritten Lebensabschnitt getreten, in dem nach Abschluß der biologischen Vermehrungsphase nun die seelische und geistige Weiterentwicklung kommen muß. Diesen Schritt brachte sie nicht fertig, und das Hautleiden Psoriasis spiegelte ihre innere Stagnation. Sie konnte ihre Haut nicht abwerfen, sich nicht erneuern. Die neue innere Frau kam nicht zum Vorschein, weil die Patientin von sich selbst kein anderes Bewußtsein als das der fruchtbaren Frau hatte. Zwei Jahre später starb sie an einem Nierenleiden.

Das Haar als Anhangsgebilde der Haut

Mit dem Häuten verwandt ist der Haarausfall, der bei Tieren von Natur aus periodisch auftritt. Man glaubt, daß sich das Haar entweder aus den Sensorstacheln von Kriechtierschuppen oder aus der Epidermis zwischen den Schuppen, wie bei Nagetieren, entwickelte.[74] Säugetierhaar ähnelt im Prinzip den Kriechtierschuppen und wird häufig in einem Mal (synchron) oder Haar für Haar (asynchron) abgestoßen.

Haarausfall ist somit eine Form des Häutens. Bei schwerem Schock kann es zu Ganzverlust des Haupthaares, sogar zur kompletten Enthaarung des ganzen Körpers kommen.

Mir ist zum Beispiel der Fall einer Katze bekannt, die von einem Jungen in einen Käfig eingesperrt und mit einem Luftgewehr beschossen wurde. Das Tier überlebte, verlor aber binnen weniger Tage am gesamten Körper, auch am Schwanz, das Fell. Schuld war einerseits der organische Verletzungsschock, andererseits die tiefe Angst.

Bei plötzlicher Alopezie (Haarausfall) beim Menschen hat häufig in der Vergangenheit eine angstvolle Begegnung stattgefunden, so qualvoll, daß das Bewußtsein sich gegen die Erinnerung sträubt, die ins Unbewußte verdrängt wird. Eine Frau verlor nach einer Schußverletzung ihr Haar und schrieb das einzig dem Wundtrauma zu, hatte aber vergessen, daß der Schütze sie in einem kleinen Auto vorher minutenlang mit vorgehaltener Pistole bedroht hatte. So hat wohl der seelische Schock die Hauptrolle gespielt.

Eine weitere Patientin verlor ihr Haar nach mehreren Jahren Ehe. Zunächst schien ein klassischer Schock – die Entdeckung, daß ihr Mann untreu war – der Auslöser zu sein. Sie hatte geglaubt, ihr Mann sei eines solchen Aktes unfähig. Aufkeimenden Verdacht wies sie zunächst zurück und sperrte sich immer hartnäckiger gegen die offen zutage liegenden Tatsachen. Als sie es schließlich zu akzeptieren gezwungen war, behauptete sie, es werde keine Folgen für die Ehe haben. Drei Monate nach dieser Entscheidung fiel ihr Haar, wunderschönes volles Haar – ein wichtiger Teil des weiblichen Selbstwertgefühls –, vollständig aus. In ihrer Kahlheit wirkte sie nun wie ein Neugeborenes. Die Analyse ergab, daß der Seitensprung ihres Mannes sie zwar augenscheinlich nicht geschockt, aber bei ihr den Vaterkomplex aktiviert hatte.

Ans Licht kam, daß ihr Vater zwanzig Jahre zuvor ihrer Mutter untreu geworden war und nach bitterem Streit Frau und Tochter verlassen hatte. Im Unbewußten der Patientin war das Gefühl totalen Verstoßenwerdens zurückgeblieben und wirkte noch nach. Das Nicht-glauben-Wollen an die Untreue ihres Mannes war ein Schutz gegen die Erinnerung an ihres Vaters Verfehlungen und daran, wie grausam er sie, die Tochter, von sich gestoßen hatte. De facto war der Haarausfall eine Häutung – oder eine «Gedankenlockerung», denn Haar, wie Federn, symbolisiert Gedanken. Die Patientin hatte einen Traum, in dem sie als kleines Kind weinend auf der Straße liegt und den Vater von sich weggehen sieht. Weinen ist ein Motiv, das in vielen Schöpfungsmythen vorkommt. Es schafft ein *abaissement du niveau mental* (Herabsetzung der Bewußtseinsschwelle), durch das schöpferische Inhalte aus dem Unbewußten ins Bewußtsein durchbrechen können. Der Traum sagte einfach: «Du bist noch ein Kind und weinst noch um deinen Vater.» (Oder verlangst die Sterne vom Himmel!)

Die Patientin besaß einen meinungsstarken Animus, der ihr eine naive und eingeengte Sichtweise gab. Sie konnte und wollte keiner anderen Seite ihres Problems ins Gesicht sehen – eine unbewußte Ablehnungshaltung, resultierend aus dem Im-Stich-Gelassenwerden durch den Vater während der prägenden Jahre. Ihr negativer Vaterkomplex war das emotionale Hinterland, vor dem sie durch die Meinungen ihres Animus abgeschirmt war. Die Alopezie versinnbildlichte das Abwerfen dieser überholten Haltungen, die ihr nicht mehr dienlich waren, und brachte endlich eine Bewußtseinserweiterung in Gang.

Der Haarverlust bedeutete ein «Schinden». Es war, als sei der Patientin das Fell über die Ohren gezogen worden wie einem geschundenen Tier. Das animalische Bewußtsein hatte sich damit abgespalten (tatsächlich war sie eines Morgens aufgewacht und hatte das gesamte Kopfhaar auf dem Kissen vorgefunden). Animalisches Bewußtsein ist instinktiv und zwingend, und «animalische Instinkte» hatte die Frau zu ihrem Selbstschutz in gewisser

Weise besessen. Sie weigerte sich, über den eigenen Tellerrand zu blicken, und war in einer *participation mystique* mit ihren Lebensumständen befangen.

Etymologie des Wortes Haut

Für Haut kennen die nordeuropäischen Sprachen im wesentlichen zwei Wortwurzeln, die sich in den einzelnen Idiomen teilweise überschneiden: einmal *Haut,* verwandt mit *huid* (holländisch) und *hide* (englisch, für bearbeitete Tierhaut); und *skin,* das englische Hauptwort für Haut, das es als *skinn* schon im Altenglischen und Altnordischen gab und das in vielen nordischen Sprachen erhalten ist, so im norwegischen und dänischen *skind.* Verwandt damit ist das deutsche *schinden* (aus althochdeutsch *scindan*), das häuten, abhäuten bedeutet; «Schinder» zogen als Abdecker den Tieren auf dem Schindanger die Haut ab. *Skinn* nennt man im Isländischen ein Pergament oder Manuskript.

Neben den nordeuropäischen haben die lateinischen und griechischen Wortwurzeln für Haut ihre Bedeutung behalten. Vom lateinischen *pellis* hat sich über *pel* das französische *peau* gebildet. Auch das italienische *pelle* stammt daher, desgleichen das englische *pelt* und das deutsche *Pelz* und *Pelle*. Ähnliche Bedeutung haben das deutsche *Fell* und das niederländische *vel.* Als *Velum,* abgeleitet vom lateinischen Wort für «Segel», bezeichnet man bestimmte Häute bei Tieren und Pflanzen (Pilzen) sowie Teile von liturgischen Gewändern. Das griechische *derma* schließlich steckt noch in vielen Fachausdrücken, die mit der Haut zu tun haben (Dermis, Epidermis, Dermatologie, Dermatose).

In unzählige umgangssprachliche Wendungen ist die Haut als bildkräftiges Symbol eingegangen: «Jemandem das Fell über die Ohren ziehen» (Diebstahl, Betrug, als *skinning* auch im Englischen üblich); ausgemergelte Menschen sind «Haut und Knochen»; emotional nahegehende Dinge berühren uns «hautnah» oder gehen «unter die Haut». Die Liste ließe sich beliebig fortsetzen.

Gemeinsamer Nenner ist dabei immer wieder die Grenzfunktion der Haut – die Haut als Demarkationslinie, auch als Fassade. Sie spielt eine Rolle als Mittlerin zwischen Individuum und Außenwelt, aber auch als Mittlerin nach innen, zwischen Bewußtsein (Ich) und unbewußter Persönlichkeit (Nicht-Ich).

Im Verb «häuten» scheinen zwei gegensätzliche Aspekte auf, das Schinden, Schälen, Abziehen, Ablegen der Haut, aber auch – indirekter – das Bekleiden, Anziehen, Überstreifen, Anlegen. Ebenfalls mit der Haut verbunden sind die Verben reiben, kratzen, streicheln usw.

Die Haut als Manaträger

Seit alters betrachten Stammeskulturen die Haut von Tieren mit ehrfürchtiger Scheu. Bestimmte Tiere wie der Bär im Zirkumpolarbereich, der Widder im alten Ägypten und der Hirsch in Kontinentaleuropa genossen hohe Verehrung.

Die Haut solcher Tiere wurde als Kultobjekt konserviert und strahlte Mana aus. Jung hat in seinen Schriften oft betont: Ein Wildtier zu töten, kommt einem Verbrechen gegen die Große Mutter gleich, der alle Tiere gehören. Wer es tötet, tötet einen Teil von ihr. Im Tier – das symbolisch für das Unbewußte steht – tötet er etwas von seiner *participation mystique*, der «mystischen Teilhabe» an der äußeren und vor allem auch an seiner eigenen animalischen Natur.

Das Unbewußte als «Mutterboden des Bewußtseins» (Jung) hat mütterliche Bedeutung. Wird ein Tier als symbolischer Stellvertreter der Großen Mutter getötet, gewinnt derjenige, der an der Tötung teilnimmt, etwas von ihrer großen Kraft. Priester und Schamanen streifen die Haut von Opfertieren über (siehe auch S. 180f.) und bewirken dadurch für sich selbst einen Kraftzuwachs und für das Tier eine Wiedergeburt, ein Weiterleben im Priester oder Schamanen. Ein solcher Tod ist, wohlgemerkt, stets ein Diebstahl an der Natur und tilgt zugleich die unbewußte Identität mit der Kreatur.

In einem Brief an Freud schreibt Jung, der Tierkult bei den Primitiven erkläre sich

> «durch eine unendlich lange psychologische Entwicklung, die von weit überragender Bedeutung ist, und nicht durch primitive sodomitische Tendenzen, welche ja nur der Steinbruch sind, aus dem das Material geholt wird, um damit einen Tempel zu bauen. Der Tempel und sein Sinn haben aber doch eigentlich nichts zu tun mit der Qualität der Bausteine.»[75]

Im alten Ägypten stellten Tierhäute eine wichtige Bekleidung bei Ritualen dar, bei denen eine innere Wandlung angestrebt wurde. Die Haut symbolisierte dabei ein Übergangsstadium. Drei Fuchs- oder Leopardenhäute dienten als Schriftzeichen für Geburt. Der Schutzgott der Gebärenden, Bes, trug ursprünglich ein Löwenfell auf dem Rücken, später ein Pantherfell.

Aus dem ägyptischen Bestattungskult kennt man den geheimnisvollen Tekenu, ein Toten-Ersatzbild in Gestalt eines nackten Menschen in der Haltung eines Embryos, der bis auf den Kopf in ein Fell gehüllt ist. Der Tekenu wurde für eine Erscheinungsform des Toten gehalten, die dem Verstorbenen zu einer Wiedergeburt verhelfen sollte, wobei die Haut wohl eine Art Uterusfunktion ausübte.

Bei der im *Ägyptischen Totenbuch* beschriebenen Zeremonie der «Mundöffnung» trug der amtierende Sem-Priester ein Pantherfell.[76] Diese Zeremonie war unabdingbar für das Weiterleben nach dem Tod. Auf den Deckeln von Sarkophagen war oft ein Pantherfell eingraviert.

Über Jahrtausende hinweg hat der sich entfaltende Ideenkomplex «Erneuerung und Wiedergeburt» immer engeren Bezug zur Haut bekommen. Es scheint, daß die Haut von ihrem Wesen her zum idealen Wandlungssymbol prädestiniert ist und von daher ihre Numinosität gewinnt. Ihre eigentümlich leichte Ablösbarkeit vom Körper und ihre scheinbare Unsterblichkeit haben den primitiven Menschen dazu gebracht, sie mit der Seele gleichzusetzen. Von dieser Haut-Seele-Affinität ausgehend, liegt es nahe, bei Hautleiden neben der Physis auch die Psyche in die Untersuchung einzubeziehen. Die Haut als Spiegel der Seele offenbart im Krankheitsbild einer Dermatose sehr häufig die Natur der Störung des psychischen Libido-Flusses. Der unbewußte Inhalt, der die Blockade bewirkt, kann ein Komplex des persönlichen Unbewußten sein, kann aber auch tieferen, archetypischen Schichten entstammen. Er wird immer wieder Störungen verursachen, solange das Bewußtsein sich des unbewußten Problems «unbewußt» bleibt. So läßt sich die Hauterkrankung in einem neuen Licht sehen, nicht mehr isoliert und wie vom Himmel gefallen, sondern als Wegweiser zu einer etwa vorhandenen – ernsteren, und vielleicht gefährlichen – psychischen Dissoziation. Ich halte es für gerechtfertigt, ein Hautleiden nicht nur als körperliche, sondern auch als seelische Erkrankung aufzufassen: als Instrument, mit dem die Psyche die verlorene Harmonie wiederherzustellen sucht.

Mythologie der Haut

Die Mythologie der Haut, ein unübersehbar weites Feld, läßt sich hier nur streiflichtartig beleuchten. Wie im letzten Kapitel gesagt, besaß die Haut für die sogenannten Primitiven ein sehr starkes Mana und war mit der Seele gleichbedeutend. Tierhäute genossen kultische Verehrung, weil man sie als Träger der Tierseele betrachtete. Schlüpfte ein Mensch in eine Tierhaut, so vermittelte sie ihm das Mana des Tieres – Tapferkeit, List, auch königliche Würde.

Die aztekische Religion im präkolumbischen Mexiko kannte Opferriten, bei denen Priester des Maisgottes Xipe Totec («Unser Herr, der Geschundene») sich abgezogene Menschenhäute überstülpten. Der Gott ist auf Abbildungen stets mit einer Menschenhaut bekleidet, die von einem getöteten Gefangenen stammt. Als Gott der Erneuerung und Vegetation repräsentierte er die frische grüne Haut, die sich die Erde jedes Jahr im Frühling überzieht. Eine solche Haut zu berühren, entweder am Gott oder am Priester, galt als heilkräftig für Augen- und Hautkrankheiten. Um die Heilwirkung zu aktivieren, zog man sich zuweilen die Haut auch ganz an, und zwar einundzwanzig Tage lang – interessanterweise fast genauso lange, wie der Reifungszyklus der Epidermiszellen dauert.

Noch heute werden im Dombezirk großer Kathedralen in Frankreich, Italien und Spanien Hautfetzchen gefunden, die man als Reliquien von Heiligen betrachtet. Ausnahmslos werden ihnen übernatürliche Heilkräfte und Abwehrkräfte gegen das Böse zugeschrieben.

Wenn ein Schamane bei Naturvölkern (früher wie heute) ein Tierfell anlegt, sei es Hirsch oder Tiger, geht die Seele des Tieres auf ihn über. Er wird mit dem Tier psychisch identisch, wird zu seinem Geist, manchmal zu einem schrecklichen Dämon. «Er verkörpert oder vertritt in diesem Augenblick den Ahnherrn des Stammes und der Sippe und damit den Urgott selber. Er repräsentiert und ist das Totemtier.»[77]

Im nordamerikanischen Indianerstamm der Ojibwa gibt es eine «Großmedizinische Bruderschaft», genannt Midêwiwin; ihre Mitglieder, die Midê, werden Propheten, Seher, «Enthüller verborgener Wahrheiten» genannt. Die historischen Ursprünge dieser Bruderschaft liegen im dunkeln, doch man glaubt, «daß Minabôzho, der Bote Dzhe Manidos (des Großen Geistes) und Mittler zwischen diesem und den Menschen, als er das Elend der kranken und schwachen Menschheit sah, dem Fischotter die höchsten Geheimnisse entdeckt und in seinen Körper *mîgis* (Symbol der *midê*) einführte, damit er unsterblich würde und die Menschen in die Geheimnisse einführen und zugleich weihen könnte. Deshalb spielt die Satteltasche aus Fischotterhaut bei der Initiation der *midê* eine Hauptrolle; dort deponiert man die *mîgi*, kleine Muscheln, welche als Sitz der religiös-magischen Kraft gelten.»[78]

Bei der Initiation bekommen die Midê-Kandidaten die Mysterien offenbart, darunter den Mythos von Minabôzho und der Unsterblichkeit des Fischotters. Nach einer Reihe von Ritualen wird der Kandidat von den Midê «getötet» und dann durch Berührung mit der Fischotter-Satteltasche wieder zum Leben erweckt. Er bekommt nun eine eigene Satteltasche aus Fischotterhaut, in die er seine eigenen Mîgi legt. «Um die Kraft dieser Muscheln zu erweisen, berührt er seine Mitbrüder der Reihe nach damit, und sie fallen wie vom Blitz getroffen zu Boden, um dann auf dieselbe Berührung wiederaufzustehen.»[79] Die Muscheln haben die Kraft, Tod und Leben zu geben, und werden in der Otterhaut aufbewahrt, geschützt von der Seele des Otters.

Eine Freundin von mir, eine Ärztin, hatte eine sehr schwierige Entscheidung zu treffen: nämlich ob sie einen ihrer Patienten an einen Chirurgen überweisen sollte, ein klassisch-medizinisches Intervenieren, das von seiner Krankheit her zweifellos gerechtfertigt gewesen wäre, gegen das sie sich aber innerlich auf eine ihr unerklärliche Weise stark sträubte. In ihrer Angst träumte sie, in einer Schreibtischschublade, in der sie normalerweise Papier und Schreibzeug aufbewahrte, lägen vier winzige, frischgeborene Otter. Die Zahl vier – die Jungsche Quaternität – steht für Ganzheit; zudem lagen die kleinen Otter gekrümmt so aneinander, daß sie einen Kreis bildeten, den magischen Kreis des Mandala. Sie schliefen; im Traum beugte sich die Ärztin zu ihnen hinab und streichelte ihr weiches Fell. (Sie berührte das Fell im Traum.) In diesem Augenblick wußte sie instinktiv, daß sie für ihren Patienten keinen Überweisungsschein an den Chirurgen ausstellen, sondern ihren Instinkten folgen und sich in Geduld fassen würde. Das tat sie und fand durch die Otterfamilie seelische Heilung ihrer Angst; und der Patient genas vollkommen, ohne daß der – vielleicht gefährliche – chirurgische Eingriff vorgenommen werden mußte.

Der Traum symbolisierte die Lage der Ärztin: Im Unbewußten (im Animalisch-Instinktiven) wußte sie, daß sie hier die Heilkraft der Natur gewähren lassen mußte. Der Traum erweiterte ihr Bewußtsein, und sie nahm wahr, daß sie in diesem Fall einen Weg wählen mußte, der nicht dem entsprach, was ihr als Ärztin beigebracht worden war. Sie tat es, und die Weisheit des Unbewußten offenbarte sich ihr.

Wenn ein Tierfell, die Seele des Tieres repräsentierend, als Zeremonialkostüm getragen wird, wird dadurch etwas vom Tier und von seiner Instinktnatur übernommen. Sogenannte primitive Völker mit niedrig entwickeltem Bewußtsein (das nicht nur beim sogenannten Primitiven, sondern auch beim «Primitiven im modernen Menschen» unterentwickelt ist) vermochten mit plötzlich über sie hereinbrechenden starken Angstgefühlen nicht fertigzuwerden. Das Tier in Dämonengestalt ist ein höchst ausdrucksvolles Symbol für solch machtvolle Affekte. «Die Lebendigkeit und Anschaulichkeit des Symbols ermöglicht es dem Menschen, eine Beziehung zu der gefährlichen Macht in ihm selber herzustellen», schreibt Aniela Jaffé[80] In der Haut des Tigers sieht und erspürt er den «Tiger» in sich selbst.

Das Abhäutungsmotiv

Beim Häuten eines Tieres wird die Haut vom darunterliegenden Fleisch gelöst. Abhäuten oder «Schinden» von Menschen, wie man früher sagte, weckt immer Assoziationen zu Folterung. Es ist den natürlichen Häutungen in der Tierwelt sowie dem Haar- und Federausfall verwandt und steht oft im Zusammenhang mit Zerstückelung. Diese ist ein universales Motiv der schamanischen Psychologie und stellt eine Kernerfahrung bei der schamanischen Initiation dar («Initiationszerstückelung»).[81] Jung schreibt betreffend Christus:

> «Das Aufritzen der Brust, die Seitenwunde und der Martertod sind Parallelen zur Schlachtung, Zerstückelung, Abhäutung usw. und gehören wie diese zu dem Durchbruch und der Offenbarung des inneren Menschen.»[82]

Abhäuten hieß althochdeutsch *flahan,* was sich noch im englischen *flaying* wiederfindet. Im Französischen bedeutet das Fell abziehen, schinden (auch Beutelschneiderei im übertragenen Sinn) *écorcher;* als verwandtes Wort gibt es *écorce,* die Borke bes. der Korkeiche. In den französischen Begriffen steckt das alte lateinische *excoriare,* das im Deutschen heute nur noch im dermatologischen Fachwort *Exkoriation* Verwendung findet. Darunter versteht man krankhafte, meist durch Kratzen entstandene Hautabschürfungen. Mit den Fingernägeln als Werkzeug wird dabei die Haut aufgerissen, «zerschunden», meist, um quälenden Juckreiz zu lindern. Juckreiz ist ein subjektives Symptom und tritt bei sehr vielen Hauterkrankungen auf. Es kann jedoch nicht nur bei Hautleiden, sondern auch aus anderer Ursache heraus, etwa inneren Erkrankungen, sowie bei Geisteskrankheiten und seelischen Störungen (Wahnvorstellungen, Phobien usw.) zu schweren Exkoriationen kommen.

Die bevorzugten Stellen sind das Gesicht, die Handflächen und die Fußsohlen. Wo auf Anhieb keine Ursache zu erkennen ist, muß der Arzt immer zunächst feststellen, ob die Hautabschälung manuell oder durch einen natürlichen Krankheitsprozeß entstanden ist. Fällt dem Arzt eine etwa vorhandene Selbstverstümmelung nicht sofort auf, kann die Diagnose schwierig werden.

Zwei Frauen mit Exkoriation

Aus meiner Studienzeit erinnere ich mich an einen seinerzeit vieldiskutierten Fall. Eine Frau, fünfzig Jahre alt, betrieb einen angesehenen, lange eingeführten Schönheitssalon. Sie war eine sehr gutaussehende, charmante Frau. Aus heiterem Himmel war eines Tages – so erzählte sie – auf ihrer linken Wange eine Wunde entstanden. Es handelte sich um eine auffällige, zweieinhalb mal zehn Zentimeter große, rechteckig-symmetrische Wunde mit scharfen Rändern. Die Patientin schwor Stein und

Bein, die Läsion sei ohne vorherige Juck- und Schmerzempfindungen einfach so aufgetaucht und sei auch jetzt schmerzlos. Mehrere Wochen lang, in denen sie regelmäßig ins Krankenhaus kam und an den wöchentlichen Fallbesprechungen teilnahm, präsentierte sie sich tadellos gepflegt, makellos geschminkt. In schreiendem Gegensatz dazu der tiefe, rote, eiternde Wundstreifen schräg am Unterkiefer entlang bis zum Kinn, der aussah wie mit einem wütenden Säbelhieb geschlagen. Nach mehrmonatiger Behandlung stellte sich heraus, daß die Wunde selbsterzeugt war. Mit einer Rasierklinge, in der rechten Hand gehalten, vertiefte die Frau täglich durch Abkratzen die Wunde. In der Natur gibt es keine geraden Linien, und so legte die rechteckig geschnittene Form den Verdacht auf Selbstverstümmelung nahe.

Mehrere Jahrzehnte war die Frau offenbar die Geliebte eines steinreichen Mannes gewesen, der ihr, kurz vor dem Entstehen der Wunde, zugunsten einer Jüngeren kühl den Laufpaß gegeben hatte. Die Art, auf die er die Beziehung gelöst hatte, war brutal gewesen, ein Mord an der Seele der Patientin. Schlagartig verlor sie ihr gesamtes emotionales Leben, abgesehen von Beziehungen zu ihren Kundinnen bei ihrer Arbeit.

Die seinerzeit von ihren Ärzten gestellte Diagnose lautete auf Hysterie. Im Lauf der Zeit vermochte die Patientin gewisse Aspekte ihrer Krankengeschichte preiszugeben. Sie war, wie es schien, immer stolz auf ihre Schönheit und ihre Leistungen gewesen, und da sie Mitleid nicht ertragen konnte, erzählte sie niemandem von ihrem Unglück. Die Perfidie ihres Liebhabers wollte sie nicht wahrhaben und gab sich statt dessen selbst die Schuld. Das rohe Zerreißen des Beziehungsfadens war nur die logische Steigerung seines Normalverhaltens während der Beziehung gewesen, in der er sie ständig subtil herabgesetzt hatte. Leider hatte sie das wehrlos hingenommen.

Rückschauend betrachtet läßt sich die «Säbelwunde» auf der linken Wange als Symbol für einen unbewußten Gesichtsverlust deuten. Ferner war sie Indiz für eine innere Verwundung durch einen grausamen und sadistischen Animus, der sie durch Meinungsterror zur totalen Unterwerfung unter den äußeren Tyrannen getrieben hatte.

Die Exkoriation durch die Rasierklinge machte «schmerzhaft» deutlich, daß die Patientin die innere Brutalität – die sie hilflos machte und sie ihrer weiblichen Natur entfremdete – erkennen und sich davon lösen mußte. Ihre Haltung zu sich selbst mußte sich ändern, sprich: eine Erneuerung, eine Wiedergeburt durchlaufen werden. Das Abschälen der Haut sollte ihr inneres Wesen zum Vorschein bringen und eine Bewußtseinserweiterung bewirken.

Hinter chronischen Hauterkrankungen wie Acne necroticans, Prurigo und bestimmten lichenifizierten Ekzemen steht das Motiv des Häutens. Bei all diesen Krankheiten wird gekratzt, gerieben, an der Haut gezupft; es ist, als wolle der physische Akt dazu dienen, den zugrundeliegenden unbewußten Inhalt herauszupikken, «hervorzuzerren». Ein treffendes Symbol, das vorführt, wie das Problem bloßgelegt und «gesehen», das heißt bewußtgemacht werden kann.

Ein letztes Fallbeispiel in diesem Abschnitt – eine junge Frau, seit zehn Jahren verheiratet, in der Ehe glücklich, mit normalen und gesunden Kindern. Seit zwei Jahren hatte sie ein merkwürdiges Leiden an den Fußsohlen, das ihren Ärzten Rätsel aufgab. Die Haut «löste sich in Streifen ab». Schließlich konnte sie wegen der Schmerzen nicht mehr laufen. In Wirklichkeit handelte es sich um Selbstverstümmelung. Jeden Abend badete sie, und hinterher, wenn die Haut weich war, riß sie Streifen von den Fußsohlen, so daß das rohe Fleisch zutage trat und blutete. Dies hatte sie den Ärzten nicht erzählt, weil sie, Originalzitat, «nie danach gefragt hatten».

Die Analyse ergab, daß die Ehe zwar befriedigend schien, die Mutter des Ehemannes aber von dämonischer Habsucht besessen war und daß die Patientin sie haßte. Der Mann war recht freigebig und die Patientin offenbar auch; sie gab sogar an, Geiz ausgesprochen zu hassen. Nach einigen Jahren hatte die – im Prinzip glückliche – Ehe begonnen, Schattenseiten zu zeigen. Eine davon war, daß der Ehemann nach Besuchen bei seiner Mutter, die in der Nachbarschaft wohnte, stets in düstere Stimmungen versank, schweigsam und knauserig wurde. Dann wurde jede kleine Forderung, die Frau und Kinder stellten, einer sehr pingeligen Prüfung unterzogen. Wie sich herausstellte, hatte der Mann durch seinen schweren Mutterkomplex eine «pfennigfuchserische» Anima, die ihn nach Besuchen bei seiner Mutter verhexte. Dies vermochte die Patientin schließlich zu begreifen, und nach einiger Zeit genas sie von ihrem Hautleiden. So einfach der Sachverhalt aussah – es kostete sie viel Mühe und Einfühlungsvermögen, das Wesen der Animabesessenheit ihres Mannes zu erkennen. Die Füße der Frau repräsentierten ihren «Standpunkt», ihr Mit-beiden-Beinen-auf-der-Erde-Stehen, sie symbolisierten ihre Fühlung mit ihrer inneren femininen Instinktnatur. Sie hatte einen starken Animus, und immer, wenn ihres Mannes Wesen umschlug, traten Animus und Anima zum Kampf gegeneinander an; alle warmen Gefühle verflüchtigten sich in den Streitereien, und allmählich entfremdeten sie sich voneinander. Das Bad bedeutete ein «Untertauchen», gefolgt von einer Erneuerung. Dies war der Punkt, an dem sie begann, unbewußt Haut von ihren Fußsohlen zu reißen, Symbol für das Freisetzen einer neuen Haltung, einer neuen Art, zu ihren Gefühlen zu stehen, einer neuen feminineren inneren Standfestigkeit. Dies erreichte sie in der Analyse, und damit verschwand auch die Pseudo-Dermatose, das Spiegelbild des Konflikts.

In alle diesen Fällen war das Sich-Häuten ein Wandlungssymbol und bezeichnete generell den Übergang von einem schlimmen zu einem besseren Zustand; Idealtyp und Urbild einer solchen Selbsterneuerung ist die Häutung der Schlange. Seit Urzeiten zieht dieses Phänomen alle möglichen Projektionen und Phantasiebilder auf sich und ist von immenser Bedeutung im Denken der sogenannten Primitiven. Deshalb sei nun der erste der beiden großen Archetypen, die bei Hauterkrankungen wirksam werden, vorgestellt – der Schlangenarchetyp.

Der Schlangenarchetyp

Dank seiner ihm innewohnenden Wandlungskräfte, seiner Fähigkeiten, sich unablässig zu erneuern und zu regenerieren, ist das Organ Haut die symbolische «Schlange» des menschlichen Körpers.

Die Schlange, ein Kaltblüter, scheu, Menschen meidend, einsiedlerisch, «stumm», lebt in Höhlen und Erdspalten. Ihr Auftauchen hat immer etwas schockartig Beängstigendes. Wie ein Magnet zieht ihr Kopf die Aufmerksamkeit an: der fixierende, starre Blick des grün oder gelb funkelnden Auges, darunter das wieselflinke hypnotische Züngeln. Gegensätze, die jedem, der einer Schlange begegnet, das Herz stocken lassen können. Hinter dem Kopf dann die geschmeidigen Bewegungen des muskulösen Körpers, in denen sich das spiralig Aufwärtsstrebende des Pflanzenwachstums mit dem Vor und Zurück der tierischen Beweglichkeit vereint. Die Schlange kann sich blitzartig bewegen, sie kann sich unsichtbar machen, sie kann die Haut abwerfen und frischglänzend neugeboren erscheinen, sie kann ihr Opfer mit Gift töten oder erdrosseln. Sie ist zur Verkörperung wohltätiger wie auch dämonischer Mächte geworden.

Die Apophisschlange galt den alten Ägyptern als Feind des Sonnengottes Re; andererseits wurde Re auf seiner Reise durch die Unterwelt von der Mehen-Schlange geschützt.

Nach keltischer Tradition ist die Welt aus einem Ei entstanden, das aus dem Maul einer Schlange kam. Verschiedene ägyptische und griechische Götter hatten Schlangengestalt. In der babylonischen Mythologie vermochte Marduk erst nach Bezwingung des monströsen Schlangenleibes der Tiamat Himmel und Erde zu schaffen. Bei den Aborigines in Nordwestaustralien wird die Urschlange Ungud mit der Entstehung der Erde verbunden: Aus ihren Eiern schlüpften die Wanjina, die Ahnen des Menschen.

Im Mittelmeerraum gibt es den Glauben, daß eine Schlange, die im Hause wohnt, die Seele des Urahnen der Familie verkörpert; bei den Römern repräsentierte sie den *pater familias*. Häufig gilt die Schlange als *genius loci*, Schutzgeist einer Örtlichkeit, etwa eines Altars oder eines Tempels. Kekrops und Erechtheos wurden in Griechenland als Schlangen verehrt. In Asien und Afrika wird die Schlange häufig mit der Seele assoziiert, und in bestimmten Kulturen sollen sich die Seelen von Schamanen nach dem Tod in Schlangen verwandeln und in dieser Gestalt weiterleben.

Die Schlange gilt als Glücksbringerin und genießt im Volksglauben und in Märchen Achtung und Verehrung. Sie hütet Schätze und verleiht lebensspendende Kräfte, die in Flüssen, Brunnen und Quellen schlummern. In Mysterien repräsentiert sie Weisheit. Bestimmte Gottheiten wie die griechische Athene und der gefiederte Schlangengott Quetzalcoatl der Azteken symbolisieren nicht nur Macht und Souveränität, sondern auch Weisheit. Coatlicue andererseits, «Unsere Herrin mit dem Schlangenrock», die Erdgöttin und Göttermutter der aztekischen Mythologie, ist die Göttin des Todes.

Die Schlange drückt das Dunkle, das Unklare, das Obskure aus, das, was zu den tiefsten Tiefen des Unterirdischen gehört. Sie verkörpert alles, was außerhalb des bewußten menschlichen Blickfeldes liegt, und ist eine treffende Metapher für das Unbewußte. Der bewußte Verstand betrachtet sie immer als feindlich und gefährlich – sie symbolisiert genau das, was das Bewußtsein empfindet, wenn unbewußte Inhalte plötzlich an seine Tür klopfen.

Die Lehrerin mit Nesselsucht

Vor vielen Jahren führte mir der Fall einer Schullehrerin[83] exemplarisch vor, wie der Schlangenarchetypus über eine Hautkrankheit ins Leben eines Menschen einbrechen kann. Die Lehrerin hatte Urtikaria (Nesselsucht) bekommen, nachdem sie sich eine Grasschlange als Haustier gekauft hatte. Bei Urtikaria wird im allgemeinen eine Allergie als Ursache angenommen; hier tippte man zunächst auf Allergie gegen die Schuppen der Schlange. Bei

Urtikaria bilden sich Hautquaddeln, die heftig jucken. Neben etwaigen (häufig nicht vorhandenen!) äußeren Allergenen stellt sich stets auch ein «seelisches Hinterland» der Krankheit heraus – schwelende, unbewußte, meist sehr starke Emotionalität, und zwar am häufigsten Zorn und mürrisch-brütender Ärger.

Die Anamnese ergab, daß die Patientin ein sehr behütetes Leben geführt hatte, dominiert von ihrer Mutter. Dieser zum Trotz hatte sie es geschafft, Lehrerin zu werden, und hatte sich in einen jungen Mann verliebt und sich mit ihm verlobt. Eines Abends brach der Verlobte aus heiterem Himmel die Beziehung ab, und das Mädchen empfing in ihrer seelischen Not keinerlei weibliche Unterstützung von ihrer Mutter. Tief verstört zog sie sich eine volle Woche in ihr Schlafzimmer zurück und sprach mit niemandem außer mit ihren Eltern. Irgendwann stand sie dann auf, machte einen Spaziergang, sah im Schaufenster einer Tierhandlung die Schlange, kaufte sie, ging nach Hause zurück, setzte sie unter ihr Bett und fütterte sie mit Milch. Ungefähr einen Tag später brach schwere Urtikaria bei ihr aus, so daß sie sich in Behandlung begeben mußte. Ihr Hausarzt schrieb die Krankheit, wie erwähnt, einer Allergie gegen die schuppige Haut der Schlange zu.

Zwei auffallende Fakten sind zu bemerken: einmal der Kauf der Schlange, zum anderen die tiefe Introversion eine Woche lang im Schlafzimmer. Es handelte sich um eine *incubatio,* vergleichbar dem Tempelschlaf im Asklepieion, dem Heiligtum des Ärztegottes Asklepios, des Sohnes des Apollo. Wenn ein Lebewesen krank ist, spielt bei jedem Schritt zur Besserung immer ein Mysterium mit, auch dann, wenn der Arzt die Krankheit richtig erkannt und die Ursache ausgeschaltet hat. Der Arzt kann nie allein handeln; es muß immer etwas im Patienten Hand in Hand mit dem Arzt handeln. Es ist wie das Fließen einer Quelle, wie das Kreisen des «Chi» im chinesischen Denken.

Ein Wort zur Asklepios-Legende, die in der griechischen Mythologie eine merkwürdige Metamorphose durchlaufen hat. Asklepios war Gott-Held, Fürsprecher, Heiland und Messiasfigur. Wie alle Heroen hatte er die Seele einer Schlange, war mit ihr wesensgleich, hieß «die alte Schlange». Abbildungen zeigen ihn teils in menschlicher, teils in Schlangengestalt. Im Mittelpunkt seines Kults stand die *incubatio:* Der heilungssuchende Kranke legte sich im Tempel schlafen und wartete auf eine Manifestation oder eine Mitteilung des Gottes, die einen Wandel herbeiführen sollte. Im Schlaf, im dunklen und feuchten Schoß des Heiligtums, «erbrüteten» sich intuitive, richtunggebende, zur Heilung weisende Traumbilder; deren Bewußtwerdung brachte die Heilung.

Der erwähnten Patientin gab die Inkubation die Idee ein, sich eine Schlange zu kaufen; dieser Kauf stellte eine Synchronizität dar. Die «Einnistung» der Schlange zu Hause ließ die Krankheit des Mutterkomplexes – so muß man sie nennen – zum Ausbruch kommen und die Urtikariasymptome entstehen. Wer Urtikaria-Haut unvoreingenommen und objektiv betrachtet, bekommt den Eindruck eines rasenden Buschfeuers. Es ist Wegweiser zu einem innerlich kochenden Zorn.

Wenn Tiersymbole im Traum oder in anderen Manifestationen des Unbewußten erscheinen, drücken sie, so Jung, «die Stufe aus, auf welcher sich der von ihnen bezeichnete Inhalt befindet, nämlich eine Unbewußtheit, die vom menschlichen Bewußtsein so weit entfernt ist wie die Psyche eines Tieres».[84] Zu einer warmblütigen Kreatur könne man eine Beziehung gewinnen, nie jedoch zu einer Schlange. «Die Schlange symbolisiert in der Tat ‹kaltblütige›, inhumane Inhalte und Tendenzen geistig-abstrakter sowohl wie animalisch-konkreter Natur, mit einem Wort: das *Außermenschliche* im Menschen.»[85]

Für diese Frau, die bei mir Heilung von der Urtikaria suchte, habe ich nicht viel getan, ich habe ihr nur die Frage gestellt, ob sie Zorn auf ihre Mutter empfinde, weil diese so unmenschlich auf ihren Schicksalsschlag reagiert habe. Über diese Frage regte sich die Patientin so sehr auf, daß sie sofort meine Praxis verließ. Ein paar Wochen später kam sie jedoch wieder – und war geheilt. Durch viel Selbstreflexion war ihr der mit dem Mutterproblem verbundene Zorn aufgegangen, und es war ihr bewußt geworden, daß nicht der Verlobte oder der Abbruch der Verlobung die eigentliche Ursache des Krankheitsausbruchs war. Durch die Inkubation und die anschließende Krankheit war sie sich ihrer Gefühle (hier: Zorngefühle auf den Verlobten und vor allem die Mutter) bewußt geworden und konnte anfangen, dem Würgegriff des Mutterkomplexes zu entkommen. Die Schlange, Imago des Schlangenarchetyps, war konkret in ihr Leben getreten, genau wie es in Epidauros oder auf Kos hätte geschehen können, und mit ähnlich gebieterischer Majestät. Es war eine göttliche Heimsuchung, die ihr Leben veränderte. Der Fall veranschaulicht auf vollendete Weise, wie der Schlangenarchetypus Synchronizitäten herbeiführen kann, das heißt, psychische und physische Ereignisse, die sich zu einem bestimmten Zeitpunkt ballen.

Nach Jung «entspricht die Schlange dem gänzlich Unbewußten und Bewußtseinsunfähigen, welches aber als kollektives Unbewußtes und als Instinkt eine eigentümliche Weisheit und ein oft als übernatürlich empfundenes Wissen zu besitzen scheint».[86]

Mercurius, der Gott der Alchemie, war ein Gott der Offenbarung wie Hermes, der den alchemischen Adepten das Geheimnis der Kunst entdeckte. Es hieß von ihm, er öffne mit seinem Genius und seinem Verständnis die verschlüsselten Probleme des alchemistischen Werkes. Symbolisiert ist er als Schlange oder Drache, als *serpens mercurialis*. Von den Alchemisten wurde er stets als Lebensspender, aber auch als Zerstörer des Lebens in alter Form gesehen. Hermes-Mercurius als Archetyp des kollektiven Unbewußten repräsentiert alles, was war, ist und sein wird; er ist das sich ewig wandelnde Unwandelbare, für das der Ouroboros ein treffendes Symbol ist: der sich selbst verschlingende, hermaphroditische Drache, der sich selbst begattet und gebiert, als «Hieroglyphe der Ewigkeit».[87]

Mercurius war die *prima materia* der Alchemisten, war zugleich das Werk (Opus) selbst wie auch das Ziel des Opus. Eines der Synonyme für dieses Ziel war *lapis philosophorum,* der Stein der Weisen. Ein anderes war *lapis Lydius*, Prüfstein.[88] (Darunter versteht man in der Metallurgie einen Stein, auf dem man durch

Bestreichen die Echtheit von Gold und Silber erkennen kann, meist Lydit – eine schwarze Jaspisart, ein sedimentärer Kieselschiefer mit schwarzen Beimengungen.) Das von den Alchemisten für Folter verwendete griechische Wort hat eine Doppelbedeutung und kann ebenfalls «Probieren am Prüfstein» bedeuten. Jung schreibt:

> «Durch die Qual des Feuers wird die Echtheit, die incorruptibilitas, nicht nur erwiesen, sondern auch erlangt. Das ist ebenfalls ein alchemistisches Leitmotiv.»[89]

Bewußtwerdung hat immer ihren Preis, sie ist nie ohne Leiden zu haben, manchmal Leiden von fast unerträglicher Härte. Zuweilen muß man wahre Feuerproben durchmachen und Höllisches erdulden. Verheißung und erhofftes Ziel ist Erweiterung des Bewußtseins und Ganzwerdung der Persönlichkeit. Das Eintreten des Schlangenarchetyps ins Leben der besagten jungen Frau war der erste Schritt im Individuationsprozeß. Zunächst war es die Haut, die für sie litt; diese Phase wurde nach der *incubatio* eingeleitet. Leiden, das für sie den Prüfstein bedeutete.

Man sieht den Sinngehalt des archetypischen Bildes im Asklepios als Schlange und im Mercurius der Alchemisten. Einerseits stellte Mercurius «das Selbst, andererseits den Individuationsprozeß und, vermöge der Grenzenlosigkeit seiner Bestimmungen, auch das kollektive Unbewußte dar. Daher die Bezeichnung des Mercurius als ‹mare nostrum›.»[90]

Der Zodiakus (Tierkreis) wurde als kosmische Schlange aufgefaßt. Oft galt diese als Ur-Gott, als mythischer Urahne, besonders bei den Azteken, wo sie als gefiederte Schlange verehrt wurde. Die große kosmische Schlange ist Projektionsträgerin, ja Repräsentantin des kollektiven Unbewußten in seiner Unendlichkeit (Mercurius als *mare nostrum*), zugleich ist sie aber auch ein perfektes Symbol für psychische Energie.

In der afrikanischen Mythologie wird der Regenbogen als Lebewesen aufgefaßt, gewöhnlich als riesige Schlange, und oft wegen ihm zugeschriebener böser Einflüsse gefürchtet. Die Luango glaubten an einen guten und einen bösen Regenbogen; die Ewe sahen ihn als riesige Schlange in den Wolken, genannt Anyiewo, die normalerweise in einem Ameisenhaufen lebte. Nur bei Regen kam sie hervor und durchstreifte den Wolkenhimmel. Fiel sie auf einen Menschen, wurde er nach dem Glauben der Ewe verschlungen. Eine Zulu-Sage berichtet von einem gewissen Utshintsha[91], der plötzlich einen Regenbogen aus einem Fuß aufsteigen sah. Geblendet rannte er fort und rief: «Das ist eine Krankheit, warum kommt sie zu mir? Die Menschen sagen, der Regenbogen bringt Krankheit.» In diesem Augenblick bekam er eine schuppige Hauterkrankung.

In der griechischen Mythologie verkörpert sich der Regenbogen in *Iris*, einer zwischen Himmel und Erde vermittelnden Göttin und Götterbotin, dem buntfarbigen weiblichen Gegenstück zu Hermes. In der griechischen Philosophie, in der Gnosis und viel später im mittelalterlichen Denken wird der menschlichen Psyche eine Mittelstellung zwischen den Gegensätzen eingeräumt, sie ist Mittlerin zwischen Leib und Geist. Die Psyche als Ganzes ist ein unbekannter Faktor; zu ihrer Beschreibung benutzt Jung oft die Analogie vom Farbenspektrum des Lichts, das sämtliche Farben des Regenbogens enthält.

Im Archetyp der Schlange und ebenso im Archetyp des Regenbogens wird ein unbekannter Faktor repräsentiert. Das Bild, sei es Schlange oder Regenbogen, verkörpert alle Gegensätze. Dabei liegt, um im Bild zu bleiben, die «Triebdynamik ... gewissermaßen im infraroten, das Triebbild aber im ultravioletten Teil des Spektrums».[92] Rot ist die Farbe des Blutes – des Lebens letztlich –, der Gefühle und Leidenschaften, und ein treffendes Symbol für Instinkt. Blau ist die Farbe des Himmels und der Luft, symbolisiert Geist und stellt geistige Inhalte dar.

Jung sagt, obwohl Blau eigentlich besser zum Geiste passe als Violett, sei Violett immerhin die «‹mystische› Farbe, die nun allerdings den unzweifelhaft ‹mystischen› respektive paradoxen Aspekt des Archetypus befriedigend wiedergibt. Violett besteht aus Blau und Rot, obschon es im Spektrum eine Farbe an und für sich ist.» Man müsse hervorheben, «daß der Archetypus mit Violett *genauer* charakterisiert ist: er ist eben *nicht nur Bild an sich, sondern zugleich auch Dynamis,* welche letztere in der Numinosität, der faszinierenden Kraft des archetypischen Bildes sich kundgibt».[93]

Zurück zu Utshintsha: Ein helles Licht blendete ihn, Symbol für Erleuchtung. Ihm schien, als habe sich der chthonische Gott in einen Himmelsgott und dann in einen Regenbogen verwandelt. Der Gott gehörte der Unter- und Überwelt zugleich an und enthielt in seiner Regenbogenform beide Aspekte. Der Schatten des Regenbogens, der auf Utshintsha fiel, war die Schlange – Todbringer durch Gift und Erwürgen, Erreger namenlosen Schreckens.

Dies war die Emotion, die ihn ergriff. Schlagartig war er gepackt von der kollektiven Angst vor dem Schlangengott, die zugleich seine individuelle unbewußte Angst war. Diese Angst war es, die er in diesem Augenblick in seiner schuppigen Hauterkrankung widergespiegelt sah. Die Hautkrankheit «war» die Angst; wäre er sich seiner individuellen Angst bewußt gewesen, wäre die Krankheit vielleicht nicht entstanden.

Mit vorzüglicher Genauigkeit veranschaulicht diese Sage die Synchronizität und die äußerlich Gestalt gewinnenden Bilder des Affektes, hervorgerufen durch den Eintritt des Schlangenarchetyps in ein Menschenleben.

Der Feuerarchetyp

Jedermann kennt die physiologisch normale Röte, die ins Gesicht steigen kann, besonders bei jungen, schüchternen, linkischen Menschen. Meist nimmt sie die Gestalt einer sich langsam ausbreitenden Welle roter Farbe an, die in der Halsregion beginnt und «zu Kopfe steigt». Sie wird begleitet von Empfindungen der Hitze und des Unbehagens. Damit verbunden ist eine

Emotionswallung, die oft unbewußt bleibt und in den körperlichen Symptomen ihren äußeren Ausdruck findet. Weder das Erröten noch die Emotion ist kontrollierbar.

Die Farbe Rot weckt eine Fülle von Assoziationen, von denen als wichtigste genannt seien: Blut, Leben, Feuer, Hitze, Gefühl, Freude, Mut, Zorn, Leidenschaft und Gefahr.

Hautröte, der häufigste sichtbare Befund bei Hauterkrankungen, ist im Prinzip eine Steigerung und Ausweitung des normalen vorübergehenden Rotwerdens. Sie wird hier zur Dauererscheinung und kommt durch Blutgefäßerweiterung und vermehrte Blutzirkulation zustande, die lokale Temperatursteigerungen mit Hitzegefühlen zur Folge hat. Durch Ausschwitzung von Blutflüssigkeit in die Gewebe kommt es außerdem zu Schwellung. Hinzutreten kann Schmerz, auch in «forme fruste»-Gestalt (leichtes Erscheinungsbild einer Krankheit) als Stechen, Kribbeln, Brennen, Jucken. Juckreiz (Pruritus) ist «das» hervorstechende Symptom von Hauterkrankungen. Die auftretenden Gefühle werden als «heiß», «kochend», «brennend», «feuerartig» beschrieben. Die Stärke der subjektiven Empfindungen schwankt je nach Art der Krankheit und Höhe der individuellen Schmerzschwelle.

Zur Linderung der Mißempfindungen kommen bestimmte physische Reflexe ins Spiel. Der häufigste ist der Kratzreflex, in geringerem Maße der Reibreflex, doch werden auch Berühren, Betasten, Zupfen, Stochern, Bohren, Stechen und Blasen oft beobachtet.

Die Begriffe, die zur Beschreibung der Symptome und der objektiven Reflextätigkeiten benutzt werden, kreisen um das Bild des Feuers. Tatsächlich ähneln die obigen physischen Handlungen primitiven Arten des Feuermachens, bei denen zum Beispiel mit dem Feuerquirl Holz an Holz gerieben wird, um Hitze zu erzeugen. Beobachtung der Finger- und Handaktivitäten bei Dermatosen führt zu dem unausweichlichen Schluß, daß bei allen krankhaften Hautzuständen der Feuerarchetyp eine große Rolle spielt. Mit den vier Symptomen Röte, Schwellung, Hitze und Schmerz sind alle klassischen Zeichen einer «Entzündung» (lateinisch *inflammatio*) vorhanden. Und das heißt ja nichts anderes als: anzünden, in Brand setzen.

In Mythen der ganzen Welt ist das Bild des Feuers verbreitet. Feuer ist schöpferisch und zerstörerisch zugleich und ist mit seiner Helligkeit, Leuchtkraft, Wärme und latenten Gefährlichkeit seit zahllosen Jahrtausenden untrennbarer Bestandteil des menschlichen Lebens. Hephaistos, der griechische Schutzgott der Künstler, war Schmied und Herr des Feuers. Ursprünglich hüteten die Schmiede das Feuer; es war das wichtigste Element, wichtiger als Eisen, und aufgrund seiner Natur stellte es stets und stellt heute noch ein Fascinosum dar. Hochangesehen, wer es bändigen, wer damit umgehen konnte, ohne sich zu verletzen. Die Schmiede aller Kulturen – im nördlichen Zirkumpolargürtel, in Afrika, im indianischen Nordamerika – wurden große Medizinmänner. Treffend hießen sie «Feuermeister».[94] Der Name bedeutete, daß der Meister «innere Hitze» erworben hatte, aufgrund deren er die äußere Hitze beherrschte.

> «Die ‹innere Hitze› oder ‹mystische Wärme› ist schöpferisch; sie wird zu einer Art magischer Kraft... Sie schafft z. B. die zahllosen Wunder der Asketen und Yogi (magischer Flug, Aufhebung der physikalischen Gesetze, Verschwinden usw.).»[95]

Feuer und mystische Hitze hingen mit dem Zustand der Ekstase zusammen, ein Indiz, daß der Schamane oder Medizinmann Kontakt zur Geisterwelt gewonnen hatte. Dadurch vermochte er verirrte Seelen in die Welt der Lebenden zurückzuholen und sie in die Unterwelt weiterzugeleiten. Er hatte die mystische Kraft, die zum Reich des Feuers gehört.

Als Parallelbegriff zur «inneren Hitze» gibt es das Tapas, das in der *Rigweda* erwähnt wird und in modernen Yogaschulen Anwendung findet. Marie-Louise von Franz dazu: «...ursprünglich bedeutete es brüten, dem Inneren Wärme geben, sozusagen sich selbst bebrüten; wir würden sagen, selbst Energie zu werden.»⁹⁶ Es hat auch die Bedeutung: über etwas schwitzen und dadurch die Temperatur erhöhen. Auch bestimmte Atemtechniken können die Körpertemperatur hinauftreiben.

Ein dänischer Seemann, der wegen groben Fehlverhaltens von seinem Schiff geflohen war, wurde wegen unerklärlich hoher Körpertemperatur ins Krankenhaus eingewiesen. Man entdeckte, daß er durch Anwendung verschiedener in Indien erlernter Atemtechniken seine Körpertemperatur steigern konnte. Zweifellos war er ein Dieb und ein Betrüger, doch symbolisch bedeutete diese Selbsterhitzung ein Brüten, wie das einer Henne auf den Eiern. Er benutzte das Krankenhaus als Fluchtort vor dem Kadi und «brütete» während der Hospitalisierung einen neuen Plan aus, durch den er erneut seinen Verfolgern durch die Finger schlüpfte. Psychologisch boten ihm das Tapas, das Brüten, und die innere Hitze, die Chance, sich seines kriminellen Schattens bewußt zu werden. Überflüssig zu sagen, daß er die Chance nicht nutzte.

In vielen Schöpfungsmythen steckt der Gedanke des Brütens, der Wärme, der Keimzelle, des Eies, das die Ursubstanz ist, aus welcher der Schöpfergott den Kosmos formt. Tapas als Brüten impliziert Bündelung aller psychischen Kräfte auf einen Punkt, Fokussierung wie durch ein Brennglas, so daß sie schöpferisch werden.

Saturnius sprach von der «scintilla vitae», Heraklit von der Seele als «scintilla stellaris essentiae» (einem Funken Sternsubstanz), Meister Eckhart vom «Seelenfünklein», und Simon Magus glaubte, «daß sich in Samen und Milch ein sehr kleiner Funken finde».⁹⁷ Seelenfunken, Scintilla: das war ein konzentrierter Erleuchtungspunkt, eine punktuelle Helle, die Bezug hatte zum «Mittelpunkt aller Dinge», einem Gottesbild.⁹⁸

Heraklit nannte das Leben «ein ewiges Feuer». Seine Ideen können mit der «Urwärme» der stoischen Philosophen und mit der späteren Phlogistontheorie verglichen werden. Nach dieser (heute überholten) Theorie sollten «alle brennbaren Körper... einen materiellen Bestandteil – das Phlogiston – enthalten, der bei der Verbrennung entweicht».[99] Das Phlogiston war gleichsam eine unsichtbare und verborgene Hitze und ein Lebensprinzip. Jung nennt das Phlogiston «eine bestimmte, Lebenswärme spendende Eigenschaft des Unbewußten».[100] Marie-Louise von Franz macht deutlich, daß in den Schöpfungsmythen sämtliche physischen Emanationen wie Schwitzen, Weinen, Spucken, Ejakulation usw. von einem emotionalen Zustand als gemeinsamem Nenner getragen werden. Zu den Schöpfungsakten im Menschen sagt sie: «Aber wir erzeugen solche Dinge nur, wenn wir in einem entsprechenden emotionalen Zustand sind.»[101]

Emotion – das hieß ursprünglich nur Bewegung, Erregung. Später wurde sie dann zum Synonym für Gemütsbewegung, Affekt oder einfach Gefühl. Ähnlich im Französischen – *émotion* mit dem Verb *émouvoir* haben neben der Bedeutung «Emotion» immer noch die alten Anklänge Gärung, Aufregung.

Ohne Wärme wird das Leben kalt und steril – bei Menschen, die von ihrer emotionalen und psychischen Basis abgeschnitten sind, ist dies der Fall. Ohne Emotion keine Kreativität und kein wirkliches psychologisches Verständnis. «Um Emotion zu beschreiben, benutzt die Psyche folglich die Symbole des Feuers und dessen Lichts, denn es gibt keine Erleuchtung, keine neue Realisierung ohne ein emotionales Vorstadium.»[102]

Feuer ist eine Metapher für Liebe, Leidenschaft, Zorn und Begehren; man denke an Ausdrücke wie «in Flammen stehen», «entbrannt sein». Feuer verbildlicht generell das Emotionale, es ist eines der häufigsten Symbole für psychische Energie, mit einem Umfeld an Begriffen wie Erhellung, Erleuchtung, Einsicht, Wort, Intelligenz und Libido.

Der Feuerarchetypus mit seiner reichen Bildwelt, in der uralte Vorstellungen und Instinktreaktionen Gestalt gewinnen, ist einer der dominierenden Archetypen bei Hautleiden. Durch die Krankheit bahnt er dem Kranken den Weg auf eine höhere Bewußtseinsebene, auf der die ursächlichen psychischen Schwierigkeiten erkannt und verarbeitet werden können. Feuer ist ein Erleuchter und ein Emotionssymbol. Ist der Kranke seiner emotionalen und instinktiven Seite entfremdet (dissoziiert), gibt es für ihn weder Leben noch Licht. Erst durch emotionales Interesse und Spannung wird Erhellung und Klärung eines unbekannten, unbewußten psychischen Inhalts bewirkt. Emotion ist daher ein Bewußtseinsträger.

Der gesamte Krankheitsprozeß stellt ein symbolisches Feuermachen dar, wobei die Haut stellvertretend für das psychische Problem «brennt» und es wie in einem Spiegel reflektiert. Die Bewegungen, das Jucken, Kratzen, Bohren, Reiben, all das will, verlagert auf die physische Ebene, auf eine Stockung des psychischen Libidoflusses aufmerksam machen; die Natur der Stockung offenbart sich häufig sehr genau im Bild der spezifischen Dermatose.

Die Berührungsempfindung

Ein an einem bestimmten Ort lokalisierbares Organ wie für Sehen und Hören gibt es für das Fühlen nicht. Die Haut ist flächenhaft sensibel und trägt überall Reizrezeptoren, die das Bewußtsein darüber informieren, wenn irgend etwas dem Körper «nahetritt».

Wie wir gesehen haben, ist die Haut die äußere Begrenzungslinie des Individuums; was draußen liegt, ist «das andere» und fremd. Jeder Kontakt mit dem Organismus, von der hauchzarten Berührung bis zum Schlag, wird registriert und über das Nervennetz ans Bewußtsein weitergemeldet. Es ist ein außerordentliches Faktum, daß das Ichbewußtsein intensiv mit anderen Dingen beschäftigt sein kann und trotzdem eine sich auf die Haut setzende Fliege augenblicklich bemerkt. An Sinnesempfindungen vermittelt die Haut: Berührung, Wärme/Kälte, Schmerz. Für die beiden ersteren gibt es spezialisierte Rezeptoren mit bestimmten Strukturmerkmalen.

Dem Tastsinn (Berührungssinn) dienen drei Arten von Hautrezeptoren: Meissner-Körperchen, Merkel-Tastscheiben und korbähnliche Ballungen von Nervenenden an der Basis der Haarfollikel. Die Berührungsempfindung wird vor allem durch Druckunterschiede und entsprechend mehr oder weniger tiefe Eindellung der Hautoberfläche vermittelt. Stärkerer, über Berührung hinausgehender Druck reizt tieferliegende Drucksinn-Rezeptoren, die sogenannten Pacini-Körperchen. Der Drucksinn ist kein eigentlicher Hautsinn im strengen Sinne mehr, da die Pacini-Körperchen in der Subkutis (Unterhaut) liegen.[103]

Auch für Wärme/Kälte existieren Hautsensoren, nicht jedoch für Schmerz; er wird durch freie Nervenenden vermittelt. Für die Schmerzempfindung gibt es kein eigenes Rezeptororgan.

In unserer allgemein «nichttaktilen» Gesellschaft wird in den letzten Jahrzehnten deutlich, daß die Berührung, der älteste Sinn, immense Bedeutung für unser Leben hat – eine Bedeutung, die lange unterschätzt worden ist.

Bei Eidesleistungen und Schwüren in alter Zeit spielte stets die Berührung eine zentrale Rolle. In Indien rief, wer etwas beschwor und sich dabei selbst berührte, die Mächte des Bösen auf sein Haupt herab. Bei den germanischen Stämmen mußte der Schwörende einen Gegenstand berühren, der ihn entweder mit den Göttern, die er anrief, oder mit der Strafe für Meineid in Verbindung brachte. In Skandinavien berührte der Schwörende einen mit Blut bestrichenen, einer Gottheit geweihten Ring. Nach uraltem germanischen Brauch berührten Männer beim Schwören ihr Schwert. Bei Christen war das Berührungsobjekt das Kreuz, daneben auch das heilige Buch und die Glocke. Später traten Heiligenreliquien hinzu, meist konservierte Hautstücke. Diesen haftete ein Numinosum an, sie galten als Träger göttlichen Geistes, göttlichen Manas; dem Mana galt die Berührung. Im Augenblick des Kontakts wurde «Fühlung» mit der heiligen Macht aufgenommen.

Die Berührung ist die wichtigste aller magischen Handlungen, und Berührung heilt – hier ist die Kraftübertragung klar zu sehen. Bei den sogenannten Primitiven genoß der Stammeshäuptling oder der Schamane den Ruf, die stärksten magischen Kräfte zu besitzen. Vielerorts wurde der König als göttlich betrachtet, und er hatte die heilkräftigste Hand. Römische Kaiser sollen diese Eigenschaft besessen haben, auch französische und englische Könige. Besonders bei Hauterkrankungen wurde die königliche Berührung für heilsam gehalten. Die Berührung nahm oft die Form des Streichelns an, eine Handlung, bei der sich zum Magischen das Hypnotische gesellte. Die Idee der Kraftübertragung steht auch hinter dem «Handauflegen», einer segnenden, schützenden Handlung, die auch die Gaben des Heiligen Geistes übermitteln soll. Sie spielt heute noch bei vielen therapeutischen Techniken mit, ausgeübt von allen möglichen Heilkundigen, vom oben erwähnten Schamanen bis zum Hausarzt um die Ecke. Wenn letzterer dem Patienten bloß die Hand reicht oder ihm auf die Schulter klopft, kann das schon einen bedeutsamen Beruhigungseffekt haben. Weniger der Heilende selbst, sondern sein Heilermana erzeugt die magische Wirkung; er ist nur dessen Träger. Im weiteren Sinne umfaßt die Klasse der «Heil»kundigen jeden, der einen vergleichbaren Effekt hervorzubringen vermag, sei es durch Massage, kosmetische Behandlung, Haareschneiden oder einfach durch Zuspruch, Mutmachen oder Abbau von Minderwertigkeitsgefühlen oder Ängsten.

Massage ist zu einem wichtigen Teil der sogenannten Alternativmedizin geworden. Massage wird auch von der Schulmedizin wohlwollend betrachtet, da es als gesichert gilt, daß sie die Muskeln entspannt und den Kreislauf anregt. Studien haben gezeigt, daß es – unabhängig von der Art der Massage – die Berührung ist, die die heilende Kraft ausübt.

Seit einiger Zeit weiß man, daß der Besitz eines Haustieres Heilwirkung auf Kranke haben kann; besonders für Kinder ist ein «Pet», wie Haustiere bei uns in England heißen, wichtig. Dies ist seit langem bekannt. Rehabilitationszentren für Herz- und Blutdruckkranke berichten von positiven Wirkungen auf ihre Patienten allein dadurch, daß diese Zugang zu einer Katze oder einem Hund hatten. Ein Tier zu streicheln, das einem auf dem Schoß oder im Arm liegt, bedeutet einen Brückenschlag zur inneren Instinktwelt. «Zurück zu den Instinkten» ist häufig der Schritt, der zur Heilung führt, da die Krankheit gewöhnlich durch eine Entfremdung von den Instinkten (mit)bedingt ist.

Es scheint, daß sowohl der Empfänger der Massagebehandlung, «der Berührte», als auch der Herzpatient in seiner Rolle als «Berührer» gleichermaßen profitieren. Die Hand als Werkzeug überwindet die kutane Barriere, öffnet das Verschlossene.

Ich kenne einen Patienten, der einen mörderischen Mutterkomplex hatte. Er war vierzig Jahre alt und litt seit seinem siebenten Geburtstag an Ekzemen. Dieser Patient kaufte sich ein seltsames Schoßtier: eine ungiftige, handgroße Vogelspinne. Er hielt sie in einer Schachtel und nahm sie überall hin mit, selbst ins Krankenhaus. Er pflegte sie zu streicheln und mit ihr zu sprechen; im Lauf der Zeit besserte sich seine Haut. Man könnte von einer erfolgreichen Auseinandersetzung, ja von einer Anfreundung mit dem Mutterkomplex sprechen. Die Spinne und ihre Fähigkeit des Netzewebens ist in der Tat ein treffendes Symbol.

Die intensive Beziehung zwischen Muttertier und Jungem und zwischen Menschenmutter und Kind gründet sich in erster Linie auf Berührung. In keiner anderen Beziehung außer zwischen Liebenden ist die Berührung so intim. Kinder, die von der Mutter (oder Ersatzmutter) nicht genügend liebkost und umarmt werden, leiden an Gedeihstörungen. Sie entwickeln kein angemessenes Körpergefühl.

Ein junges Mädchen, vierzehn Jahre alt, wurde zu mir geschickt, weil sie über einen «kalten Rücken» klagte. Ärztliche Untersuchungen hatten keinen organischen Befund ergeben. Immer, wenn sie von der Schule heimkam, lief sie offenbar sofort zum Wohnzimmerkamin und wärmte sich den Rücken. Dies tat sie sommers wie winters. In der Schule fror sie nicht, sondern nur, wenn sie nach Hause kam. Es handelte sich um eine gutbürgerlich-wohlhabende Familie, bestehend aus den Eltern und drei Kindern (zwei Jungen und dem Mädchen, das die Älteste war). Im Elternhaus schien keine Disharmonie vorzuliegen, und es war schwierig, eine Erklärung zu finden.

Die Tochter war sehr intelligent, phantasievoll und extravertiert. «Trotzdem» besaß sie eine gutausgebildete Gefühlsfunktion. Sie schien das einzige Familienmitglied zu sein, bei dem das Gefühl die Hauptfunktion darstellte. Durch diese Funktion hatte sie zweifellos eine gute Bindung zu Eltern und Brüdern, doch es schien, daß sie nichts zurückbekam. Es herrschte ein eigentümlicher, für Außenstehende recht auffälliger Mangel an Eros in der Familie. Dies ist in Familien und größeren Gemeinschaften nicht selten zu beobachten: daß ein einziges Mitglied eine gutentwickelte Hauptfunktion hat – etwa Denken oder Intuition –, während die anderen so dahintreiben und geistig oder seelisch stagnieren. In diesem Fall wurde das Gefühl des Mädchens das Familiengefühl, und das Mädchen litt. In wunderbarer Exaktheit zeigte das Symptom den Sachverhalt. Die Tochter hatte die Kälte des Heims «im Rücken» und sah deshalb den Gefühlsmangel in ihrer Familie zunächst nicht; nachdem sie es erklärt bekommen hatte, drehte sie sich um und schaute hinter sich.

Der Meister der Berührung ist die Hand. Zahllose dauerhafte Bindungen sind entstanden durch den unmittelbaren Kontakt und das sinnliche Bewußtsein des Händedrucks. Wie wir gesehen haben, ist die Hand der Brennpunkt des Heilprozesses. Griechen, Römer und Frühchristen betrachteten die rechte Hand als Heilinstrument. Alle möglichen Heimsuchungen wie Blindheit, Lahmheit, Schlangenbiß und Schmerz galten als kurierbar durch die magische Macht der Hand. Das neugeborene Kind wird von seiner Mutter in die Hände genommen, sie geben ihm fortan Wärme, Halt und Nahrung; begierig klammert sich das Kind sofort daran. Hinter dem alten Brauch, Kinder eng in Windeln zu wickeln, steht teilweise der Gedanke, den intrauterinen Druck auf den Fetus und die enge Umarmung durch die Mutter nach der Geburt nachzuahmen. Auf der gleichen Vorstellung beruht(e) das Einwickeln von Mumien, besonders bei den alten Ägyptern: Es sollte den Begrabenen schützen und seinen Leib zusammenhalten für die Reise in die Unterwelt.

Natürlich hat die Handsymbolik auch bedrohliche, gefährliche

Seiten. Die Hand kann Unterstützung entziehen, sie kann schlagen, sie kann töten. Ein verurteilter Mörder, lebenslang einsitzend, bekam ein unheilbares Ekzem an den Händen. Man nahm an, daß er gegen ein Waschmittel in der Gefängniswäscherei allergisch sei. Doch auch nachdem er mit dem vermuteten Reizstoff nicht mehr in Berührung kam, bestand das Ekzem fort und besserte sich nicht. Der Mann hatte eine Frau mit seinen Händen erwürgt. Er hatte ihren Nacken mit der rechten Hand berührt, und als sie sich seiner Annäherung entziehen wollte, erdrosselte er sie. Die Hände, seine Waffen, erinnerten ihn nun täglich an die grausame Tat – bis an sein Lebensende. Lady Macbeth in Shakespeares Stück wurde ähnlich heimgesucht.

Das Mädchen mit dem Angioödem

Eine Heranwachsende, sechzehn Jahre alt, machte zum erstenmal Ferien von ihrem überbehütenden Elternhaus. Vier Wochen wohnte sie auf einem Bauernhof. Nach ihrer Heimkehr bekam sie eine Zungenschwellung, die zuerst schubweise auftrat, nach ein paar Tagen aber chronisch wurde. Auch auf Lippen, Mundumfeld und oberen Hals griff die Schwellung über. Die Zungenschwellung wurde so schlimm, daß die Patientin hospitalisiert werden mußte. Die Eltern wichen nicht von ihrer Seite und bestanden darauf, vor ihrem Zimmer zu warten. Man entdeckte, daß die Erkrankung auch den Genitalbereich erfaßt hatte; die Schamlippen waren ebenso geschwollen wie die Gesichtslippen. Die Diagnose «Angioödem» (Quincke-Ödem) wurde gestellt. Tests ergaben keine organischen Anomalien, doch man vermutete eine Heu-Allergie, da die Krankheit eingesetzt hatte, als die Patientin auf dem Bauernhof in einem Heuschober arbeitete.

Da die Eltern von den genitalen Symptomen nichts wußten, hielt ich es für ratsam, das Mädchen später einmal ganz allein zu sprechen. Das geschah, und es stellte sich heraus: Nicht die Heu-Allergie war des Pudels Kern.

In den Ferien hatte die Patientin einen Bauernburschen kennengelernt, der die Pferde versorgte. Er war siebzehn und führte sie bald in die Kunst des Küssens ein. Nie zuvor hatte sie einen Jungen geküßt, und da sie Gefallen daran fand, wurde es zum täglichen Spiel. Irgendwann erstreckten sich die sinnlichen Erkundungen dann auch auf andere erogene Zonen, gingen aber offenbar nicht über Berührungen hinaus. Am Abend, bevor sie abreisen sollte, ging sie ziemlich früh an den gewohnten Ort des Stelldicheins, und dort lag der Junge mit einem anderen Mädchen im Heu.

Das Angioödem ist eine Extremvariante der Urtikaria (Nesselsucht). Urtikaria wird häufig auf Histaminfreisetzung durch ein Allergen zurückgeführt, spiegelt jedoch meines Erachtens oft eine seelische Störung.[104] Die dahinterstehende Emotion ist stets Zorn, entweder brütender, schwelender Ärger oder – seltener – unterdrückte mörderische Wut. Letztere liegt meist vor, wenn das Angioödem vorhanden ist. Das Aufdecken solcher Schatten-Emotionalität stößt stets auf Widerstand, und die junge Patientin bildete da keine Ausnahme.

Zunächst stritt sie ihren Zorn ab, gab aber zu, sich aufgeregt zu haben. Sie wollte den Jungen nicht verdammen und dachte, das andere Mädchen sei möglicherweise begehrenswerter, da hübscher. Es war notwendig, sie behutsam zu einer Selbstreflexion der eigenen Gefühle hinzuführen, einer Bewußtmachung dessen, was sie zu der Situation und besonders zu dem Verhalten des Jungen empfand. Hätte die Patientin ein positives Verhältnis zu ihrer Mutter gehabt, hätte sie auf die Situation auf gesunde instinktiv-feminine Weise reagiert. Sie hätte zu ihren Gefühlen gestanden und ihnen entweder sofort Luft gemacht oder wäre achselzuckend weggegangen, in der Erkenntnis, der Junge sei ihrer nicht würdig und habe schlechten Geschmack bewiesen, indem er die andere bevorzuge. Sie tat keins von beiden und versteckte sich statt dessen hinter einem Heuballen. Den natürlichen Zorn der aufstieg, verschluckte sie und wurde durch die Zungen- und Lippenschwellung für die unterlassene Artikulation ihrer Wut «bestraft». Die Schamlippenschwellung war Spiegel ihrer zornigen und verletzten Weiblichkeit (die Vulva symbolisiert häufig ein Auge).

Sobald sie sich dazu durchringen konnte, den Jungen zu verdammen und sich klarzumachen, wie er sie behandelt hatte, konnte sie ihren Zorn akzeptieren und war bald wieder gesund. Nicht umsonst klingt in der Wendung «mit jemandem auf den Heuboden gehen» neben der sexuellen Tändelei auch der Verlust der Unschuld mit.

Fallstudien

Vorbemerkung

Dank ihrer einzigartigen Wandlungsfähigkeit und dank ihrer Zugänglichkeit und Sichtbarkeit ist die Haut ein Seelenspiegel par excellence. Hautveränderungen fallen sofort auf, deshalb bleibt der Zeitpunkt ihres Auftretens genau im Gedächtnis, auch wenn der Kranke ihn vorübergehend vergessen zu haben scheint.

Dadurch lassen sich Synchronizitäten bei Hautleiden besonders gut feststellen, wenn es gilt, die schwer eruierbare innere Bedeutung der Krankheit im individuellen Fall aufzuspüren.

Aufgrund ihrer komplexen Natur wird die Haut von vielen Hunderten von Erkrankungen befallen. Ihre Klassifikation erfolgt gewöhnlich nach dem Leitsymptom, der sogenannten Primäreffloreszenz.

Beim Kleinkind kreisen die Krankheiten meist um Ekzembläschen. Bei Heranwachsenden sind oft Warzen störend. Warzen entstehen durch Einwanderung von Viren, die sich die Zelle unterwerfen, fast wie ein Dämon den Besessenen. Warzen treten auf, wenn das Kind von der kommenden Lebensveränderung «besessen» ist. Zahlreiche abergläubisch-magische Vorstellungen ranken sich um die «Hexenwarzen», die tatsächlich wie durch Zauberei auftauchen und verschwinden können.

Die Pubertät, die körperliche Umschlagphase vom Kind zum Erwachsenen, bringt tiefe, aufwühlende Veränderungen. In dieser Phase kommt es oft zu Acne vulgaris, der bekannten Pubertätsakne, die durch ein Ungleichgewicht zwischen männlichen und weiblichen Hormonen hervorgerufen wird. Es dauert einige Zeit, bis das Gleichgewicht wiederhergestellt und die Umstellung auf eine neue Lebensphase abgeschlossen ist. In diesen schwierigen Jahren, wenn die sexuelle Reifung selbst ein heikles Problem darstellt, mag die Akne mit ihren psychischen Belastungen zunächst als sinnlose Verschärfung der Bürde erscheinen. Doch die Emotionen erweisen sich häufig als Segen, indem sie nämlich den Jugendlichen vor direkter sexueller Konfrontation abschirmen, bis er psychisch reif dafür ist.

Ein junger Mann litt an schwerer Akne mit entstellenden Vernarbungen. Er war unglücklich, weil er keine Freundin hatte. Irgendwann fand er sich damit ab, daß die Haut ihm Angst vor den Kommentaren der Mädchen und Scham über den Zustand seines Körpers einflößte, und ging in tiefer Introversion daran, sich einen guten Platz an der Universität zu erarbeiten. Als er das geschafft hatte, schlug die Antibiotika-Therapie, die er seit mehreren Jahren vergeblich bekam, plötzlich an. Die Narben gingen zurück, und irgendwann hatte er dann auch eine Freundin. Eine solche Besserung konnte nicht stattfinden, bis die nötige psychische Umstellung vollzogen war und er Selbstachtung als Mann gewonnen hatte.

Ekzem

Es gibt viele verschiedene Arten von Ekzemen; gemeinsam ist ihnen allen das Ekzembläschen, das wie ein winziger Vulkan in der Haut entsteht, binnen weniger Stunden aufbricht und eine unter Druck stehende Flüssigkeit (Exsudat) austreten läßt, die wie Lava ausfließt. Die einzelnen Krankheitsstadien gehen rasch ineinander über, so daß das Ekzembläschen selbst häufig nur schwer zu beobachten ist, weil praktisch ganze Hautflächen gleichzeitig «vulkanisch aktiv» werden, aber es ist immer da.

Bei sorgfältiger Anamnese lassen sich der Zeitpunkt des Krankheitsausbruchs und die äußeren Begleitumstände sowie die inneren psychischen Störfaktoren relativ leicht in Erfahrung bringen. Da die meisten Hautkranken, speziell Ekzemkranke, emotionale Probleme abstreiten, zwingt sich der Schluß auf, daß die Dermatose selbst das Hinweisschild zur inneren Disharmonie ist, weil der Kranke von der Gefühls- oder Instinktseite abgeschnitten und sich ihrer *unbewußt* ist. Es ist die Aufgabe des Kranken, die verdrängten psychischen Inhalte, die die seelische Krise heraufbeschworen haben – ob Mutterkomplex, ob herandrängende archetypische Wirkungen oder was auch immer –, ins Bewußtsein zu heben. Es ist, als werfe die Psyche das Bild ihrer Not auf die Leinwand Haut, um auf ihre Lage aufmerksam zu machen.

Das Baby mit Neurodermitis (atopischem Ekzem)

Neurodermitis (atopisches oder endogenes Ekzem, atopische Dermatitis, Neurodermitis constitutionalis) setzt meist früh im Leben ein. Die Diagnose ist relativ einfach, weil das Ekzem am Körper gewisse Stellen (Prädilektionsstellen) bevorzugt; es kann aber auch an allen anderen Körperteilen auftreten. Seine Ursache ist unbekannt.

Der kleine Patient aus unserer Fallgeschichte war ein zweijähriger Junge. Die Erkrankung hatte eingesetzt, noch ehe er zwei Tage alt war. Er war ein Erstkind, ein Überraschungskind zudem, mit dem die Eltern nicht gerechnet hatten. Sie hatten ein Geschäft gekauft und arbeiteten beide, um es hochzubringen. Für die Mutter war das Kind ein Inkubus, eine bedrückende Last. Ihre Schwangerschaft war komplikationslos verlaufen, weil sie sie überhaupt nicht beachtet hatte. Sie hatte mehrere Bücher über Kindererziehung gelesen, und als das Kind kam, setzte sie diverse Vorschläge daraus in die Tat um. Das Kind war schwierig, ließ sich nicht stillen, biß in die Brustwarzen, so daß die Mutter einen Abszeß bekam und keine Milch geben konnte. Später hatte es auch noch schwere Schlafstörungen und weinte fortwährend.

Kurz, es war ein trauriges Bündelchen Mensch. Jedoch: Ein Kind spiegelt das Unbewußte seiner Mutter. Sie hatte es von dem Augenblick an abgelehnt, als sie erfahren hatte, daß sie schwanger war. Sie ignorierte den ganzen biologischen Prozeß. Dies deutete auf das Vorhandensein eines mächtigen Animus, der mit Mutterschaft und ihren Pflichten nichts im Sinn hatte. Dennoch ist die Geburt eines Kindes ja eine physische Tatsache. Plötzlich war es da, und mit ihm die Erkenntnis: Es bleibt nun für immer. Der mütterliche unbewußte Widerstand nahm die Form resignierten Leidens an, das später offener Ablehnung wich. Das Kind spürte die Zurückweisung und verweigerte die Muttermilch – welche Anklage gegen die Mutter! Sie konterte durch ihre Brustabszesse, so daß sie ihrerseits keine Milch mehr geben konnte. Ein unbewußter «Krieg» und Schlagabtausch, der fast ein Jahr dauerte.

Nun war die Frau nicht unintelligent; beruflich war sie ihrem Mann eine gute Stütze. Sie wollte nur einfach nicht mit Mutterschaft belästigt werden. Als ihr dies Versagen als Mutter – so muß man es ja bezeichnen – erklärt wurde, verstand sie. Ihr weibliches Bewußtsein erfaßte die Art ihrer unbewußten Ablehnung des Kindes, und sie äußerte Reue und Mitleid für den Kleinen, nahm ihn sofort in die Arme und drückte das schreiende Kind an die Brust. Jäh hörte das Weinen auf, und das war der Wendepunkt. Es blieb noch ein weiter Weg zurückzulegen, doch die Mutter, darin war sie außergewöhnlich, verstand in diesem Augenblick genau, was Muttersein bedeutete. Das Kind wurde später völlig gesund.

Kalt und distanziert war die Mutter gewesen, fing dann jedoch «Feuer», wurde gewissermaßen angesteckt, erleuchtet, und begriff. Die Haut des Kindes sah wie Feuer aus, und eine Feuerhölle mußte es durchmachen, um der Mutter zu zeigen, was in ihrem Leben not tat. Sie brauchte Wärme, Lebendigkeit, mit einem

Wort: Emotion und menschliches Gefühl für das Kind, an dessen zweitem Lebenstag der Feuerarchetyp ein flammendes Hautfanal gesetzt hatte. Der Anstoß zur Veränderung der mütterlichen Haltung ging von der Haut aus; sie war die treibende Kraft.

Der Mann mit der Pflanzenallergie

Ein Mann von sechzig Jahren bekam eine Handallergie gegen die Becherprimel *(Primula obconica)*. Dieses Leiden nennt sich «Primelkrankheit». Aus heiterem Himmel hatte es an einem warmen Sonntagabend im Mai begonnen. Die fragliche Pflanze stand auf einem Fensterbrett über der Spüle, an der der Mann sein Geschirr vom Abendessen wusch. Er war diese Arbeit nicht gewohnt; am Morgen war seine Frau für einen Monat auf einen anderen Kontinent verreist, um ihre Tochter zu besuchen, die ihr erstes Kind erwartete. Sie hatte ihn ermahnt, die Pflanze bei dem heißen Wetter jeden Tag zu gießen.

Die Becherprimel ist eine berüchtigte Ekzem- und Nesselpflanze und hieß früher manchmal «des Hautarztes Brot und Butter». Der Mann wusch das Geschirr, goß die Blume und entfernte ein paar tote Blätter. Dies tat er mehrere Tage lang. Dann waren seine Hände mit Blasen bedeckt.

Zweifellos war die Allergie echt, doch es trat noch ein seelischer Faktor hinzu, ein allgemeines Mißgestimmtsein bei dem Mann, das er nicht kannte. Er fühlte sich von der Frauenwelt im Stich gelassen, von seiner Frau, seiner Haushälterin und in gewissem Sinn auch von seiner Tochter. Als ihm der Gedanke nahegelegt wurde, vielleicht ärgere er sich über die Abreise seiner Frau, stritt er das sofort ab. Er war von Beruf Rechtsanwalt, ein Verstandesmensch mit unterentwickelter Gefühlsfunktion; diese bildete seine Achillesferse. Durch diesen Schwachpunkt war die Anima vom Unbewußten her eingebrochen, so daß er von ihr besessen war. Daher seine dem Beobachter offenkundige schlechte Laune, seine Gereiztheit, seine grummelnde Verstimmung und die hämischen Seitenhiebe, die er gegen die weibliche Familienfraktion fallenließ.

Die Allergieblume Becherprimel hat eine nahe Verwandte, die Frühlingsschlüsselblume *(Primula veris)*, die bei Shakespeare Hüterin der Elfenkönigin Titania und damit die Märchenblume schlechthin ist. Diese Blumen mußten mit Respekt behandelt werden, sonst wurden sie bösartig und verletzten den Menschen. Daß die Primel den Patienten verletzte, steht außer Frage. Da Blumen Gefühle symbolisieren, darf man in der Becherprimel eine Darstellung seines «schlechten Gefühls» sehen. Die Synchronizität der Ereignisse an jenem Sommerabend ist sehr klar – die Giftblume, die verreiste Frau, die üble Laune, die Hauterkrankung. Ein zeitliches Zusammenfallen sinnvoll miteinander verknüpfter Ereignisse.

Psychologisch gesehen war er von seiner Anima besessen. Ihren körperlichen Ausdruck fand die Besessenheit in dem Blasenausschlag.

Der Witwer mit Erythrodermie

Vielleicht gewinnt der Feuerarchetyp in keiner Hautkrankheit so erschreckend deutliche Bildgestalt wie bei Erythrodermie («Hautrötung»). Dies ist eine der schwersten Hauterkrankungen, die es gibt. Sie kann in jedem Stadium einer chronischen Dermatose hinzutreten und führt zu einem blitzartigen, wütenden Aufflammen der Haut. Viele Erkrankte sterben daran. Wer es übersteht, bei dem dauert es meist lange Zeit, bis die Haut wieder ins Gleichgewicht kommt. Die Franzosen nennen das Krankheitsbild treffend *l'homme rouge* (roter Mensch).

Ein dreiundsechzigjähriger Mann bekam kurz nach dem Tod seiner Frau das Hautsymptom Pruritus. Pruritus bedeutet einfach Juckreiz; oft liegt keine nachweisbare organische Ursache vor. Die Gesundheit des Patienten war ansonsten gut, doch trotz ärztlichen Zuspruchs und diverser Therapien blieb der Juckreiz bestehen, es kam zu allmählichem Aufkratzen (Exkoriation) der gesamten Körperhaut durch Kratzen, und Erythrodermie trat hinzu, bei der sich die Haut großflächig schuppt und schält.

Mit Bettruhe und Krankenhausbehandlung besserte sich sein Zustand, und er durfte wieder aufstehen, An diesem Punkt machte er einen Selbstmordversuch mit einer Überdosis Schlaftabletten. Daraufhin wurde er in die psychiatrische Abteilung verlegt und gegen Depression behandelt. Sobald sein psychischer Zustand sich gebessert hatte, trat jedoch wieder die Erythrodermie auf. Insgesamt blieb er mehr als ein Jahr hospitalisiert und stand in dieser Zeit mehrmals an der Schwelle des Todes.

Bis zum Tode seiner Frau war er dreißig Jahre verheiratet gewesen. Er hatte immer hart gearbeitet und seiner Familie gute materielle Verhältnisse gesichert. Es gab zwei erwachsene, unverheiratete Söhne, ferner den hypochondrischen Bruder seiner Frau, der ebenfalls im Haus wohnte. Seine Frau war sehr tüchtig gewesen und hatte den Haushalt gut geführt. Als sie starb, hatte der Patient keine andere Wahl, als sich pensionieren zu lassen und sich um das Haus und den schwierigen Schwager zu kümmern. In seinem Alter – über sechzig – hielt er das für den einzig gangbaren Weg.

Bald nach dieser Entscheidung setzte der Juckreiz ein und steigerte sich zu einem wahren «furor dermaticus». Manchmal zerfleischte sich der Patient regelrecht beim Kratzen. Auf näheres Befragen erinnerte er sich, daß er unmittelbar nach der Beerdigung angefangen hatte zu schwitzen und daß der Arzt keine Ursache hatte finden können. Schweißabsonderung ist bei heißem Wetter etwas ganz Normales, sie reguliert den Wasser-, Salz- und Wärmehaushalt des Körpers; auch bei Fieber, bei gestiegener Körpertemperatur, schwitzt man. Doch man schwitzt auch bei Angst, das heißt: bei gestiegener emotionaler Temperatur.

Dieser Mann hatte seiner Frau das gesamte Haushaltsmanagement überlassen. Sie war es, die sich um jede Einzelheit gekümmert hatte; wahrscheinlich war sie eine sehr patente Frau gewesen, mit gutentwickelter Empfindungsfunktion. Zweifellos trug sie die Gefühlsfunktion für die gesamte – männlich dominierte – Familie.

Der Schweißausbruch war das erste Omen seiner unbewußten Angst vor der Zukunft gewesen. Es blieb unbeachtet, und das heftigere Symptom Pruritus trat an seine Stelle. «Pruritus bedeutet im engeren Sinne Juckreiz ohne Hautveränderungen.»[105] Es kommt vom lateinischen *prurire*. In diesem Wort klingt zusätzlich die Bedeutung «lüstern» mit. Auch das englische *prurient* hat diesen Sinn: morbid lüstern, gierig verlangend. Mit anderen Worten, es handelt sich um ein körperliches wie mentales Jucken.

Bei Erythrodermie gerät die Haut in einen «chaotischen» Zustand, und die fortwährende ausgedehnte Abschuppung führt zu starkem Eiweißverlust. Oft ist das Leiden von Depression begleitet. Im Lauf der Zeit bin ich dazu gelangt, Erythrodermie als eine «Psychose der Haut» aufzufassen. Die langen Rekonvaleszenzzeiten spielen immer eine bedeutende Rolle und dienen offenbar nicht nur der Hautgenesung, sondern scheinen auch psychisch eine gewisse Schutzfunktion zu haben. Die Haut fungiert als Puffer und Schaubild und trägt stellvertretend das innere, das Ichbewußtsein bedrohende Chaos.

Der Mann fand sich abrupt in die Rolle der «Hausfrau» versetzt – in einem Haushalt, dessen männliche Mitglieder den Verlust nicht zu betrauern schienen. Sie zeigten keine spürbare Reaktion auf den Tod der zentralen Figur, und wegen seiner Arbeitsüberlastung im Haus kam der Patient auch nicht dazu, sie zu betrauern. Zunächst hatte er Angst empfunden, dann heimlichen Ärger, dann heftige Wut auf seine Frau, daß sie ihn verlassen hatte. Die Depression und die begleitende Hautkrankheit Erythrodermie waren für ihn schöpferisch. Der Feuerarchetyp ließ eine zornesrote Haut entstehen, die aussah wie schwer verbrannt, wie durch das Feuer der Hölle gegangen. Das fortwährende Abschuppen, wie es dieser Krankheit eigentümlich ist, entsprach einem Häuten wie bei der Schlange. Der Schlangenarchetyp zeigt innere Wandlung durch das Ablegen – «Häuten» – alter Haltungen an. Aus dem Feuer dieser Gegensätze war der Patient stabilisiert hervorgegangen.

Wie zuvor kümmerte er sich weiter um den Haushalt und die Familie, doch er hatte nun seinen Verlust betrauert und seiner Frau wie auch sich selbst vergeben. Seine Krankheit erwies sich insofern als schöpferisch, als er sich seiner Gefühlsseite bewußt wurde und Verantwortung dafür übernehmen konnte. Ferner wurde er sich bislang unerkannter Aspekte seiner Schattenpersönlichkeit bewußt, was sich in seinem weiteren Leben als wertvoll erweisen sollte.

Zentraler Faktor seiner Erkrankung war die Todeszeit seiner Frau: Sie bildete den Brennpunkt für eine Reihe innerer und äußerer Ereignisse. Die Haut war Mittler und Katalysator der Veränderung. Diese Rolle kommt in der folgenden Fallgeschichte noch stärker zum Ausdruck.

Die Frau mit Prurigo

Prurigo ist dem Pruritus ähnlich, nur liegen hierbei auch Hautknötchen vor, in denen der wütende Juckreiz lokalisiert ist. Eine organische Ursache ist meist nicht aufzufinden.

Die fragliche Patientin war Ende Fünfzig und war über dreißig Jahre glücklich verheiratet gewesen. Sie hatte einen Sohn, der unverheiratet war. Vor rund einem Vierteljahrhundert hatte die Prurigo begonnen und hatte die ganzen Jahre in unverminderter Heftigkeit fortbestanden. Zusätzlich klagte die Frau über ein altes chronisches Magenleiden, das etwa gleichzeitig mit der Prurigo eingesetzt hatte. Es äußerte sich in unerklärlicher Übelkeit, Erbrechen und chronischem Schmerz auf der rechten Bauchseite.

Wie sie berichtete, waren die Knötchen zuerst auf den Handrücken und rund ein Jahrzehnt später auch an beiden Unterbeinen aufgetreten. Das Jucken saß «in» den Knötchen und war heiß und brennend, «wie Feuer unter der Haut».

Umfangreiche ärztliche Magen/Darm- und Hautuntersuchungen hatten keinerlei körperliche Ursache zutage gefördert. Die Patientin beschrieb ihr Leben als ein «Jammertal».

Sie war eine sympathische Frau und hatte den aufrichtigen Wunsch, gesund zu werden. Bei vielen Ärzten war sie bereits gewesen. Da es keine Neurose ohne Magen-Darm-Störungen gibt, versuchten wir es mit Psychotherapie.

Die Anamnese ergab, daß die Frau einen Mann geheiratet hatten, den sie liebte; eine stabile Ehe, getrübt nur durch die Tatsache, daß sie kinderlos blieb. Mehrere Jahre versuchte das Paar mit allen Mitteln, eine natürliche Schwangerschaft zu erreichen, und entschloß sich dann, ein Kind zu adoptieren. Treibende Kraft war dabei mehr die Frau als der Mann. Ein Kind – ein Junge – wurde gefunden, Baby einer unverheirateten Frau, Vater unbekannt.

Der Junge war schwierig, und trotz großer Zuneigung und Liebe seitens der Eltern besserte sich sein Verhalten nicht. Bereits mit sechs Jahren war er praktisch unkontrollierbar. Ungefähr zu dieser Zeit setzte bei der Mutter die Übelkeit und das Erbrechen in starkem Maße ein. Und einige Monate später begann der Prurigo. Der Junge besuchte gute Schulen, blieb aber ein schlechter Schüler, fing an zu stehlen, wurde kriminell. Schließlich ging er zur Armee, wo er an den Disziplinanforderungen scheiterte und entlassen wurde. Immer tiefer rutschte er nun ins Verbrecherische ab, bis er schließlich wegen Totschlags für lange Zeit ins Gefängnis kam.

Dies war der familiäre Hintergrund des Knötchenausschlags, der erst die Hände erfaßte, die das Kind getragen hatten, und dann die Beine der Frau, ihr «Standbein», ihre Kraft, ihr Kontakt zur Realität.

Die Frau war von Natur aus nicht zur Mutterschaft befähigt. Sie hatte einen idealen Partner, doch ein Kind zu zeugen, blieb ihnen versagt. Wäre sie ein religiöser Mensch gewesen, hätte sie dies als Willen Gottes akzeptiert. Statt dessen versteifte sie sich auf den Kindesgedanken und wollte unbedingt dem Kollektivideal nachkommen, daß jede Frau Mutter zu werden habe. Sie adoptierte ein Kind, das sich dann als Krimineller herausstellte. In den Hautknötchen bildete sich «brenn»punktartig der unbewußte Zorn ab, der in ihrer Psyche tobte.

Ihre Träume brachten die Lösung – sie mußte den angenommenen Sohn verstoßen. Zunächst wollte sie davon nichts wissen; erneut widersetzte sie sich dem Selbst. Behutsam wurde ihr der Gedanke nahegebracht, daß der Wille einer Frau, der blind auf etwas beharrt, weil er es «besser weiß», und der die Frau zu gefährlichen Entscheidungen treibt, nicht immer im besten Interesse der Frau handelt. Sie hatte zweifellos einen tyrannischen und grausam-sadistischen Schatten.

Ganz langsam begann sie endlich, ihren sentimentalen Gefühlen Widerstand entgegenzusetzen und vermochte sich von ihrem kriminellen Sohn zu distanzieren und zu lösen. Binnen eines Jahres hatte sie ihr «Standbein» und die Fähigkeit, zu ihren Entscheidungen zu stehen, wiedergewonnen. Tragisch, daß volle drei Jahrzehnte Krankheit und tiefes Leid nötig waren, um sie zum Bewußtsein ihrer dunklen Seite zu bringen. Das Leid erwies sich dann jedoch als der Talisman, der die Wandlung ihrer Persönlichkeit bewirkte.

Malignes Melanom

Das Wort «Melanom» weckt Angst, weil darin mitklingt: unheilbar. Heute ist in Europa eine wahre Melanom-Epidemie zu beobachten. Ihre Ursachen sind unklar, doch zum Teil wird sie auf den modernen Kult des Sonnenbadens, der die Ausmaße einer Manie angenommen hat, zurückgeführt.

Maligne Melanome sind besonders bösartige Krebsgeschwulste der Haut. Häufig entwickeln sie sich auf der Grundlage von Pigmentzellnävi (Junktionsnävi). Meist erscheinen sie als rasch wachsender, bräunlicher oder schwärzlicher Fleck.

Die Archillesferse

Eine Frau bekam ein solches Melanom an der linken Ferse. Es war seit einigen Monaten vorhanden, aber sie hatte sich nicht in Therapie begeben, weil sie dachte, es würde wieder verschwinden. Die Patientin war Ende Fünfzig, Witwe (ihr Mann war zehn Jahre zuvor verstorben). Sie hatte keine überlebenden Kinder; ihr einziges Kind, ein Sohn, den sie bald nach der Hochzeit bekommen hatte, war im Alter von acht Jahren gestorben.

Die Untersuchung des Fußes ergab ein recht großes malignes Melanom an der Ferse. Das gesamte linke Bein war geschwollen, und die Patientin erklärte, die Schwellung bestehe schon seit der Geburt des Kindes. Ein Embolus (Gefäßpfropf) hatte eine Arterie blockiert; sie verlor das Bein zwar nicht, blieb aber nach der Entbindung mehrere Monate krank. Bis dahin war sie offenbar eine sehr aktive Frau gewesen, und die Beinbehinderung schürte in ihr nun ein starkes Ressentiment gegen das Kind, dem sie ihre Beschwerden und ihr körperliches Handicap zur Last legte.

Als der Junge acht Jahre war, fiel er einem Unfall zum Opfer. Im Hochsommer, zur Zeit der Heuernte, vor den Augen der Mutter, die es vom Küchenfenster aus sah, überfuhr ihn auf einem Feld in der Nähe seines Elternhauses eine Mähmaschine. Der Junge war sofort tot. Die Mutter war offenbar verzweifelt und litt und trauerte lange Zeit. Binnen weniger Wochen erschien damals an der Innenseite ihres linken Fußes, an der Ferse, wo die Achillessehne ansetzt, ein schwarzer Fleck, der sich rapide vergrößerte. Eines Tages setzte sich die Frau hin, nahm ein Küchenmesser und schnitt ihn heraus. Die Blutung war schwierig zu stoppen, aber sie schaffte es. Sie ging nicht zum Arzt und erzählte es auch niemandem. Nach ihrer Beschreibung war es wahrscheinlich ein Melanom. In den darauffolgenden zwanzig Jahren trat es nicht wieder auf, bis sie sich schließlich mit einer ähnlichen Geschwulst an derselben Stelle vorstellte. Ihr Mann war zehn Jahre nach dem Unfall verstorben, und sie war nach seinem Tod allein geblieben.

Sie gab zu, daß sie den Mann nur geheiratet hatte, weil sie schwanger war; ob das Kind tatsächlich von ihm stammte, darüber äußerte sie sich nicht. Sie hat den Jungen sicherlich geliebt, andererseits war deutlich, daß tiefes Ressentiment zurückgeblieben war, teils wegen der Gehbehinderung, teils, weil das Kind die Heirat erzwungen hatte.

Auch unter Berücksichtigung der Tatsache, daß seit dem tragischen Tod des Jungen zwei Jahrzehnte vergangen waren, zeigte die Frau einen auffallenden Gefühlsmangel, als sie die Einzelheiten erzählte. Sie vermittelte den Eindruck, von ihrem weiblichen Gefühl abgeschnitten zu sein; eine kaltblütig-starrsinnige Animosität hatte sich dazwischengeschoben.

Das Problem saß tatsächlich im linken Bein. Mit dem Arterienverschluß während der Geburtswehen hatten die Gesundheitsstörungen begonnen. Das Bein hat die Bedeutung «Standfestigkeit», «Stärke», «Bewegung». Daß es das linke war, zeigte, daß ihre psychische Balance unbewußt geschwächt war. Nach dem schockierenden Erlebnis, als die Mähmaschine das Kind überfuhr, nach Schuldgefühl und Reue erschien auf der linken Ferse der mutmaßlich bösartige schwarze Fleck; sie entfernte ihn. Es hatte den Anschein, daß der Geburt-Kind-Komplex hier in einer potentiell tödlichen Form an die Oberfläche getreten und heimlich, als müßte man sich seiner schämen, «ausgetrieben» worden war. Das mit Geburt und Tod des Kindes verbundene seelische Problem blieb unbewußt und durchlief eine Latenzzeit von weiteren zwanzig Jahren. Als es wieder auftauchte, war es zu spät, und die Frau verlor das Leben.

Die Lage des Tumors an der Achillessehne läßt den Schluß gerechtfertigt erscheinen, daß hier ihr Schwachpunkt saß. Achill, der mythische Held der Griechen, war Kind der Thetis, einer Meeresgöttin. Entgegen ihren Neigungen, nur um Mutter eines Unsterblichen zu werden, heiratete Thetis Peleus und sah auf ihn herab. Sie hatte sechs Söhne, die sie alle umbrachte, indem sie sie ins Feuer hielt, um zu sehen, ob sie unsterblich waren. Auch Achill sollte ins Feuer gehalten werden, wurde jedoch von seinem Vater davor bewahr. Thetis machte ihn später unverwundbar, indem sie ihn ins Wasser des Styx tauchte; nur die Ferse, an der sie ihn hielt, blieb verletzlich. Dieser wunde Punkt brachte ihm schließlich den Tod.

Der Fuß ist das Organ, das die Erde berührt, und ist in der Mythenliteratur der schlangenbißgefährdete Körperteil. Tatsächlich sieht ein Melanom in den Frühstadien einer Schlangenbißwunde frappierend ähnlich. Der Sonnengott Re wurde von der Schlange Isis in den Fuß gebissen. Der Fuß als Organ des Kontakts mit dem Boden repräsentiert das Erdverbundene und hat auch Symbolbezug zur Zeugung und allbekannte phallische Anklänge. Feuergötter wie der griechische Hephaistos waren Sonnenhelden und hinkten häufig. Eine Verstümmelung, die oft als Kastration verstanden wurde; Eunuchen sagte man geschwollene Beine nach.

Wegen der Schwere der Erkrankung blieb keine Gelegenheit mehr, Näheres aus dem Leben der Frau zu erfahren. Die Tatsachen müssen für sich selbst sprechen. Die Schwangerschaft hatte sie ins Gefängnis einer Ehe hineingestoßen; die Geburt des unerwünschten Kindes brachte ihr erste Gesundheitsschäden und weckte ein Widerstreben gegen das Kind. Nach acht Jahren mit dieser Mutter hatte es fast den Anschein, als sei das Kind bewußt auf das Feld und in seinen Tod gelaufen.

Nach dieser Katastrophe war die Krankheit *in potentia* bereits da. Der schwarze bösartige Hauttumor spiegelte einen dunklen, destruktiven Riß in ihrer Psyche. Ein Aufschub von zwanzig Jahren wurde ihr gewährt, und dann kam die Krankheit in einer Form wieder, die sie das Leben kostete.

Mit einiger Vorsicht darf man mutmaßen, daß der unbewußte Standpunkt der Frau ihre «Achillesferse» war. Ihr männliches Unbewußtes – ein starker, ja sadistischer Animus (sie hatte den Tumor ohne Betäubung herausgeschnitten) – hatte ihr die Fühlung zu ihrer Weiblichkeit verbaut. So bot sie das Bild einer negativen Mütterlichkeit, erst gegen das Kind, dann auch gegen sich selbst. Dies war die innere «Malignität», die innere Bösartigkeit.

Die Hebamme

Wer ein malignes Melanom postoperativ fünf Jahre überlebt, hat gute weitere Überlebenschancen. Dies ist allerdings, wie die Medizin weiß, recht selten; nur ein relativ kleiner Prozentsatz der Erkrankten hat dieses Glück. Ein bemerkenswerter Fall dieser Art sei zitiert, der ein außergewöhnliches Ende nahm.

Eine junge Frau, im vierten Lebensjahrzehnt, ausgebildete Hebamme, hatte diesen Beruf auch nach ihrer Heirat nicht aufgegeben. Sie hatte ein Kind und war mit einem zweiten schwanger, als auf ihrem linken Oberschenkel, über dem Knie, ein rasch wachsender schwarzer Fleck erschien. Sie begab sich sofort in Behandlung, und ein hochmalignes Geschwür wurde weit im Gesunden herausgeschnitten. Bei Schwangerschaften sind maligne Melanome aufgrund des veränderten Körperstoffwechsels stets besonders gefährlich. Die Patientin wurde dann von einem gesunden Kind entbunden. Der Krebs kam nicht wieder, eine genaue Beobachtung über fünfeinhalb Jahre blieb ergebnislos. An diesem Punkt wurde sie, mit einer vorsichtig optimistischen Prognose, zur weiteren Behandlung an ihren Hausarzt überwiesen.

Wenige Wochen später stieß sie auf dem Weg zur Arbeit, beim Auffahren auf eine belebte Autobahn, mit einem anderen Wagen zusammen. Sie war sofort tot; der andere Fahrer, den offenbar keine Schuld traf, überlebte zum Glück. Es war ein beinahe schicksalhaft wirkendes Verhängnis.

In den sechs Jahren, in denen sie zu uns zur Kontrolle kam, machte sie den Eindruck einer äußerst ausgeglichenen und seelisch gesunden jungen Frau. Sie sagte kein Wort über irgendwelche Schwierigkeiten in ihrer Ehe oder mit den Kindern. Ihr Beruf bedeutete ihr viel, weil er sie finanziell unabhängig machte. Sie hatte darin Karriere gemacht und es zur Leiterin einer ganzen Geburtshilfe-Abteilung gebracht, war nun allerdings nicht mehr als Hebamme tätig, sondern arbeitete als «Bürokratin». Das mißfiel ihr. Es wurde ihr vorgeschlagen, doch eventuell den Beruf zu wechseln oder vielleicht eine Zeitlang bei den Kindern zu

Hause zu bleiben. Das lehnte sie ab, teils wegen der knappen Finanzlage ihres Mannes, teils aber auch aus einem stählernen Willen und drängenden Ehrgeiz heraus, der sich hinter ihrer bescheidenen Person verbarg.

Ein Umstand machte mich besonders nachdenklich. Die Schwere ihrer Krankheit – die ihr mehrere Ärzte ausführlich erklärten und vor Augen führten – schien keinerlei Angst bei ihr zu wecken. Weder zeigte sie während der langen Kontrollphase irgendeine Spur von Sorge, noch ließ sie am Ende Erleichterung oder Freude erkennen, als sie erfuhr, nun gebe es endlich Grund zum Optimismus. Sie machte den Eindruck, als sei sie von ihrer Krankheit dissoziiert, fühle sich selbst gar nicht betroffen; es war unmöglich, hier bei ihr eine Bewußtseinserweiterung zustande zu bringen.

Die Gefühlsfunktion unterrichtet den Menschen, im Gegensatz zur Denkfunktion, über das Qualitative der Dinge, sie sagt ihm, ob etwas sympathisch oder unsympathisch, gefährlich oder ungefährlich ist. Die Hauptfunktion der Hebamme war das Denken, die inferiore das Fühlen. Sie hatte sich mit ihrem rationalen Intellekt identifiziert – sie «wußte», aber sie «fühlte» nicht.

Ich denke da an eine Frau, der von einem erfahrenen Chefchirurgen gesagt wurde, sie werde an einem Magentumor sterben, wenn sie sich nicht sofort operieren lasse. Die Frau blieb äußerlich gefaßt, dankte dem Arzt und seinen Assistenten, verließ die Station und das Krankenhaus und lief vor der Tür direkt unter die Räder eines vorbeifahrenden Busses. Fünf Minuten nach dem Aussprechen des potentiellen Todesurteils war es vollstreckt.

Bei der Mitteilung einer solch überwältigend schrecklichen Prognose «streikt» zuweilen das Bewußtsein des Patienten; er zeigt keine äußeren Anzeichen, daß er sie verstanden und akzeptiert hat. Dies ist ein häufig zu beobachtendes Phänomen.

Mit der Hebamme verbindet sich vielfältiger folkloristischer Aberglaube. Seit alters spielte die «Hebemutter» eine zentrale Rolle beim Drama der Kindesgeburt. Es war ihre Aufgabe, sich vor der Entbindung, die stets zu Hause stattfand, mit der Mutter und den häuslichen Umständen vertraut zu machen. Das Wohl beider, des Kindes und der Mutter, stand und fiel mit ihrer Kunst. Man denkt kaum noch daran, wie ungeheuer hoch die Säuglingssterblichkeit im Westen noch bis in dieses Jahrhundert lag. Nach heutiger Auffassung hat die Entbindung in der Klinik stattzufinden; dort, im apparatemedizinisch hochgerüsteten Milieu, ist die Entbindung zu einer Art Krankheit geworden. Die Häufigkeit der ärztlichen bzw. chirurgischen Eingriffe bestätigt das, allen gegenteiligen Beteuerungen zum Trotz.

In Mythen der altisländischen Edda gibt es versteckte Bezüge zur magischen oder stärkenden Kraft der Erde. Ein Neugeborenes wurde sofort auf die Erde gelegt, damit es ihre magische Kraft aufsaugte; man glaubte, das Kind empfange seine Vitalität oder Seele aus der mütterlichen Erde (Jörd). «Jördegummer» («alte Erdfrau») hieß die skandinavische Göttin der Kindesgeburt, und «Jördegummer» oder «Jördemoder» demzufolge die Hebamme. In Frankreich heißt sie noch heute *sage-femme* (weise Frau). Solche Frauen galten als vertraut mit den Geheimnissen der Erdmutter selbst. Ein uralter Glaube besagt, Kinder (oder ihre Seelen) kämen aus Seen, Teichen, Höhlen und hohlen Bäumen.

Queen Mab (von kymrisch *mab*, «Kind»), die Elfenkönigin bei Shakespeare und Shelley, soll zurückgehen auf Queen Mebh von Connaught, die Königin der Finsternis und des Mondes. In der Lieder-Edda rufen Zwerge und Wasserelfen, die Menschenfrauen heiraten, stets menschliche Hebammen zu Hilfe, wenn ihre Kinder geboren werden.

Interessant ist hierbei die Verbindung von Hebammen und Zwergen. Bes, der zwergenhafte ägyptische Schutzgott der Gebärenden, war der Erzieher des Horus. An Zwergen, mythischen Gestalten, kannte das Altertum beispielsweise die Kabiren oder Daktylen (von *daktylos*, Finger). Sie wußten, wo die Erdschätze lagen, und besaßen daher besondere Weisheit, waren Träger der Erd- oder Naturweisheit selbst. Zwerge haben einen phallischen Aspekt, weil sie schöpferische Kräfte verkörpern, wie das auch der Phallus tut. Psychologisch sind sie autonome Komplexe und versinnbildlichen spontane Impulse, die hilfreich, aber auch schädlich sein können.

Die Hebamme aus der besagten Fallgeschichte hatte während der Schwangerschaft eine besonders bösartige Geschwulst am linken Bein bekommen. Irgend etwas war «faul»; irgendwo war der psychische Libidofluß gestört. Sie hatte als Hebamme arbeiten wollen, nicht als «Bürokratin», wie es ihr Arbeitgeber von ihr verlangte. Die Instinktbeziehung zum Prinzip des Weiblichen, aus der heraus die alten Hebemütter gelebt und gearbeitet hatten, war geschwunden. Der Jördegummer als weiblicher Gottheit (und ergo einer Imago des Selbst) wurde nicht mehr gedient. Statt dessen mußte die Hebamme einem bürokratischen Zentralkomitee Handlangerdienste leisten; das Eros-Prinzip konnte sie in ihrem Beruf nicht mehr ausleben.

Die Warnung für sie kam während ihrer eigenen Schwangerschaft. Die unsichtbare (= schwarze) Malignität trat auf der Haut ihres linken Beines sichtbar an die Oberfläche, Indiz für eine Destabilisierung. Die Kindesgeburt stellte ganz offensichtlich ein Problem dar. Obschon sie den Konflikt zu ignorieren suchte, meinte es das Schicksal zunächst gut mit ihr. Sie gab ihren Beruf nicht auf und arbeitete weiter wie zuvor. Nach dem Ende der ärztlichen Kontrolle hat sie wohl nie mehr darüber nachgedacht, ob sie, wie angeraten, ihren Verwaltungsjob aufgeben sollte.

Eines Morgens dann wurde ihr Bewußtsein wahrscheinlich von einem autonomen Komplex ergriffen, und sie verlor ihr Leben. Man kann ziemlich sicher sein, daß ihre geschwächte Fühlfunktion ihr keine Ahnung der psychischen Gefahr vermittelte, die sie in Gestalt ihrer Krankheit bedrohte. Diese Unbewußtheit wurde ihr dann – anscheinend – zum Verhängnis.

Ein zweiter einschlägiger Fall ist der eines jungen Mannes, Anfang Zwanzig. Ihm war ein malignes Melanom der Rückenhaut erfolgreich entfernt worden, und Kontrolluntersuchungen über sechs Jahre waren sehr zufriedenstellend verlaufen. Zu keiner Zeit während der Konsultationen zeigte er das leiseste Interesse an seiner Erkrankung. Hätte seine Mutter ihn nicht in die Sprechstunde gebracht, er wäre sicherlich nicht gekommen.

Der *puer aeternus* lebt ein provisorisches Leben, und eines der Probleme dieses Persönlichkeitstyps ist die Trägheit.

Nachdem wir dem Patienten endlich eine optimistische Prognose geben konnten, wurde er aus der regelmäßigen Kontrolle entlassen. Drei Monate nach der letzten Konsultation kam seine Mutter, die stets in grimmiger Nibelungentreue zu ihm gestanden hatte, in die Sprechstunde und teilte uns mit, er sei tödlich verunglückt. Mit seiner Freundin hatte er ein Motorrad entwendet und war auf der Autobahn bei überhöhtem Tempo mit einem Wagen kollidiert. Er und seine Freundin waren auf der Stelle tot, und leider waren auch die vier Insassen des Autos ums Leben gekommen.

Aus der Rückschau zwingt sich der Schluß auf: Bei beiden Patienten kamen mörderische und selbstmörderische unbewußte Tendenzen zum Ausdruck. Jedem bot sich eine Chance, sich des Ernstes der Krankheit bewußt zu werden und Bilanz über seine individuelle Situation zu ziehen. Damit hätte zumindest der Schattenkonflikt aufgedeckt werden können; ihn zu erkennen, ist der erste Schritt dazu, ihn auch zu akzeptieren.

Epilog: La Dame à la Licorne

Um die Mitte des neunzehnten Jahrhunderts bemerkte George Sand, die gefeierte französische Schriftstellerin, bei einem Essen im Château von Boussac in Westfrankreich im flackernden Kerzenschein an den Wänden eine Reihe herrlicher, aber beschädigter Gobelins. Dank ihrer Bemühungen gingen sie ein halbes Jahrhundert später in französischen Staatsbesitz über und hängen heute im Musée de Cluny in Paris.

Fünf der sechs Wandteppiche sind Allegorien der Sinne, der sechste ein geheimnisvolles, inhaltlich mehrdeutiges Schlußbild. Über ihre Herkunft ist wenig bekannt; sie sollen zu Beginn des 16. Jahrhunderts nach Vorlagen eines unbekannten Künstlers hergestellt worden sein. Mannigfache Spekulationen und Sinndeutungsversuche ranken sich um diese schönen Werke.

Zentrale Figur aller sechs Bildteppiche ist eine Dame in Gesellschaft eines Löwen und eines Einhorns; auf allen ist zudem ein kleiner Hund mit abgebildet, wenn auch nicht immer von derselben Rasse. Zwischen Dame und Einhorn, den Titelgestalten, herrscht eine eigentümlich enge Beziehung. Das Tier ist von fesselnder Anmut, mit goldenem Fell und klaren Augen. Auf allen Bildern ruhen die Figuren auf einer ovalen, blaugrünen, blumenübersäten Insel vor einem arabeskenhaften Dschungel von Tieren, Blumen und Rankenwerk mit blaßrotem, flächigem Hintergrund. Eine Naturkulisse von verschwenderischer Fülle, von der die feine Eleganz der Dame, ihrer Gefährten und ihrer Accessoires, zu denen unter anderem ein heraldisches Banner mit Mondsicheln zählt, deutlich absticht.

In der Serie der Wandteppiche zeigt die Allegorie des *Sehens* das Gesicht des Einhorns – nicht der Dame – in einem Spiegel reflektiert. In der Allegorie des Hörens spielt die Dame mit einer Dienerin Orgel, während das Einhorn und der Löwe zuhören. In der Allegorie des Riechens bindet die Dame einen Nelkenkranz, während ein Affe an einer Rose schnuppert. Auf dem Bild, das den Geschmack darstellt, reicht sie einem auf ihrer linken Hand sitzenden Papagei einen Leckerbissen. Auf dem fünften Bild (Berührung) ruht ihre Hand sanft auf dem Horn des Einhorn, und auf dem letzten Bild steht die Dame vor einem tiefblauen mittelalterlichen Zelt, das die Inschrift «A mon seul désir» (Meinem einzigen Verlangen) trägt. Sie nimmt auf diesem Bild eine prächtige Halskette aus einem Kästchen (oder sie legt sie gerade hinein, beide Möglichkeiten sind gleichermaßen gegeben).

Das letzte Bild scheint als Quintessenz der fünf Sinne gemeint zu sein, mit der Halskette als zentralem Symbol, die, wenn sie umgelegt ist, zum Mandala wird; auch ruhen die Zentralfiguren jedes Bildes auf einem Insel-Mandala. Geschlossenheit und Ganzheit kennzeichnen jedes einzelne Bild wie auch die Serie insgesamt. Obschon die Dame, von üppigem Leben und Farbe umgeben, sicherlich an eine Herrin der Tiere oder eine Erdgöttin erinnert, hat sie in Aussehen, Kleidung und Habitus doch nichts von den wohlbekannten Merkmalen der reinen Jungfrau Maria, die im mittelalterlichen Mythos das Einhorn zähmt. Sie ist eine reife Frau, die *für* das Einhorn die Sinne sinnfällig macht. Denn das Einhorn ist es ja, das genießerisch sein eigenes Spiegelbild betrachtet, das die Musik hört, das mit Freude das Binden des Kranzes beobachtet und das stolz Wache steht, während dem Papagei der Bissen gereicht wird.

Deutungshilfe gibt uns hier die Gegensatzproblematik, die, wie Jung schreibt, eine große und entscheidende Rolle in der Alchemie gespielt hat,

> «führt sie doch schließlich im Verlaufe des Werkes zur Vereinigung der Gegensätze in der archetypischen Form des hierosgamos, nämlich der ‹chymischen Hochzeit›. In dieser werden die supremen Gegensätze ... zu einer Einheit verschmolzen, welche keine Gegen-

sätze mehr enthält und damit inkorruptibel ist. Die Voraussetzung dazu ist allerdings, daß sich der ‹artifex› nicht mit den Gestalten des ‹opus› identifiziert, sondern sie in ihrer objektiv unpersönlichen Form verharren läßt... was ein unmögliches Unterfangen war, an dem die Laboratoriumsalchemie schließlich auch zugrunde ging und durch die Chemie abgelöst wurde. Der seelische Teil des Werkes verschwand aber nicht, sondern erzwang sich neue Interpreten, wie wir... an der bedeutungsvollen Beziehung der modernen Psychologie des Unbewußten zur alchemistischen Symbolik sehen.»[106]

Als diese Gobelins gewoben wurden – im fünfzehnten oder frühen sechzehnten Jahrhundert –, glaubte noch jedermann an das Einhorn, und von allen Fabelwesen, die im Denken des mittelalterlichen Menschen existierten, lebt einzig das Einhorn bis heute fort. In der «Chymischen Hochzeit» von Rosenkreutz treten Löwe und Einhorn als Symbole des Mercurius, des Gottes der Alchemie, auf (so wie sie beide auch Allegorien Christi in der christlichen Kirche sind). Sie verbildlichen die inneren Spannungen der Gegensätze in Mercurius, und das Einhorn verkörpert Mercurius als verwandelnde Substanz, der man Salvator- und Servator-Eigenschaften zuschrieb.[107] Das Einhorn wird in der Chymischen Hochzeit schließlich durch eine Taube ersetzt, und tatsächlich erscheint auf vier der sechs Wandteppiche eine Taube (in den Allegorien des Hörens, Schmeckens, Fühlens und auf dem Schlußbild). Auch die Taube symbolisiert den Mercurius, und zwar in seiner flüchtigen Form als *spiritus*. Bei objektiver Betrachtung der Figuren stellen Löwe und Einhorn den wilden, zupackenden, männlichen, penetrierenden Aspekt des Mercurius dar, die Dame seinen passiven weiblichen Aspekt. Jung schreibt, der französische Jesuit Nicolaus Caussinus habe

«das Einhorn als passendes Symbol für den Gott des Alten Testaments [bezeichnet], der die Welt zornmütig wie ein gereiztes Nashorn in Unordnung versetzt habe. Schließlich sei es aber von Liebe zu einer reinen Jungfrau bezwungen worden und habe sich in ihrem Schoß zu einem Gott der Liebe gewandelt.»[108]

Zum Verständnis der Gobelin-Serie ist es hilfreich, sich ihre Inhalte als Ereignisgruppe vorzustellen, in der sich eine geheime Vereinigung vorbereitet, die im sechsten Bild zu liegen scheint und sich in der Halskette visualisiert. Die Allegorie des Augenlichts, in der die Dame dem Einhorn den Spiegel vorhält, erinnert an das «Fenster des Entrinnens» oder «Fenster der Erleuchtung», das ein Attribut der Jungfrau Maria ist.[109] In der Hör-Allegorie erklingt eine Orgel, Symbolinstrument des Sakralen, mit Verwandtschaft zur Panflöte. Das Ohr spielt eine Rolle bei der religiösen «Zeugung durch das Ohr», bei der der Heilige Geist als befruchtendes Wort ins Ohr der Maria dringt und Jesus zeugt. Der Geruchssinn ist dargestellt durch das Binden eines Kranzes oder einer Krone aus roten und weißen Nelken. Im fünfzehnten Jahrhundert war die Nelke ein vertrautes Symbol des Verlöbnisses und der Heirat. Die Duftblume wurde oft in der Kleidung der Braut versteckt und hatte eine geheime erotische Bedeutung, denn der Bräutigam mußte sie suchen. Nach Jung ist der

> «(weibliche) Mercurius die Königin, und letztere bedeutet den Himmel, an dem die Sonne strahlt. Sie ist also als das den Sol umgebende Medium gedacht – vir a foemina circumdatus [ein Mann, umgeben von einer Frau], wie es von Christus heißt oder wie die indische Shakti, die den Shiva umhüllt. Dieses Medium ist von der Natur des Mercurius, jenes paradoxen Wesens, dessen einziger Sinn als das Unbewußte zu eruieren ist. Die Königin erscheint in unseren Texten als mütterliches Gefäß des Sol und als Aureole des Königs, nämlich als Krone.»[110]

Als Assoziation zu Parfüm und Geruchssinn findet sich in der *Aurora Consurgens* über die Königin: «Ich bin der Duft der Salben und mir entströmt Wohlgeruch über alle Gewürze, wie Zimmet und Balsam und die erlesene Myrrhe.» M.-L. von Franz fährt fort: «Die Sponsa [Braut] ist ein wohlriechendes Pneuma und als solches mit dem Heiligen Geist identifiziert. Die Vorstellung des göttlichen Geistes als eines Wohlgeruches scheint altorientalischen Ursprungs zu sein...»[111] Auf dem Wandteppich, der den Geschmackssinn allegorisiert, ist der Papagei der «Schmecker». Das Motiv dieses Vogels in Märchen bezeichnet jemanden, der die Wahrheit sagt, eine Art Wahrheitsgeist. M.-L. von Franz zitiert ein Märchen, in dem der Papagei als Symbol der geheimnisvollen Wahrheit, die das Unbewußte ausspricht, «die Schwelle der Wundergedanken»[112] genannt wird; sie deutet das als Schwellenphänomen. Aus dem Papagei sprechen die Wundergedanken des Unbewußten, vielleicht aufgrund des Paradoxes, daß er ein Vogel ist, der wie ein Mensch redet.

Die Berührungs-Allegorie schließlich bedeutet sowohl Penetration als auch Erkenntnis, die vom Horn ausgehen.

Auf dem letzten Bild – es könnte ebensogut das erste sein – steht dann die Halskette im Mittelpunkt. In Ur im Zweistromland existierte zu neolithischer Zeit ein Tempel der Göttin Ninkhursag.[113] Sie hieß Dame vom Berge, und man glaubte, daß sie die Toten in ihrem Berg aufnehme, ein vielleicht schon auf die Zeit der Höhlenbewohner zurückgehender archaischer Glaube. In späterer Zeit nannte man den Berg den «Berg oder das Grab des jungen Gottes in seinem Wintertod».

Ein sumerischer Text[114] berichtet davon, daß die erste Gottheit, die den sterbenden Gott betrauert, «Gesher (= Nin) Khursagga, deine Mutter» ist. Ein weiterer Name der Göttin war Nintinugga = «Die den Toten Leben gibt». Man glaubte, daß sie einmal jährlich Götterhochzeit mit dem Mondgott von Ur feiere.[115] Wenn sie den Euphrat hinunterfuhr, um sich mit ihrem Gemahl in Nippur zu treffen, stand, so heißt es im Hymnus über diese Fahrt, «vor ihrem Gesicht das göttliche Symbol», und dieses Symbol war die Halskette. Es schien, daß sie sich ihres Halsschmucks entledigen mußte, während sie in der Totenwelt den Gott zu befreien suchte. Die Vereinigung fand stets in einem Zelt oder einer Hütte statt: der traditionellen, der heiligen Hochzeit (und anderen mit der Göttin verbundenen Riten) geweihten Hütte. Durch die Jahrtausende diente diesem Zweck stets eine zeltähnliche Hütte aus Flechtwerk.

Der Halsschmuck war *das* Emblem dieser Göttin in megalithischer Zeit. Er symbolisierte ihre Ganzheit als weibliches Wesen, ihr Individuum-Sein, und zugleich ihren Bund mit dem Gott – einen Bund, in dem Unterwerfung unter den Archetypus der heiligen Hochzeit angedeutet ist. Er verweist auf eine kommende Wandlung und auf das Enstehen von etwas Neuem.

Die Serie allegorischer Bildteppiche wirkt zunächst wie die Darstellung einer äußeren Hochzeit, doch ihre Numinosität deutet auf eine innere Vereinigung hin. *Durch das Medium der fünf Sinne, über die eine Beziehung zur Außenwelt hergestellt wird, scheint sich hier eine höhere Hochzeit vorzubereiten: eine Vereinigung der inneren Gegensätze der verschiedenen Aspekte des Mercurius, des Gottes der Alchemie.* Um noch einmal Jung zu zitieren:

> «Mercurius stellt einerseits das Selbst, andererseits den Individuationsprozeß und, vermöge der Grenzenlosigkeit seiner Bestimmungen, auch das kollektive Unbewußte dar. Daher die Bezeichnung des Mercurius als ‹mare nostrum›.»[116]

Die Faszination, die George Sand beim Betrachten dieser Gobelins erfaßte, wurde umgesetzt in eine Bemühung, sie für die französische Nation zu retten, eine Bemühung, die ein halbes Jahrhundert währte. Zahllose Köpfe, zahllose Herzen wurden durch diese Bilder in ihren Bann geschlagen. Sie lösen, neben ihrem intellektuellen Reiz, Ergriffenheit, innere Freude, Liebe aus.

Die Sinne werden hier zum Vehikel des serpens mercurialis, des Geistes des Mercurius, des Geistes der Unterwelt der Alchemisten, die vor einem halben Jahrtausend das Hinterland des christlichen Bewußtseins darstellten.

Als Geist des kollektiven Unbewußten ist Mercurius eine Dynamis, ordnend, erschaffend, ewig: er ist das Selbst.

Die Sinnesorgane des physischen Körpers, diese wunderbaren Zensoren der äußeren Realität, haben in ihrer zweiten Rolle als Pforten zum inneren Reich der Psyche das Vermögen, uns hinzuleiten zu diesem lebendigen ewigen Geist, dem *locus* aller Wandlung und Individuation. Hier, im serpens mercurialis, liegt das Geheimnis der psychosomatischen Erkrankungen verborgen.

Anhang

Glossar

Acne necroticans Erkrankung der Haarbälge (meist Stirn oder Nakkenhaargrenze), Pustel- und Knötchenbildung, verläuft in Schüben und hinterläßt Narben.

Acne vulgaris (juvenilis) tritt dort auf, wo Haarbalgdrüsen vorhanden sind (hs. Gesicht, obere Rücken- und Brustgegend), variables Krankheitsbild, vom Mitesser bis zum Abszeß.

Ätiologie Lehre von den (Krankheits)ursachen.

akustische Halluzination Gehörswahrnehmungen ohne äußeren Sinnesreiz, die vom Pat. als real erlebt werden.

Allergie angeborene oder erworbene Überempfindlichkeit auf bestimmte Stoffe (Allergene).

Alopezie Haarmangel, Haarausfall.

Angioödem (Quincke-Ödem) Akute Schwellung der Haut im Gesichtsbereich.

Anosmie (Angeborenes) Fehlen des Geruchssinns; auch Beschränkung auf einzelne Geruchswahrnehmungen.

Aphthen bis linsengroße Geschwüre auf der Schleimhaut, hs. des Mundes.

Atrophie Schwund des Ganzkörpers oder von einzelnen Organen bzw. Organteilen.

Blepharitis Lidrandentzündung.

Blindheit, psychische Verlust des Sehvermögens ohne organische Schädigung.

Dermatose Hautkrankheit (allgemein).

Ekzem häufigste Hautkrankheit, allergisch bedingt.

Epikutantest Hauttest zur Feststellung einer Allergie bzw. Immunität durch Auftragen des Antigens (Allergens) auf die unverletzte Haut.

Erythrodermie charakteristisch rot gefärbte, großflächige Entzündung der Haut, begleitet von starkem Juckreiz und Abschuppung.

Exkoriation krankhafte, meist durch Kratzen entstandene Hautabschürfung.

furor dermaticus psychosomatisch bedingte, intensive Rötung der Haut aufgrund zurückgehaltener Wut.

Glaukom (grüner Star) Durch erhöhten Augeninnendruck bedingte Schädigung des Sehnervs mit zunehmender Einschränkung des Gesichtsfeldes.

hypnagogische Halluzination lebhafte optische Vorstellungen, die oft vor dem Einschlafen auftreten.

Iritis Durch Krankheiten (z. B. Rheumatismus) oder Augenverletzung entstandene Entzündung der Regenbogenhaut (Iris).

Katarakt (grauer Star) Trübung der Augenlinse.

Kinetose Bewegungskrankheit; hervorgerufen durch Bewegungen von Verkehrsmitteln, was eine Störung des Gleichgewichtsapparates verursacht.

Keratin Hornsubstanz, z. B. in der Oberhaut.

Kollagenosen eine Reihe seltener Erkrankungen mit krankhaften, den ganzen Körper befallenden Veränderungen des Bindegewebes.

Lichen ruber planus (Knötchenflechte) gekennzeichnet durch flache, glatt-glänzende, blaurote Knötchen, die einzeln in mehr oder weniger großflächigen Gruppen weite Körperbereiche bedecken.

Mastoiditis Entzündung des Warzenfortsatzes, eines Teils des Schläfenbeins.

Melanom gutartige (benigne) oder bösartige (maligne) Neubildung des pigmentbildenden Gewebes.

Morbus Darier Hauterkrankung mit Ausbildung derber, braunroter Hautzapfen auf der sonst unveränderten Haut.

Neurodermitis (atopische Dermatitis, konstitutionelles Ekzem) Ekzem mit glatten, gelb bis rotbraunen Knötchen, oft mit starkem Juckreiz und mit Asthma verbunden.

olfaktorische Halluzination (Geruchshalluzination) Geruchswahrnehmung ohne äußeren Sinnesreiz, die vom Pat. als real erlebt wird.

Pathogenese Entstehungsweise krankhafter Prozesse.

Pigmentzellnävus Gutartige, braune, meist kleine Geschwulst der Haut.

Primelkrankheit (Dermatitis venenata) Allergisch bedingte Hautentzündung durch chinesische und japanische Primelarten.

Prurigo stark juckende Dermatose mit Knötchen oder Knoten.

Pruritus Hautjucken, ein Begleitsymptom zahlreicher Haut- und auch mancher Stoffwechselkrankheiten.

Psoriasis (Schuppenflechte) Eine häufige Hauterkrankung; die häufigste Form (Psoriasis vulgaris) bleibt oft unbemerkt oder unbeachtet. Wesentliche Hautveränderungen sind die von silbergrauen Schuppen bedeckten, entzündlich geröteten scheibenförmigen Herde auf der Haut.

Refraktionsstörung (Fehlsichtigkeit) Brechungsfehler wie Kurzsichtigkeit, Weitsichtigkeit, Astigmatismus (Hornhautverkrümmung).

Rhinophym (Knollennase) knollenartig vergrößerte, gerötete Nase mit erweiterten Äderchen und apfelsinenartiger Oberfläche.

Rosazea (Acne rosacea) Hauterkrankung mit starker Gesichts- und Augenrötung sowie Gewebeschwellung.

Sjögren-Syndrom chronisch-entzündliche Erkrankung, hauptsächlich bei Frauen, mit Mundtrockenheit, Schluckbeschwerden sowie Binde- und Hornhautentzündung und -geschwüren.

Sklerodermie lokale Verdickung und Verhärtung der Haut oder des Unterhautgewebes von wachsartigem, leicht glänzendem Aussehen.

Tumor gutartige oder bösartige Geschwulst.

Urethritis Harnröhrenentzündung.

Urtikaria (Nesselsucht) Hauterkrankung meist allergischen Ursprungs mit verschiedensten Auslösern, aber auch psychisch bedingt (U. nervosa). Symptome sind weißliche bis rötliche Quaddeln (Flüssigkeitsansammlungen) und Juckreiz; variantenreicher Verlauf.

Vertigo Schwindel.

Zyste geschlossener, mit Flüssigkeit gefüllter Hohlraum (Blase).

Anmerkungen

1 C. G. Jung: Gesammelte Werke (= GW), Bd. 8, § 955.
2 von Franz, Wissen, S. 12.
3 von Franz, C. G. Jung, S. 295.
4 Sobell, Light, S. 1.
5 Rhodopsin oder Sehpurpur: Pigment in den Stäbchen der Netzhaut.
6 Sobell, Light, S. 73.
7 Ebenda, S. 86.
8 Ebenda.
9 Ebenda, S. 45.
10 von Franz, Wissen, S. 12.
11 Briefe, Bd. 3, S. 207.
12 Kipling, «At the End of the Passage», aus der Geschichtensammlung Life's Handicap.
13 Watterson, S. 109.
14 C. G. Jung: Erinnerungen, S. 182 f.
15 Ebenda, S. 18 f.
16 Ebenda, S. 19.
17 Ebenda, S. 21.
18 von Franz, C. G. Jung, S. 26 f.
19 Watterson, S. 53.
20 Pope, The Eros Aspect of the Eye.
21 Watterson, S. 98.
22 Ebenda.
23 C. G. Jung, GW 5, § 408.
24 Watterson, S. 102.
25 Ebenda, S. 109.
26 Ebenda.
27 Matth. 13, 25.
28 Bacon, S. 24–30.
29 C. G. Jung, GW 8, § 859.
30 C. G. Jung, GW 10, § 431.
31 Matth. 5, 29.

32 Mouches volantes: «Mückensehen», Glaskörpertrübung, als Fäden, flirrende Flecken, Punkte vor den Augen wahrnehmbar.
33 C. G. Jung, GW 14/1, § 114, Anm. 34.
34 Ebenda, Anm. 35 und 36.
35 Ebenda, § 114.
36 Ausführliche Darstellung in Maguire, Hauterkrankungen, S. 72 ff.
37 Mythology of All Races, Bd. 2, S. 244 und Anm. 27.
38 Ebenda, Bd. 10, S. 90.
39 Ebenda, S. 92.
40 Gourmont, Le latin mystique.
41 Woodroffe, Die Schlangenkraft.
42 Eliade, Yoga, S. 209.
43 Ebenda, S. 211.
44 Ebenda.
45 Woodroffe, Die Schlangenkraft, S. 9.
46 Eliade, Yoga, S. 209.
47 Zimmer, S. 519.
48 Persönliche Mitteilung von Dr. Marie-Louise von Franz.
49 Ausführliche Falldarstellung in Maguire, Hauterkrankungen, S. 77 ff.
50 C. G. Jung, GW 12, § 325.
51 Séjourné, S. 138, Anm. 9 und S. 180.
52 Servier, L'homme et l'invisible.
53 Karinthy, Frigyes, Journey Round my Scull.
54 C. G. Jung, Briefe, Bd. 2, S. 227.
55 Ebenda.
56 Falldarstellung im Kapitel Auge, S. 55.
57 von Franz, Der Schatten, S. 9.
58 Sämtliche Zitate dieses und der beiden vorangehenden Absätze: C. G. Jung, GW 18/1, § 765–780.
59 C. G. Jung, GW 13, § 449.
60 Bachelard, La Flamme d'une chandelle.
61 C. G. Jung, GW 5, § 206.
62 Ebenda, § 208.
63 Chronische Follikulitis (Haarbalgentzündung).
64 Dieterlen, Essai.
65 C. G. Jung, GW 13, § 119.
66 Neumann, S. 165–166.
67 E. Jung, S. 20.
68 von Franz, Wissen, S. 129.
69 Rook/Wilkinson/Ebling, S. 5.
70 Spearman, Symp. Zool. Soc. 1964, S. 12–67.

71 Spearman, Keratinization, S. 59.
72 Ausführliche Falldarstellung in Maguire, Hauterkrankungen, S. 134 ff.
73 Neumann, S. 100.
74 Spearman, Keratinization, S. 59.
75 C. G. Jung, Briefe, Bd. 1, S. 48.
76 Budge, S. 244–256, 278 f.
77 Jaffé, in: Der Mensch und seine Symbole, S. 235–236.
78 Eliade, Schamanismus, S. 304, unter Berufung auf Hoffman.
79 Ebenda, S. 305.
80 Jaffe, in: Der Mensch und seine Symbole, S. 237.
81 siehe Eliade, Schamanismus, S. 45 ff., 54 ff., 62 ff., 65 ff.; sowie Walsh, S. 79 ff.
82 C. G. Jung, GW 13, § 116, Fußnote 145.
83 Ausführliche Falldarstellung in Maguire, Hauterkrankungen, S. 108 ff.
84 C. G. Jung, GW 9/II, § 291.
85 Ebenda.
86 Ebenda, § 370.
87 C. G. Jung, GW 13, § 416.
88 Ebenda, § 94.
89 Ebenda.
90 Ebenda, § 284 und Fußnote 240.
91 Mythology of All Races, Bd. 7, S. 235 ff.
92 C. G. Jung, GW 8, § 414.
93 Ebenda.
94 Eliade, Schamanismus, S. 303, Anm. 32.
95 Ebenda, S. 392.
96 von Franz, Schöpfungsmythen, S. 162 f.
97 C. G. Jung, GW 9/II, § 344.
98 Ebenda, § 343.
99 Großer Brockhaus, Bd. 14, Stichwort «Phlogiston».
100 C. G. Jung, Modern Psychology, S. 124.
101 von Franz, Schöpfungsmythen, S. 170.
102 Ebenda.
103 Nach Best/Tylor, S. 801.
104 Maguire, Hauterkrankungen, S. 104 ff.
105 Steigleder, S. 22.
106 C. G. Jung, GW 12, § 43.
107 C. G. Jung, GW 13, § 283.
108 C. G. Jung, Briefe, Bd. 2, S. 377, Fußnote 8.
109 C. G. Jung, GW 14/III, § 555.
110 C. G. Jung, GW 14/II, § 199.

111 C. G. Jung, GW 14/III, S. 121 und § 535.
112 von Franz, Suche, S. 15.
113 Levy, S. 95.
114 Ebenda.
115 Ebenda.
116 C. G. Jung, GW 13, § 284 und Fußnote 240.

Literaturverzeichnis

Anzieu, D.: *Das Haut-Ich*. Frankfurt/Main. 1991.
Avalon, A.: siehe Woodroffe
Bachelard, G.: *Die Flamme einer Kerze*. München 1988.
Bacon, F.: *Essays oder praktische und moralische Ratschläge*. Stuttgart 1970.
Best, C. H. und Taylor, N. B.: *The Physiological Basis of Medical Practice*. London 1945.
[Bibel]: *Revidierte Luther-Bibel*, Stuttgart 1985, sowie Menge-Übersetzung, Stuttgart 1967.
[Brockhaus]: *Großer Brockhaus* Bd. XVII. Mannheim 1986 ff.
Budge, E. (ed.): *The Book of the Dead*. The Papyrus of Ani, Scribe and Treasures of the Temples of Egypt, About B. C. 1450. London 1913.
Bunjes, W. E.: *Wörterbuch der Medizin und Pharmazeutik*, deutsch-englisch. Stuttgart 1981.
Cotterell, A.: *Die Welt der Mythen und Legenden*, München 1990.
Dieterlen, G.: *Essai sur la religion des Bambaras*. Paris 1951.
Eliade, M.: *Schamanismus und archaische Ekstasetechnik*. Frankfurt 1975.
–: Yoga: *Unsterblichkeit und Freiheit*. Zürich 1960.
Franz, Marie-Louise von: *Aurora Consurgens*. In: C. G. Jung, GW 14/III.
–: *C. G. Jung. Sein Mythos in unserer Zeit*. Frauenfeld 1972.
–: *Der Schatten und das Böse im Märchen*. München 1985.
–: *Schöpfungsmythen. Bilder der schöpferischen Kräfte im Menschen*. München 1990.
–: *Die Suche nach dem Selbst. Individuation im Märchen*. München 1985.
–: *Wissen aus der Tiefe. Über Orakel und Synchronizität*. München 1987.
Gourmont, R. de: *Le latin mystique. Les poètes de l'antiphonaire et la symbolique au Moyen Age*. Paris 1913.
Hark, H. (Hrsg.): *Lexikon Jungscher Grundbegriffe*. Olten und Freiburg i. Br. 1988.
Hoffman, W. J.: *The midewiwin or Grand Medicine Society of the Ojibwa*. Annual Report, Bd. VII, Bureau of American Ethnology. Washington, D. C., 1891.
Jaffé A.: Bildende Kunst als Symbol. In Jung, C. G. et al.: *Der Mensch und seine Symbole*. Olten und Freiburg i. Br. 1988.

Jung, C. G.: [Alchemy I and II] *Modern Psychology.* Lectures given at the ETH Zurich by Prof. C. G. Jung. Zürich 1960.

–: *Briefe.* 3 Bde., hrsg. von Aniela Jaffé und Gerhard Adler. Olten und Freiburg i. Br. 1972 f.

–: *Erinnerungen, Träume, Gedanken.* Aufgezeichnet u. herausgegeben von Aniela Jaffé, Olten und Freiburg i. Br. 1987.

–: *Gesammelte Werke* [= GW]. 20 Bde., hrsg. von Lilly Jung-Merker, Elisabeth Rüf und Leonie Zander. Olten und Freiburg i. Br. 1971 ff.

Jung, E.: *Animus und Anima.* Zürich 1967.

Karinthy, F.: *A Journey Round My Skull.* London 1939.

Kipling, R.: *The Burwash Edition of the Complete Works of Rudyard Kipling,* Bd. IV, New York 1970.

Levy, G. R.: *The Gate of the Horn.* London.

Lurker, M.: *Götter und Symbole der alten Ägypter.* Einführung und kleines Lexikon. München 1976.

Maguire, A.: *Hauterkrankungen als Botschaften der Seele.* Olten und Freiburg i. Br. 1991.

The Mythology of All Races. 13 Bde., ed. by Canon John Arnott MacCulloch. New York 1959 ff.

Neumann, E.: *Die Große Mutter. Eine Phänomenologie der weiblichen Gestaltungen des Unbewußten.* Olten und Freiburg i. Br. 1974.

Oxford English Dictionary. Oxford 1989.

Pope, A. R.: *The Eros Aspect of the Eye.* Diplomthesis des C. G. Jung Institutes. Zürich 1960.

Rook, A., Wilkinson, D. S. und Ebling, F. J.: *Textbook of Dermatology.* Oxford 1979.

Rosenkreutz, C.: *Chymische Hochzeit: Christiani Rosenkreutz, Anno 1459.* Straßburg 1616.

Séjourné, L.: *Thought and Religion in Ancient Mexico.* London.

Servier, J.: *L'Homme et L'Invisible.* Paris 1964.

Sobell, M. I.: *Light.* Chicago 1987.

Spearman, R. I. C.: *The Keratinization of Epidermal Scales, Feathers and Hairs.* In: Biological Reviews 41, 1960.

–: In: Symposium of the Zoological Society of London. London 1964.

Steigleder, G. K.: *Dermatologie und Venerologie.* Stuttgart 1987.

Walsh, R. N.: *Der Geist des Schamanismus.* Olten und Freiburg i. Br. 1992.

Watterson, B.: *The Gods of Ancient Egypt.* London 1984.

Woodroffe, J. (Arthur Avalon): *Die Schlangenkraft. Die Entfaltung schöpferischer Kräfte im Menschen.* München 1978.

Zimmer, H.: *Philosophie und Religion Indiens.* Zürich 1961.

Index

(Kursiv gedruckte Stichworte finden sich auch im Glossar)

A
abaissement du niveau mental 50, 106, 176
Abhäuten 183–184
Aborigines 188
Abschuppen 214
Abwehrmechanismus 168
Abwehrzauber 53, 58
Achill 219
Achillesferse 220
Achillessehne 218 f.
Acne necroticans 186
Acne rosacea siehe Rosazea
Acne vulgaris 208
Aderhautentzündung 23
Adler 82
Adonis 105
Affe 126 f., 228
Agni 134
Ägypten 32, 36, 130, 179
Ägypter 34, 36, 188, 204
Akne 208
Alchemie 31, 105, 151, 192, 228 f., 232
Alchemist, alchemistisch 41, 65, 147, 159, 192 f., 232
Alkoholismus 117 f., 155 f.
Allergen 131, 189 f., 206
Allergie 48 f., 131, 189 f., 205, 211
allergisch 160
Alopezie siehe Haarausfall
Alterssichtigkeit 22
Amalgam 151
Amor 13

Amulett 53
Angioödem 205–207
Anima 38, 40, 52, 106, 118, 138, 187, 211 f.
Animabesessenheit 37, 187, 212
Animus 50, 73, 107, 138, 156–158, 160 f., 176, 185, 187, 210, 220
Anosmie 123–125
Aphrodisiakum 130
Aphrodite 98, 150
Aphthen 163–164
Apophisschlange 188
Archetyp 12, 68, 73, 107, 187, 194 f., 199
Archetyp des Auges 25
Archetyp der heiligen Hochzeit 232
Archetyp des Regenbogens 194
Archetyp der Schlange siehe Schlangenarchetyp
Archetyp des Selbst 92 f., 96 f.
Argos 62
Ariadne 92
Asklepieion 190
Asklepios 190, 193
Athene 189
Atopie 65
atopische Dermatitis siehe Dermatitis, atopische
Atrophie 157
Atum 33–35, 43 f., 53
Auge 13, 15–74, 80, 112, 114, 207
Auge als Attribut des Göttlichen 32
Auge des Atum 34, 43 f.
Auge, göttliches 33, 35, 40, 43, 53

Auge des Horus 33, 53
Auge des Phallus 38
Auge, psychopathisches 63 f.
Auge, psychosomatisches 24—27
Auge des Re 33, 35 f., 52 f.
Auge des Seth 33
Auge der Weisheit 53
Augenentzündung 23, 69
Augeninfektion 22 f., 69—71
Avicenna, Ibn Sina 59
Azteken 98, 189, 193

B

Bacon, F. 55
Balzac, H. de 130
Bär 113, 178
Baum 105
Bein 216, 218 f., 224
Bergamottöl 131
Berührungssinn 13, 228
Bes 223
Besessenheit 117
Bewußte, das 28 f., 33, 100
Bewußtheit 63
Bewußtsein 36, 40 f., 47, 50, 52 f., 62, 64 f., 83, 135, 146, 175, 178, 180, 182, 189, 191, 193, 200, 209, 217, 222
Bewußtsein, animalisches 176
Bewußtsein, christliches 232
Bewußtsein, göttliches 32
Bewußtseinserweiterung 134, 186
Bewußtwerdung 34, 83, 191, 193
Bibel 31, 144
Bindehautentzündung 23, 66
Bindu 86
Bindu-Nada 86, 97
Blau 194 f.
Blei 151
Blepharitis 66, 69 f.
Blick, böser (s. auch mal'occhio) 53—63

Blindheit (s. auch Erblindung) 19, 70, 73, 204
Blindheit, psychische 19
Böhme, J. 27
Bohr, Niels 20
Böse, das 139, 145, 182, 201
Brahman 88
Brechungsfehler 22
Brot 115
Brüten 197 f.
Büffel 17 f., 112

C

caduceus 59, 97
Caussinus, Nicolaus 229
Chakra 88 f.
Chi 190
Clown 162
Coatlicue 189
Cochlea (s. auch Schnecke) 96, 98, 100
conjunctio 81

D

Daktylen 223
Demeter 54
Depression 37, 40, 124, 132, 213 f.
Dermatitis, atopische (s. auch Neurodermitis) 65—68
Dermatose 168, 180, 196, 200, 209, 212
Dissoziation 52, 180
Drache 192
Drehschwindel 94
Drucksinn 201
Druiden 162

E

Echse 151, 154, 171
Eckhart, Meister 198
Edjo 33
Ei 98, 188, 198
Eifersucht 44—46, 54, 60, 146

Einhorn 227-230
Einzelauge 62
Eisen 197
Eisenbahn 100f.
Ekstase 197
Ekzem 65, 92, 168, 205, 208-217
Ekzem, atopisches 23, 209
Ekzem, endogenes 65
Ekzem, lichenifiziertes 186
Eleusinische Mysterien 83, 105
Eliade, M. 87
Embryo 170
Enantiodromie 123
Epikutantest 131
Epistaxis siehe Nasenbluten
Erblindung 24, 66, 68, 74
Erde 82f., 105, 113, 151, 157, 194, 223
Erdgöttin 228
Erdmutter 223
Erechtheos 189
Erkenntnis 20, 32, 34f., 51, 88, 231
Erkrankungen, psychosomatische 12, 26, 233
Erleuchtung 146, 195, 198f.
Eros 19, 36, 40, 72, 95, 138, 147, 204, 224
Erythrodermie 159, 212-215
Eunuch 220
Ewe 194
Exkoriation 184-187

F
Falke 40f.
Falkenauge 33
Felddenken 12, 25, 163
Fenster der Erleuchtung 230
Feuer 113, 116, 146, 157, 193, 195-200, 214, 219
Feuerarchetyp 195-200, 211f., 214
Feuerauge 52
Feuermachen 133, 135, 196, 200
Feuer-Mutter 115

248

Feuerzunge 146
Fischotter 181f.
foetor animalis 126
Franz, Marie-Louise von 35, 120, 163, 197, 199, 230f.
Freud, S. 179
Fruchtbarkeits-Imago 174
Fuchs 113
furor dermaticus 68, 213
Fuß 220

G
Ganesha 83
Ganzheit 68, 93, 105, 182, 228, 232
Gefäß 80
Gegensätze 33, 162, 194, 229, 232
Gegensatzproblematik 228
Gehör siehe Ohr
Geist 151, 160, 181, 194, 232
Geld 153
genius loci 189
Geruch 111, 131
Geruchshalluzination 127
Geruchssinn 13, 111ff., 123-125, 147, 230
Geruchssinnestäuschung 125-130
Geruchsverfälschungen 123
Geschmack 228
Geschmackshalluzinationen 149
Geschmackssinn 13, 111, 147-154, 160, 231
Geschmacksumschlag 149
Glaukom 23f., 73
Gleichgewichtsorgan 78f.
Gnosis 194
Gold 150f.
Gorgonen 59, 156f.
Gott 27, 31, 62
Gott, chthonischer 195
Gottesauge 31, 62
Gottesbild 198
Gotteszunge 146
Grab 105, 167

grauer Star siehe Katarakt
Grosse Mutter 105, 174, 178
grün 150, 181
grüner Star siehe Glaukom

H

Haar 26f., 168, 171, 174–177
Haarausfall 26, 175f.
Halluzination, akustische 89, 96
Halluzination, olfaktorische 125, 127
Halskette 228, 231
Harnröhrenentzündung 38
Hatha-Yoga 88
Hathor 33, 35ff., 47, 52
Haut 13, 66, 132, 165–225
Häuten, Häutung 174ff., 178, 183–195, 214ff.
Hebamme 221–225
Heilige Elisabeth 129
Heiliger 129, 181
Hephaistos 197, 220
Herakles 58
Heraklit 198
hermaphroditisch 192
Hermes 59, 192, 194
Hermes-Mercurius 97, 147, 192
Hexe 137ff.
hierosgamos 83, 228
Himmel 27, 40f., 83, 129, 194, 230
Himmelsgöttin 33
Himmelsgott 195
Hinduismus 87
Hiob 112
Hirsch 178, 181
Hochzeit, chymische 228f.
Höhenkrankheit 94f., 100
Höhle 92
Holz 51, 105
Holzstaub 49
Hören 13, 228f.
Hornhaut 17, 19, 66
Hornschicht 170f.
Horus 33, 40f., 47, 52f., 223

Hund 127, 202
Hyäne 113
Hypermetropie siehe Weitsichtigkeit
Hypertonie 119
hypnagogisch 42

I

Ichbewußtsein 18, 25, 28f., 38, 118, 139, 156, 168, 200, 214
Ich-Komplex 120
Ichneumon 34
incubatio 190f., 193
Individuation 173, 233
Individuationsprozeß 43, 74, 139, 193, 232
Infektion 22ff., 69–72, 103f.
Inflation 95f., 138
Initiation 181f.
Initiationserlebnis 35
Inkubation 191f.
Innenohr 77f., 93, 96f., 100, 107
Instinkt 52, 127, 182, 192, 203
Instinktnatur 183
Instinktreaktion 199
Instinkt-Selbst 52
Instinktweisheit 125, 127, 162
Instinktwelt 28, 203
Introversion 102, 108, 126, 189, 208
Intuition 96, 102, 112, 116, 118, 126ff., 139, 204
Iris 17, 34, 43f., 194
Iritis 55f., 58, 114
Isis 220

J

Jaffé, Aniela 183
Juckreiz 66, 184, 196, 212–215
Jung, C.G. 11, 27, 34f., 38, 43, 91, 98, 102, 107, 120, 127, 133, 151, 163, 178f., 183, 191ff., 199, 228ff. 232

Jung, Emma 160
Jungfrau 229

K

Kabiren 223
Karzinom siehe Krebs
Kastration 220
Katarakt 23, 66
Kekrops 189
Keratokonus 66
Keremet 115 f.
Khepri 34, 50
Kipling, Rudyard 32
Klang 90, 150
Klang-Yoga 88
Knollennase siehe Rhinophym
Knossos 92
Kobra 44, 52
Kollagenerkrankung 167
Kollagenosen 169
Komplex 107, 116 ff., 137, 180, 224
Konjunktivitis siehe Bindehautentzündung
Kosmos 33, 198
Krebs 104, 121, 127, 221
Kreis 182
Krischna 90
Kristall 80 f.
Krone 230
Kuh 33
Kuhgötting siehe Hathor
Kula-Muscheln 99
Kundalini 88 f.
Kundalini-Yoga 87–90
Kupfer 150 f.
Kupfergeschmack 149–154
Kurzsichtigkeit 22, 70 f.

L

Labyrinth 78, 91–97, 107
Lao-tse 83
lapis Lydius 192

lapis philosophorum 192
Leviatan 112
Libido 134 f., 180, 199
Lichen ruber planus 154–157, 169
Licht 13, 17–22, 32 f., 35, 40 f., 47, 63 ff., 118, 130, 146, 199 f.
Licht des Bewußtseins 65
Lichtempfindlichkeit 47–52
Lidentzündung siehe Blepharitis
Lidinfektion 71
Linse 19, 23
Linsentrübung (s. auch Katarakt) 23, 66
Lippenerkrankung 161–163
Lippenlecken 161 f.
Lisieux, Theresia von 129
Löwe 80 f., 227 ff.
Löwin 36
Luango 194

M

Makrokosmos 98
mal occhio, mal'occhio (s. auch böser Blick) 55, 57, 61
Mana 178, 180, 201
manaträchtig 33
Mandala 27, 68, 92, 97, 182, 228
Mantra 88–91
Marduk 188
Maria, Jungfrau 228, 230
Mastoidektomie 103
Mastoiditis 104
Medikamentenüberempfindlichkeit 158
Medusa 59, 156 f.
Melanom 217
Melanom, malignes 217–225
Mercurius (s. auch Hermes-Mercurius) 192 f., 229 f., 232
Metamorphose 190
Midêwiwin 181
Mikrokosmos 98

Minos 92
Minotaurus 92
Mittelohr 77f.
Mittelohrinfektion 94
Mond 33, 37, 41, 53, 64, 68, 99
Morbus Darier 167
Multiple Sklerose 133
Mumien 204
Mundgeschwüre siehe Aphthen
Mundtrockenheit 152ff.
Muschel 98f., 181f.
Mutismus 154
Mutter (persönliche) 59, 65–68, 121, 176, 186f., 190, 192, 203f., 206, 209f., 216, 219f., 222f.
Mutter (archetypische) 105, 219f.
Mutterarchetyp 65, 93, 107
Mutter Erde 82
Muttergottheit 157
Mutterkomplex 54, 67f., 92, 187, 191ff., 203, 209
Mythologie, ägyptische 32–53
Myopie 22

N
Nachtblindheit 22
nada 86, 89f.
Nase 13, 80, 109–139
Nasenbluten 119–121
Nasenbohren 132–134
Natur 18, 20, 22, 34, 50ff., 61, 96, 106, 151, 179, 182
Natur, animalische 54, 178
Naturkräfte 35
Naturweisheit 223
Neid, neidisch 54f., 62
Nelke 230
Nesselsucht 132, 168, 189, 191, 206
Netzhaut 18f., 21ff.
Netzhautablösung 19, 23, 66
Neurodermitis 65f., 209
Ninkhursag 231

Nintinugga 231
Numinosität 179, 232

O
Ogham-Schrift 51, 84
Ogmios 84
Ohr 13, 75–108, 230
Ohrinfektion 77
Ohröffnung 84
Ojibwa 181
OM 88–91
Opus, alchemistisches 92, 192
Otter 182
Ouroboros 192

P
Papagei 228, 231
Parfüm 130–132, 230
Parfümallergie 131
participation mystique 177f.
Patch-Test 131
pater familias 188
Peleus 219
Persona 124
Pfau 31, 42
Pfauenauge 31
Pferd 100, 112
Phallus 35, 38ff., 83, 134, 224
Phlogistontheorie 198
Photophobie 49f.
Photorezeptoren 18, 21
Pigmentzellnävi 217
Plaques 171
Plotin 32
Presbyopie 22
prima materia 51, 192
Primelkrankheit 211f.
Projektion 162, 187
Prurigo 186, 215–217
Pruritus (s. auch Juckreiz) 196, 212, 214f.
Pseudo-Dermatose 187
Psoriasis 168, 171–174

251

Psyche 12, 25, 28 f., 61, 123, 134,
    149, 156, 164, 173, 180, 191, 194,
    199, 209, 220, 233
Psyche, objektive 18, 52
Psyche-Soma 25
Psychoneurosen 156
Psychose 149, 156
Psychose der Haut 214
puer aeternus 68, 225
Pupille 31, 33, 43 f.

Q
Quaternität 182
Quetzalcoatl 99, 189
Quincke-Ödem siehe Angioödem

R
Re 33–36, 47, 52 f., 188, 220
Refraktionsstörungen 22, 24
Regenbogen 193–195
Regenbogenhaut (s. auch Iris) 17, 44
Regenbogenhautentzündung 23, 55
Regression 133 f.
Religion, aztekische 180
Reptil 170 f.
Retinal 21
Rhinophym 116 f., 135
Rhodopsin 20 f., 40
Riechen 13, 228
Rigweda 197
Rosazea 55, 114, 116
Rose 13, 129–131
Rosenkreutz 229
Rot 40, 194–196

S
Sakti siehe Shakti
Sand, George 227, 232
Sarkophag 105, 179
Schall 13, 85–91, 97, 107
Schallbild 85 f., 98
Schamane 68, 178, 181, 189, 197,
    201 f.

Schatten 38 f., 53 f., 62, 73, 117 f.,
    120, 146, 158, 162–164, 198, 206
Schatten, kollektiver 120 f.
Schattenpersönlichkeit 44, 215
Schildkröte 171
Schinden 176, 178, 183
Schlange 34, 44, 52, 59, 80 f., 86 f.,
    97 f., 154, 170 ff., 187–190,
    191–195, 214, 220
Schlange, gefiederte 193
Schlange, kosmische 193
Schlangenarchetyp 187–195
Schleimhautschwund 155
Schmecken 13, 229
Schmied 197
Schnecke (s. auch cochlea) 78, 91,
    96–100, 107
Schöpfergott 34, 198
Schöpferkraft 34 f.
Schöpfungsmythos 44, 50, 113, 176,
    199
Schu 34
Schuppen, schuppig 171, 175, 189,
    195
Schuppenflechte 169, 171
Schutzfunktion 214
Schutzgeist 189
Schwefel 58
Schwein 47, 53 f., 113
Schwellenphänomen 231
Schwindel (s. auch Vertigo) 94, 96
Seele (s. auch Psyche) 17 f., 29, 32,
    40, 50, 52, 60 f., 63, 68, 99, 106,
    113, 118, 180, 188 f., 197, 223
Seele des Tieres 181 f.
Seelenfünklein 198
Seelenverlust 106
Sehen 13, 19, 23–25, 63, 227
Sehnerv 23
Séjourné, L. 99
Selbst 18, 26, 29, 40 f., 43, 53, 71,
    81, 83 f., 90, 93, 107 f., 130, 156,
    158, 193, 217, 224, 232

Selbstwertgefühl 175
serpens mercurialis 192, 232 f.
Seth 33, 47, 52 f.
Shakti 86 f., 230
Shiva 86, 88, 230
Shivaismus 86
Silber 151
Sinn (Bedeutung) 19, 29, 33, 58
Sinne 13 f., 228, 232
Sinnesorgane 12, 144, 232
Sjögren-Syndrom 152
Skarabäus 34 f.
Sklerodermie 167
Sobell, M. I. 20 f.
Sol-Luna-Symbolik 65
Sonne 32–36, 41, 48 f., 53, 64 f., 68, 80–83, 230
Sonnenauge 33
Sonnengott 33, 52, 58, 80
Sonnentanz 81 f.
Spiegel 13, 47, 81, 132, 200, 227, 230
Spiegel der Seele 27, 180
Spinne 203
Spirale 92, 96–99, 107
Star, grauer siehe Katarakt
Star, grüner siehe Glaukom
Stein der Weisen 192
Sterne 41
Stummheit 154
Symbol, Symbolik 27, 38, 54, 96 f., 100
Symbolik, alchemistische 229
Synchronizität, synchronistisch 11–12, 18, 39, 163, 191 f., 195, 207, 212

T
Tammuz 105
Tantra 88
Tantrismus 87
Taoismus 64
Tapas 197 f.
Tasten 13
Tastsinn 13, 200
Taube 151, 229
Taubheit 100, 103–108, 154
Teccaciztecatl, Mondgott 99
Tefnut 33–38
Tekenu 179
Teotihuacán 99
Theseus 92
Thetis 219 f.
Thot 36, 47, 52 f.
Tiamat 188
Tic 161
Tiersymbole 191
Tiger 181, 183
Tinnitus 96, 100–102, 107
Tod 33, 97, 99–101, 106 f., 130, 134 f., 153–156, 169, 179, 182, 189, 212–214, 218–220
Tolteken 99
Totemtier 181
Totenbuch, Ägyptisches 47
Träne 50, 52
Traube 13
Traum 11, 28, 37–40, 50, 54, 59, 67, 93, 101, 112, 128–130, 151, 176, 182, 191, 217
Traum-Ich 39
Trickster 38
Trinität 105
Trommelfellschaden 104, 106
Tumor (s. auch Krebs) 23 f., 125 f., 219 f.

U
Unbewußte, das 11 f., 19, 25, 27–29, 32–35, 37 f., 40 f., 43, 47, 50–52, 54, 59–61, 64 f., 69, 74, 81, 95, 98, 102, 108, 116, 120, 123, 132, 134 f., 138, 151, 153, 156, 175 f., 178, 180, 182, 189, 191 f., 199, 210 f., 220, 229 ff.

Unbewußtes, kollektives 81, 192 f., 232
Unbewußtheit 63, 138, 145 f., 191, 224
Unsterblichkeit 129
Unterwelt 97, 157, 197, 204
Upanishaden 88
Uräusschlange 44, 47, 52
Urethritis 38
Urtikaria siehe Nesselsucht

V

Vater 34, 69–70, 81, 123, 155, 176
Vater Himmel 82
Vaterkomplex 123, 175 f.
Venus 99, 150
Vertigo 93, 95 f., 100, 107
Violett 194 f.
Vitaminmangel 23
Vogel 82, 171, 231
Vogelspinne 203
Vulva 134, 207

W

Wadjet-Auge 33, 52–53
Wald 51
Wanderfalke 33
Wandlung, Wandel 20, 99, 105, 170, 179, 217, 233
Wandlungsorgan 169
Wandlungssymbol 179, 187

Warze 207
Wasser 98, 150
Wasser des Styx 220
Weibliche, das 64, 99, 157, 174, 224
Weiblichkeit 19, 207, 220
Weinen 50, 176, 199
Weisheit 51, 139, 189, 192
Weitsichtigkeit 22
Weltauge 65
Wiedergeburt 31, 33, 39, 97, 105, 130, 154, 178 f., 186
Wort, schöpferisches 34, 144, 150

Y

Yang 51, 64
Yin 64
Yoga, tantrisches 87

Z

Zelle, parakeratotische 171 f.
Zerstückelung 183
Zobel 113
Zorn 116, 121–126, 132, 145, 154, 168, 190 f., 196, 199, 206 f.
Zunge 13, 141–164
Zungenatrophie 158
Zungenschwellung 205
Zunge, stechende 157
Zwerge 223
Zyklop 62
Zyste 38 f.